Ubiquitous 설계를 위한

AutoCAD

최 홍 식 · 최 병 권 공저

普 文 堂

Ubiquitous 설계를 위한

AutoCAD

초판 인쇄 2007년 8월 20일
초판 발행 2007년 8월 25일

지은이 | 최홍식, 최병권
발행인 | 김 병 계
발행처 | 도서출판 보문당
등 록 | 1990년 6월 15일(제 1-1066호)
주 소 | 서울시 마포구 신수동 448-6 우) 121-110
전 화 | 704-7025 / 704-0635
팩 스 | 704-2324
홈페이지 | http://www.bomoondang.co.kr
전자우편 | bmdpub@empal.com

값 15,000 원

ISBN : 978-89-8413-139-2

*파본이나 잘못된 책은 교환하여 드립니다.

》》 머리말

현대 산업사회에서는 컴퓨터와 정보통신 등을 이용하여 모든 업무를 빠르고 정확하게 하기 위하여 많은 노력을 하고 있고, 그 결과로 많은 소프트웨어 개발을 촉진시키고 있다.

그 중 AutoCAD는 국제적으로 널리 사용되고 있는 CAD 전용 프로그램으로서 사용자의 지시에 따라 도면을 정확하고 빠르게 그려내는 드로잉 프로그램이며, 잘못 그려진 도면이나 완성된 도면에서 필요한 부분의 수정이 매우 간단하며 부분적으로 재작업이 가능한 매우 편리한 패키지이다.

AutoCAD는 그간 여러 번의 업그레이드 된 소프트웨어로 산업체 및 대부분 학교에서 선택하여 사용하고 있는데, 이번에 발표된 AutoCAD 2000은 사용자를 위한 도면 그리기 프로그램이라는 사실을 확실히 느낄 수 있다. 물론 R14에서도 윈도우 방식을 도입하여 편리성을 갖추고 있었지만 AutoCAD 2000에서는 사용자를 위한 완벽한 지원체계를 갖추었다고 평가된다.

AutoCAD는 많은 명령어를 갖고 있어 그것을 모두 암기하기에는 어려운 일이므로 자주 그리기 연습을 통하여 자연스럽게 접하다 보면 자시도 모르게 머리에 기억이 된다. CAD 자체가 기능적인 측면이 강하므로 암기보다는 그리기 연습에 많은 시간을 투자하는 것이 효과적이다.

아울러 본 교재에서의 명령어 익히기는 명령어를 명령행에 직접 입력하거나 마우스를 이용한 메뉴 이용방식 및 각 명령어 아이콘을 표시하여 사용자가 선택하여 사용할 수 있도록 편집하였으며, 종류가 비슷한 명령어끼리 모아 사용자가 비교하면서 사용하도록 하였다.

이 책을 이용한 여러분들이 현장에서 필요한 도면을 그려내는데 많은 도움이 되었으면 하는 바이다.

2007. 8.
저자

CONTENTS

Chapter 1 서론

1-1 CAD/CAM 시스템 / 2
1-2 CAD의 역사 / 3
1-3 CAD의 장점 / 6

Chapter 2 Auto-CAD 기초

1. 화면 설정 / 10
1-1 Window용 AutoACD 초기화면 _10
1-2 AutoCAD 기본 화면 Setting _20
1-3 AutoCAD의 기본사항 _32
2. Auto-CAD의 기능키와 단축키 / 33
2-1 기능키 _33
2-2 단축키 _34

Chapter 3 환경 설정

1. 도면의 실행 명령어 / 38
1-1 NEW _38
1-2 OPEN _38
1-3 SAVE _41
1-4 QUIT _41
1-5 END _42
2. LIMITS / 42
3. ZOOM 또는 Z Enter↵ / 43
4. UNITS / 44
5. DDUNITS / 45
6. GRID(F7) / 46
7. SNAP(F9) / 46
8. ORTHO(F8) / 47
9. DDRMODES(도면작성보조대화상자) / 47

차 례

10. SELECT(DDSELECT, QSELECT) / 50
11. Color / 54
12. GROUP / 55
13. Options / 57

Chapter 4 DRAW의 명령어

1. LINE 또는 L / 66
  1-1 LINE 명령입력 방법 _66
  1-2 옵 션 _66
2. RAY / 68
3. XLINE(Construction Line) / 69
4. MLINE(Multi Line) / 69
5. CIRCLE 또는 C / 73
6. ARC / 77
7. DONUT / 77
8. ELLIPSE / 81
9. POINT / 82
10. DDPTYPE / 83
11. ERASE 또는 E / 83
12. TRIM / 84
13. UNDO or REDO / 87
14. OFFSET / 87
15. OSNAP(=object snap) / 88
16. MOVE / 94
17. COPY / 94
18. ARRAY / 100
19. MIRROR / 104
20. ROTATE / 105
21. CHAMFER / 108
22. FILLET / 110
23. BREAK / 110
24. EXTEND / 111
25. EXPLODE / 112
26. STRETCH / 112
27. LENGTHEN / 116
28. ALIGN / 117
29. DIVIDE / 117
30. MEASURE / 118
31. RECTANG / 118
32. POLYGON / 120
33. PLINE or POLYLINE / 120
34. SPLINE / 121
35. SPLINEDIT / 122
36. DISTANCE / 124
37. BHATCH / 124
38. CHANGE or CHPROP / 128
39. MATCHPROP / 128

CONTENTS

41. TEXT(DTEXT or MTEXT) / 135
42. DDEDIT or MTPROP / 140
43. FIND / 142
44. TEXTFILL / 143
45. SPELL / 144
46. STYLE / 145
47. DDSTYLE / 147
48. BLOCK / 147
49. WBLOCK / 149
50. INSERT / 151
51. MINSERT / 152
52. LINETYPE / 153
53. LTSCALE / 155
54. LWEIGHT or LINEWEIGHT / 155
55. DDLTYPE / 156
56. MULTINE STYPE / 157
57. MULTI LINE EDIT / 159
58. LAYER / 160
59. DDLMODES / 164
60. PLOT / 164
61. PAN / 173
62. TRANSPARENT = ' (apostrophe) / 174
63. DIMENSION / 174
64. DDIM / 180
※ DIM 변수 설정하기 / 194

Chapter 5 3D SURFACE MODELING

1. 3D 명령어(Surface Modeling) / 199
1) UCS _199
2) UCSICON _203
3) Display UCS Dialog(DDUCS, UCSMAN) _204
4) DDUCSP _206
5) PLAN _207
6) ELEV _207
7) VPOINT _208
8) DDVPOINT _209
9) VIEW(DDVIEW) _210
10) HIDE _212
11) SHADE _212
12) VPORTS(화면분할) _213
13) 3DFACE _214
14) 3DMESH _216
15) PFACE _218
16) 3DPOLY _219
17) RULESURF _220
18) TABSURF _221
19) REVSURF _222

차 례

20) EDGESURF _223
21) 3D(Surface Modeling) _224
22) 3DARRAY _229
23) ROTATE3D _229
24) MIRROR3D _229
25) TILEMODE _230
26) PSPACE(도면공간) _230
27) MVIEW _233
28) MSPACE(모형공간) _234
29) VPLAYER(뷰포트 도면 층) _235

Chapter 6 AME = Solid Modeling

1. SOLID PRIMITIVES / 238
2. UNION / 245
3. SUBTRACT / 246
4. INTERSECT / 248
5. INTERFERE / 248
6. FILLET / 249
7. CHAMFER / 250
8. SOLIDEDIT / 251
9. REVOLVE / 258
10. SLICE / 259
11. SECTION / 260
12. RENDER / 261
13. REGION / 261
14. ALIGN / 262

Chapter 7 연습도면

서 론

Chapter 1

1-1 CAD/CAM 시스템

안정성장 경제하인 오늘날 공산품 시장 규모의 확대는 수요자의 상품욕구가 다양화, 개성화 되어감으로 새로운 타입의 다품종 소량생산에의 이행이 어느 기업에서나 필수적인 것으로 되고 있다.

한편으로는 기술 혁신이 급속히 진전하여 새로운 제품이 잇달아 나오기 때문에 제품경쟁이 극심해지고 있어 총체적 생산 관리 면의 강화에 의한 양질의 품질의 제품을 단기간에 만들어야 한다는 제약도 따르고 있다.

이러한 상황에 대하여 제조부문에서는 FMS(Flexible Manufacturing Systems), MRP(Material Requirements Planning : 자재소요량계획), 싱글 작업 변화 준비체계, 제안제도 그리고 TQC(Total Quality Control)활동의 추구로 대처하고 있다. 그러나 코스트 발생 요인의 70%를 차지하는 설계 부분에서는 지금까지 결정적인 수단이 없었으며, 이의 합리화를 위하여 CAD/CAM의 도입을 서둘러 Computer를 이용한 설계와 제조가 하나로 된 합리화, 생력화 그리고 표준화에 힘쓰고 있다.

CAD/CAM은 Computer Aided Design(Drafting)/Computer Aided Manufacturing의 머리문자를 딴 것으로 컴퓨터를 이용하여 설계를 하고 그로부터 유출된 가공 및 위치정보로 생산을 해내는 것을 말하며, 이의 보급이 급속히 이루어지고 있는 것은 뛰어난 생산성 향상 때문이다.

또한, 현재는 CAD/CAM과 동시에 CAE/CAT를 고려하여야 하는데, 이는 Computer Aided Engineering/Computer Aided Testing으로 제품설계의 초기 단계에서 착안해야 할 문제점들, 패키징, 간섭현상, 중량저감, 기구(Mechanism), 진동, 소음 등을 컴퓨터로 평가 해결하며, 설계가 끝난 후 Testing에 필요한 Data를 유출하여 Testing 준비 시간과 설계자 의도대로 정확하게 Test 되도록 하는 것을 말한다.

이러한 설계 및 생산부문의 CAE/CAD/CAM/CAT화는 무엇보다도 먼저 품질 향상을 들 수 있다. 이제까지 불가능했던 고도 적인 설계 계산이 가능해지고 고정도, 고밀도화를 용이하게 할 수 있고 제품의 소형화에 기여한다. 또 3차원 곡면의 처리나 입체적 Simulation 등을 할 수 있기 때문에 설계 미스를 격감시킬 수 있으므로 제조상의 문제나 코스트를 절감해줄 뿐만 아니라 시험제작을 줄이고 제조공정설계, 공구설계 NC가공 등을 안심하고 추진할 수 있는 것이다.

〈표 1〉 Computer Integrated Manufacturing

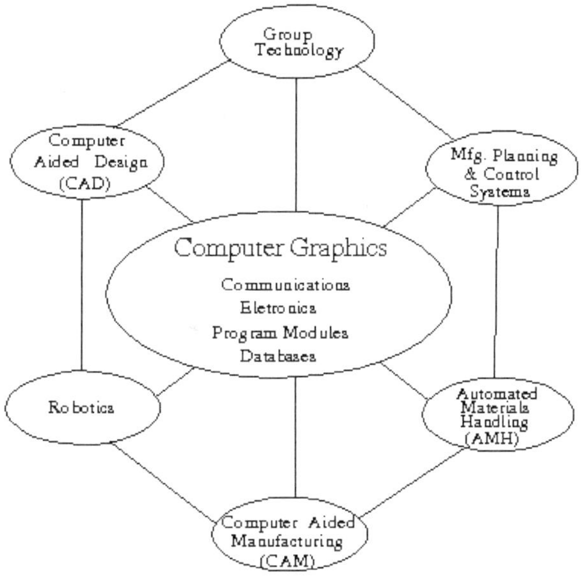

1-2 CAD의 역사

CAD라는 낱말이 최초로 출현한 것은 Sarnmet의 저서인 "Programming Language: History and Fundamentals"에서 특수 언어의 항목인 AED의 기술 가운데 CADET(Computer Aided Design Experimental Translater)라는 한 문장으로부터이었던 것이 1960년대 중반에 CAD가 현재와 같은 단어로 쓰이게 됐다고 한다.

한편 설계분야에서는 설계의 정확도 및 이해도를 증진시키기 위해 Drafter를 이용해 Graph로 표현을 한다. 따라서 Graph를 표현하고 이의 통신 수단의 필요성은 컴퓨터의 이용에 의한 이점이 인식되면서 가중되었다. 즉, 이로 인해 Computer Graphic의 연구가 진행되었으며 1963년 MIT에서 Ivan sutherland 교수

팀에 의하여 SKETCH PAD라고 명명된 시스템으로 Lincoln TX2 컴퓨터에 연결된 음극선 Oscilloscope를 이용, 간단한 곡선 곡면의 수치 표현 정도의 Graph를 나타낸 것이 최초의 CAD 시스템이다. 이후 30여 년이 경과한 요즈음에는 주변기기의 성능의 향상되는 반면 저 가격화가 이루어지고 있다.

〈표 2〉 CAD/CAM 발전 단계의 분류

세 대	특 징	시 스 템 구 성	대 표 시 스 템
제1세대 (1960년대)	1) 집중통합형 2) 항공기 산업의 수치제어기술 배경 3) 대화형 처리 및 데이터베이스 공유화 배경 4) 자사 개발의 대규모 시스템화 5) 실장설계의 후 공정보조	범용 대형 컴퓨터에 다수의 CRT, graphic display를 결합시킨 TSS(Time Sharing system : 시 분활 처리 시스템)	-MIT의 SKEPAD('63) -lockheed사의 CADAM system
제2세대 (1970년대)	1) 자립분산형 2) 전자산업의 중심인 반도체 제조 기술의 변혁 배경 3) 자동설계 및 Wire frame의 도형 표형 기능 4) CAD 시스템의 상품화 5) 범용성	미니 컴퓨터에 제한된 DVST (Direct View Storage Tube) graphic display를 결합시켜스며 Digitizer, tablet 등의 입력장치 사용	-IBM의 CADAM('67) -CALMA의 DDM('68) -APPlicon의 AGS('67) -CV의 CADDS('69)
제3세대 (1980년대)	1) 전용분산용 2) 공업생산의 능력의 과잉화에 따른 다양화 선택화 배경 3) Solid modeling, Analysis 기능 4) CIM의 추진화 5) 전용성	슈퍼 마이크로 컴퓨터에 의한 Raster-Scan display 사용 및 Color의 사용 일반화 추세 및 COMPUTER용 graphic terminal의 연계 강화	-CALMA의 T-board -CV의 CADDStation -REDAC의 VISULA -IBM PC의 ALTODESKAUTOCAD

〈표 3〉 국내보급 CAD/CAM 시스템 목록(소형) (1986년 기준)

시스템명칭	공 급 선	국적	용 도	비 고
ATLAS	ATLAS	일본	제도	
ASSIST	내전양행	일본	기계, 건축	
AUTO CAD	Auto desk	미국	범용	
CADPLAN	P-CAD	미국	기계, 건축	
CADVANCE	CALCOMP	미국	기계, 건축	

시 스 템 명 칭	공 급 선	국 적	용 도	비 고
CASCADE	CASCADE	미국	기계설계, 건축	
DASOFT	DASOFT	미국	PCB	
EDA	SPI	미국	PCB	
EQUINOX3000	NDSI	미국	기계설계, NC	
MYDRAFT	대우엔지니어링	한국	제도	
Red-CAD	Racal-Redac	영국	PCB	
Smart work		미국	PCB	
Summa Draft	Summa graphics	미국	PCB, 기구설계	
Versa CAD	T & W	미국	기계	
VSX3000	SPI	미국	기계, 건축	
XL/NC	PMX	미국	기계, NC	

〈표 4〉 관련용어

CAM(Computer Aided Manufacturing)
생산 계획, 제품생산 등 생산에 관련된 일련의 작업을 컴퓨터를 통하여 직·간접적으로 제어하는 것이다.
CAE(Computer Aided Engineering)
컴퓨터를 통하여 엔지니어링 부분 즉, 기본설계, 상세설계에 대한 해석, 시뮬레이션 등을 하는 것이다.
CAP(Computer Aided Planning)
NC가공에 필요한 정보, 생산 및 검사를 위한 계획 등의 리스트를 작성하는 것이다.
CIM(Computer Integrated Manufacturing)
제품의 사양, 개념 사양의 입력만으로 최종 제품이 완성되는 자동화 시스템이 CAD/CAM/CAE에 관리 업무를 통합한 시스템이다.
CAT(Computer Aided Testing)
제조 공정에 있어서 검사공정의 자동화에 대한 것으로 CAM의 일부분으로 볼 수 있다.
FMS(Flexible Manufacturing System)
생산 시스템을 모듈화하여 처리하는 지능화된 기계군, 기계공정 간을 자동적으로 결합하는 반송시스템, 그리고 이들 모두를 생산 관리 정보로 결합하는 정보 네트워크 시스템으로 구성되는 공장 자동화 시스템이다.
FA(Factory Automation)
생산 시스템과 로봇, 반송기기, 자동창고 등을 컴퓨터에 의해 집중 관리하는 공장 전체의 자동화, 무인화 등을 이루는 것이다.
MIS(Management Information System)
경영정보 시스템

1-3 CAD의 장점

CAD 시스템에 있어서 도면의 정밀도 향상, 생산성 향상 등을 포함한 설계업무 지원 시스템의 효과로는 다음과 같은 항목을 기대할 수 있다.

1) 생산성 향상

① 반복작업과 수정작업에서의 탁월한 효과
② 설계기간 단축
③ 도면분할 및 Overlay 작업 가능

2) 품질향상

① 도면의 수정 및 재활용 가능성
② 작업상 오류 수정작업이 용이함
③ 정확한 설계도면 작성

3) 표현력 증대

① 표현방법의 다양화
② 입체적 표현가능
③ 짧은 시간에 많은 아이디어 제공

4) 표준화

① 심볼 및 표준도 측정으로 라이브러리 구축
② 설계기법의 표준화로 제품을 표준화

5) 정보화

① 프로젝트 별로 도면 축척을 달리하여 자료를 집성화
(데이터 베이스 구축)

② 설계정보 및 기술 축적으로 후속 프로젝트에 유용하게 활용

6) 경영의 효율화와 합리화

① 기업 경영의 효율화와 합리화를 추구하여 기업의 이미지 쇄신과 신뢰도 증진

Auto-CAD 기초

Chapter 2

1. 화면 설정

1-1 Window용 AutoACD 초기화면

초기화면에는 파일(File) 이름, 메인메뉴, 풀다운 메뉴(Pull down menu), 아이콘(Tool bar), 선 종류, 스크롤바, 명령 입력 줄(command line), 상태표시 등이 있다.

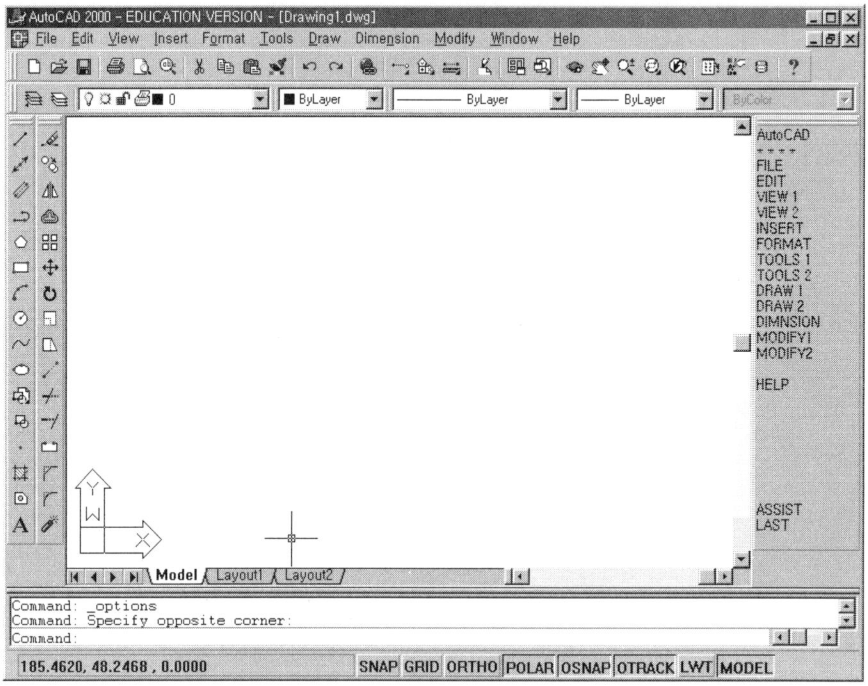

① 첫 번째 윗줄에는 도면 파일 이름을 보여준다.

② 두 번째 줄은 Main Menu(Pop Menu)이다.

③ **Status(상황)**

Layer, Color, 좌표 및 각종상태를 나타낸다.

④ **Graphic Area(그래픽 영역)**

그림을 그릴 수 있는 영역을 말한다. 실제 도면 용지와 같다고 할 수 있다.

⑤ **도구 상자 아이콘(Toolbar)**

⑥ **Pull-down Menu**

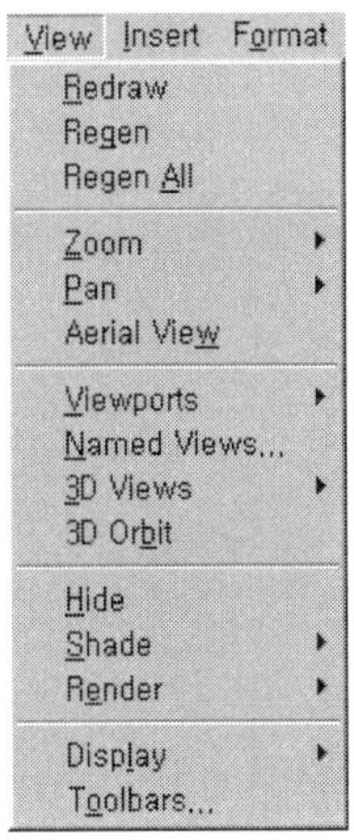

⑦ **Screen Menu**

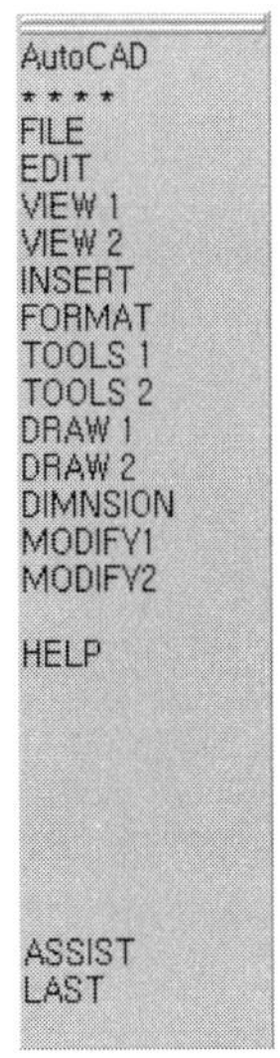

⑧ **Command Line**

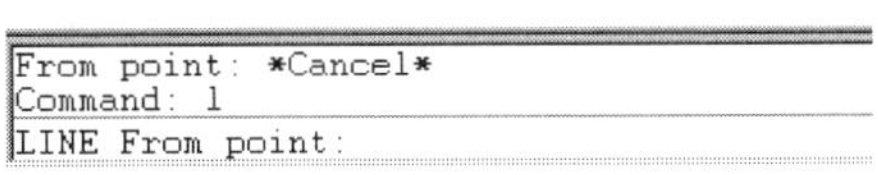

⑨ **POPo Menu**

도면작성 시 자주 사용되는 항목으로 "shift+mouse우측 버튼"을 누르면 POPo 메뉴가 나온다.

⑩ **Main Menu(Pop Menu)의 항상 및 간략 내용 보기**

【▶ File】

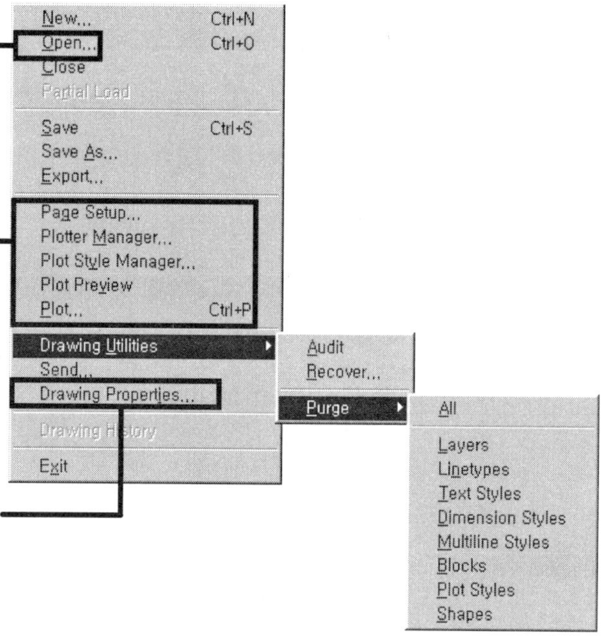

- 다중창 열기를 시행.
- 플로터의 설정, 스타일을 지정, 플로터의 추가나 변경을 쉽게 한다.
- 작성중인 도면의 상태를 관리

【▶ Edit】

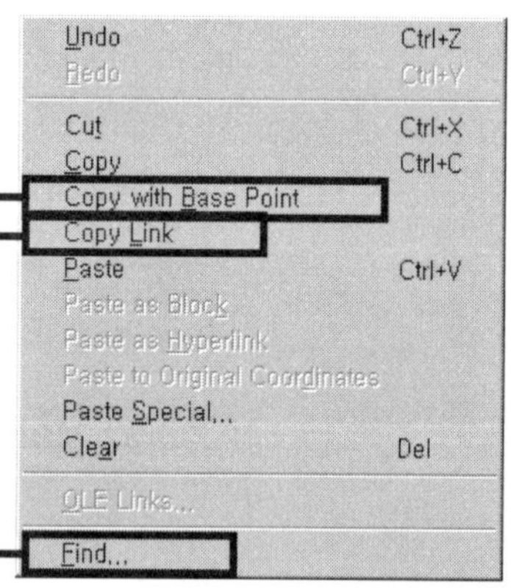

- 객체를 복사할 때 기준점을 지정하여 복사
- OLE를 삽입 링크하는 기능
- 도면 내의 문자를 찾는 기능

【▶ View】

• 도면의 확대 보기 기능 선택

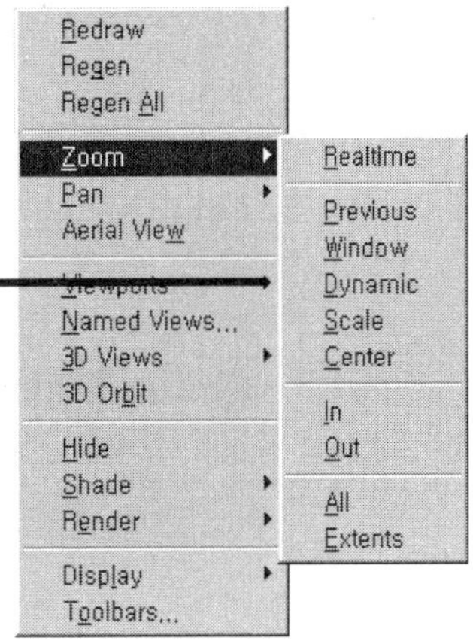

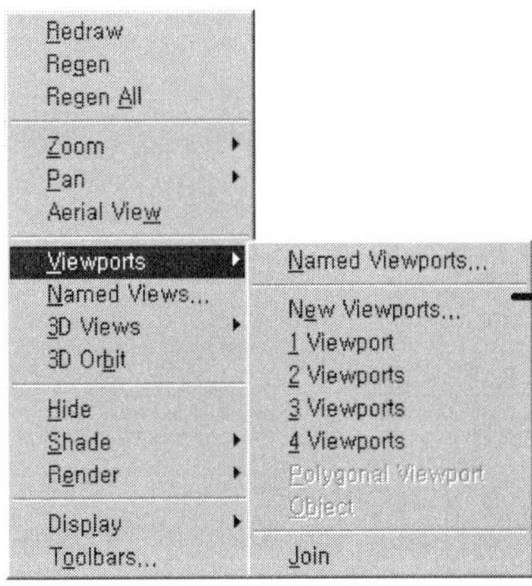

• Viewport 기능

• 3D View 기능

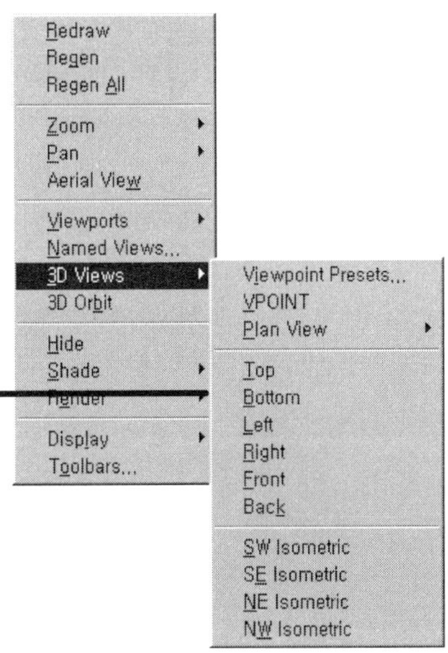

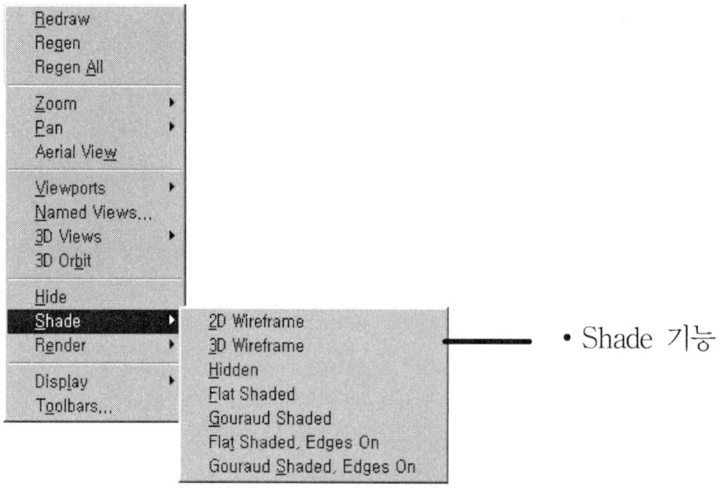
Redraw
Regen
Regen All
Zoom
Pan
Aerial View
Viewports
Named Views...
3D Views
3D Orbit
Hide
Shade
Render
Display
Toolbars...
2D Wireframe
3D Wireframe
Hidden
Flat Shaded
Gouraud Shaded
Flat Shaded, Edges On
Gouraud Shaded, Edges On
• Shade 기능

【▶ Insert】

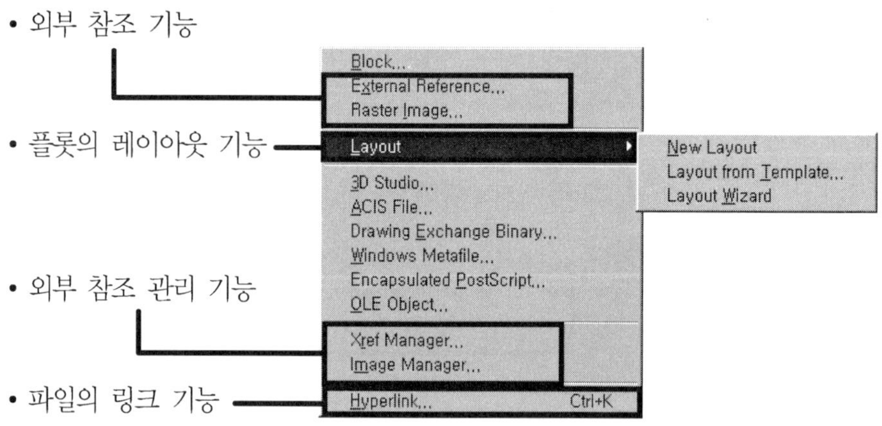
• 외부 참조 기능
• 플롯의 레이아웃 기능
• 외부 참조 관리 기능
• 파일의 링크 기능
Block...
External Reference...
Raster Image...
Layout
3D Studio...
ACIS File...
Drawing Exchange Binary...
Windows Metafile...
Encapsulated PostScript...
OLE Object...
Xref Manager...
Image Manager...
Hyperlink... Ctrl+K
New Layout
Layout from Template...
Layout Wizard

【▶ Format】

- 출력시 선의 가중치 지정 명령

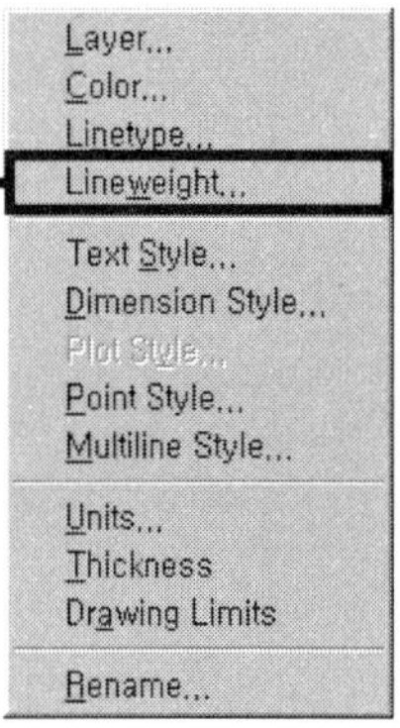

【▶ Tools】

- 디자인 센터를 사용하여 블록, 레이어, 각종 스타일을 참조

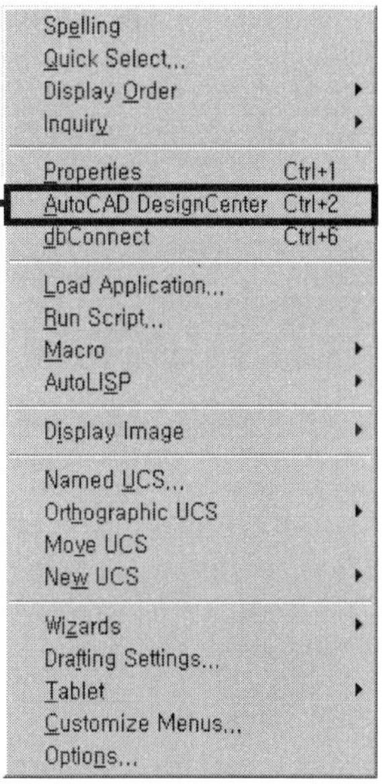

- 5가지의 설정 마법사
  - 플로터 설정
  - 플로터 스타일 설정
  - 플로터 색상 설정
  - 레이아웃 관리
  - R14의 플롯 참조

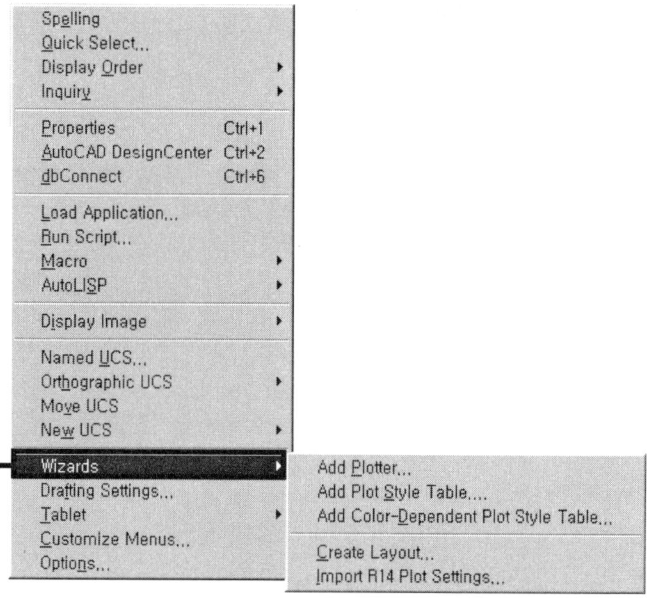

【▶ Drew】

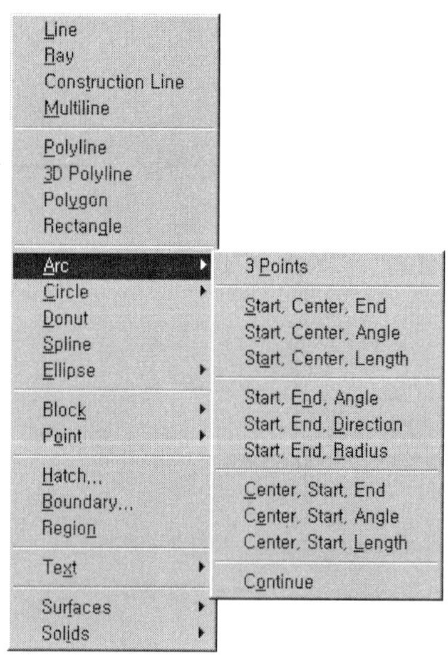

【▶ Dimension】

• 현재의 사용 치수 스타일을 기준으로 빠른 치수기입을 한다.

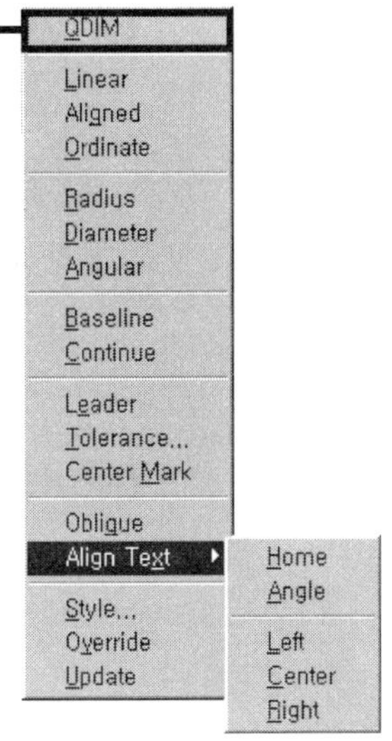

【▶ Modify】

• 객체의 선택 기능

• Clip 기능

• Solid 면 편집 기능

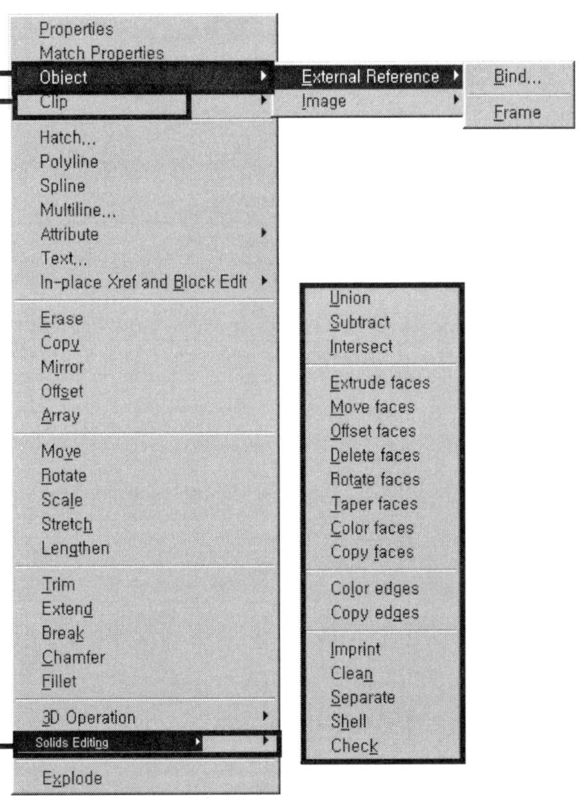

【▶ Windows】

• 다중창 표시기능에서 창의 배열 방법

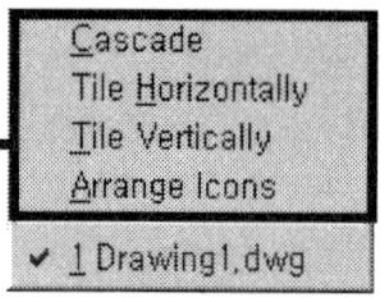

【▶ Help】

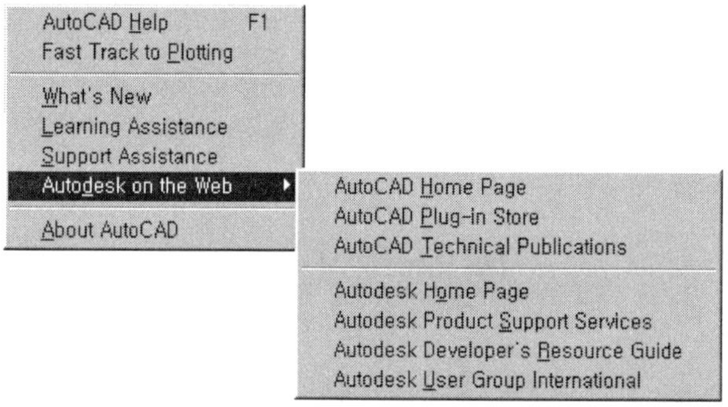

Memo

⑪ 새로워진 다중 창 보기

▶ 수평형 다중창

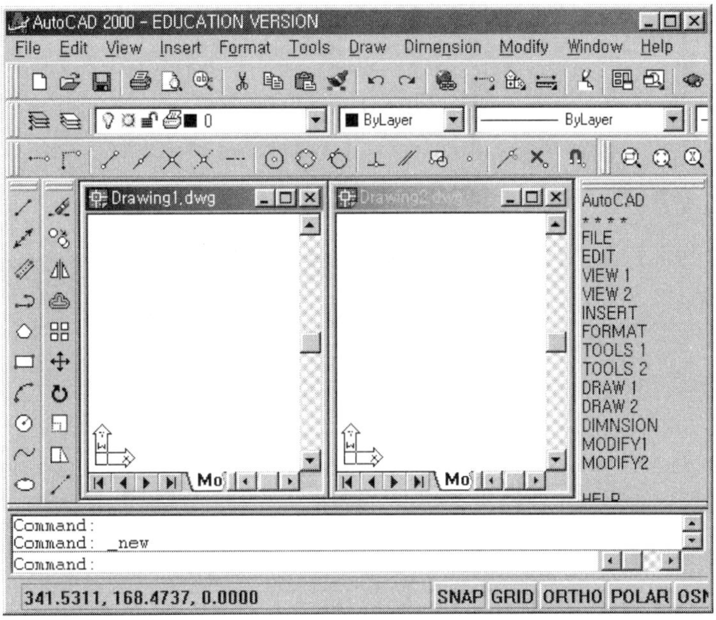

▶ 수직형 다중창

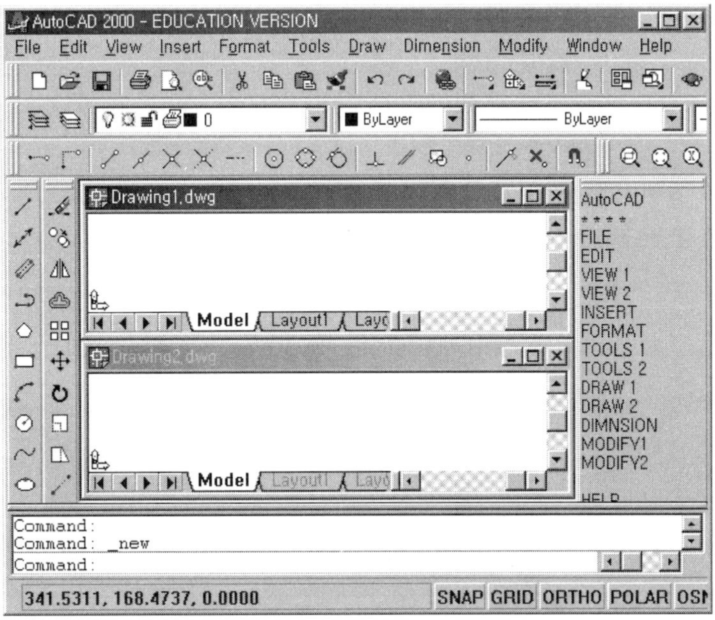

1-2 AutoCAD 기본 화면 Setting

1) 시작하기 대화상자

① Open a Drawing

최근에 열어본 도면 4개의 리스트를 보여준다.

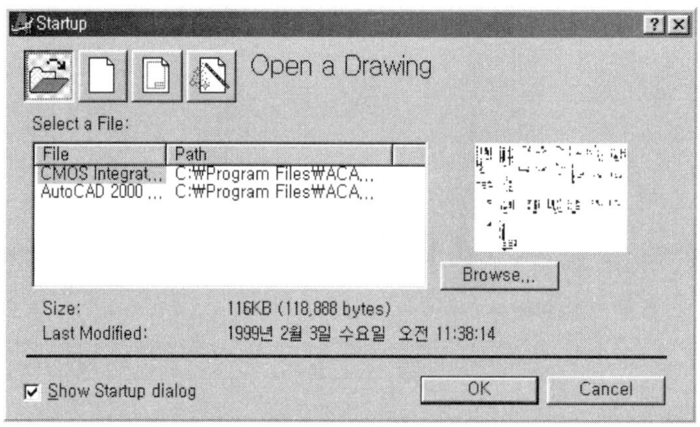

② Start from Scratch

인치 및 미터 단위로 새로운 도면을 시작한다.

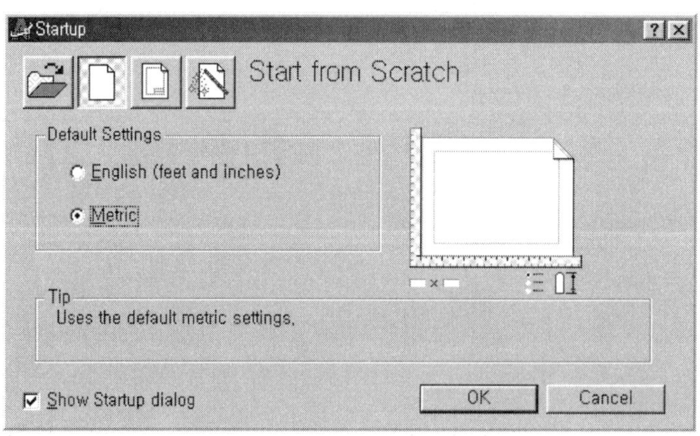

③ Use a Template

지정한 템플릿이 갖는 모든 환경으로 새 도면 시작한다.

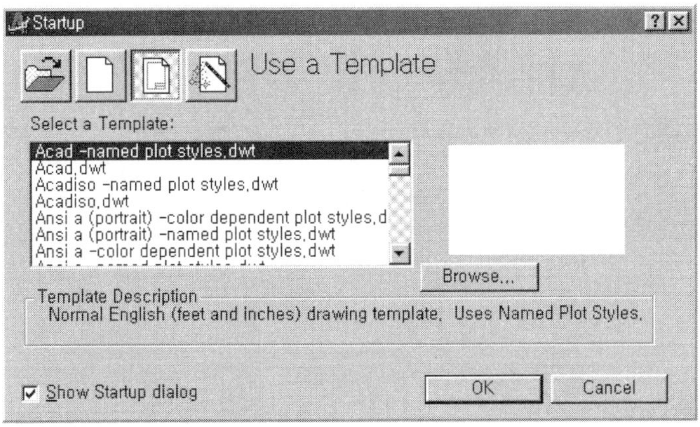

④ Use a Wizard

고급 또는 신속설정을 이용하여 새로운 도면 시작한다.

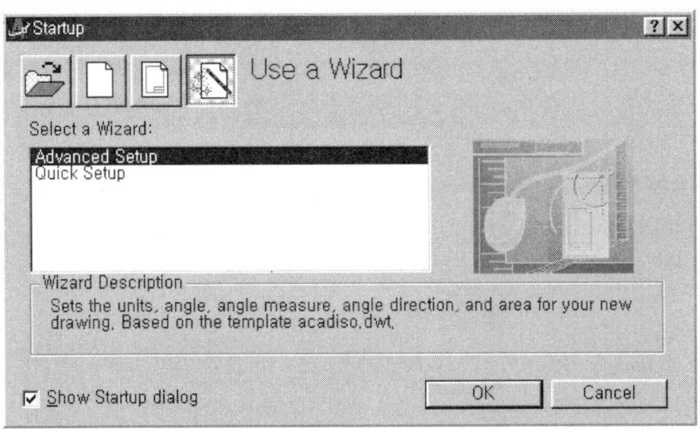

【Advance Setup】

도면의 상세 설정을 지정한다.

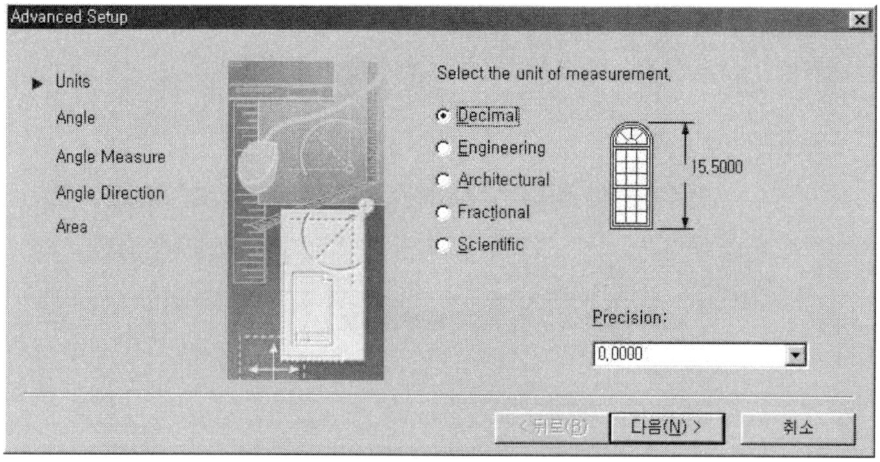

Units : 단위 지정

- ▶ Decimal(십진) : 15.50
- ▶ Engineering(공학) : 1′, -3.50″
- ▶ Architectural(건축) : 1′, -3 1/2″
- ▶ Fractional(분수) : 15 1/2
- ▶ Scientific(지수) : 1,55E+02
- ▶ Precision(정밀도) : 소수 이하 자리지정

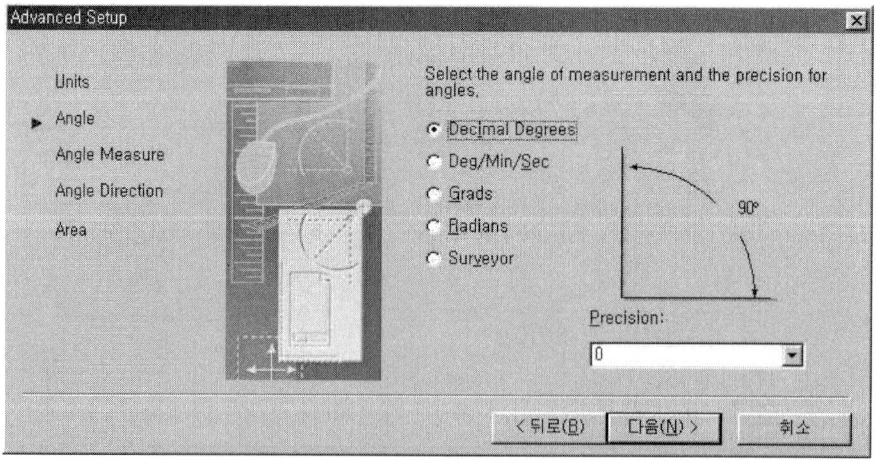

Angle : 각도 지정

- Decimal Degrees(십진각도) : 45.0000
- Deg/Min/Sec(도/분/초) : 45d 0′ 0″
- Grads(그레이드) : 50.0000g
- Radians(라디안) : 0.785r
- Surveyor(측량) : 45d 0′ 0″ E(방향)

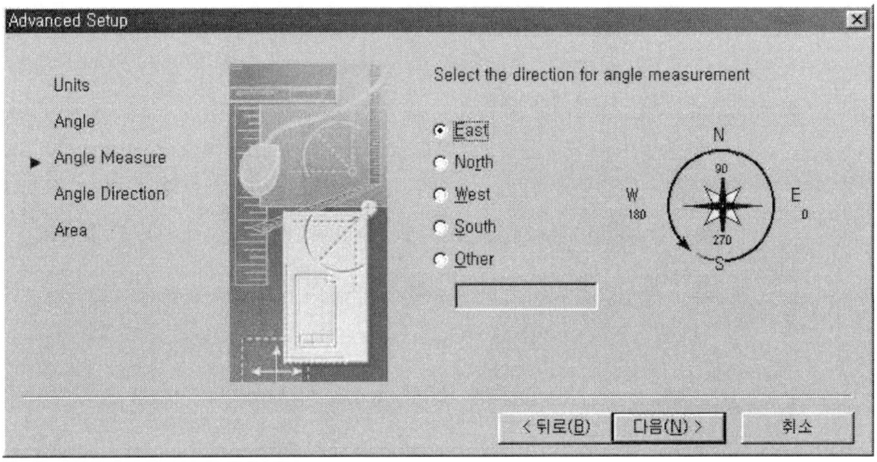

Angle Measure : 방위각 지정

- East : 0d
- North : 90d
- West : 180d
- South : 270d
- Other : mouse로 방위각 지정

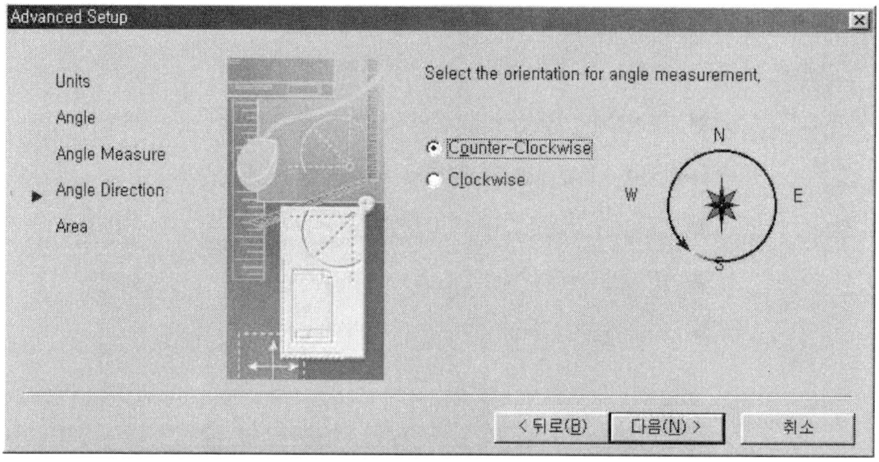

Angle Direction : 각도 방향 지정

▶ Counter-Clockwise : 반 시계 방향으로 각 지정

▶ Clockwise : 시계방향으로 각 지정

- East 3 o'clock = 0도
- North 12 o'clock = 90도
- West 9 o'clock = 180도
- South 6 o'clock = 270도

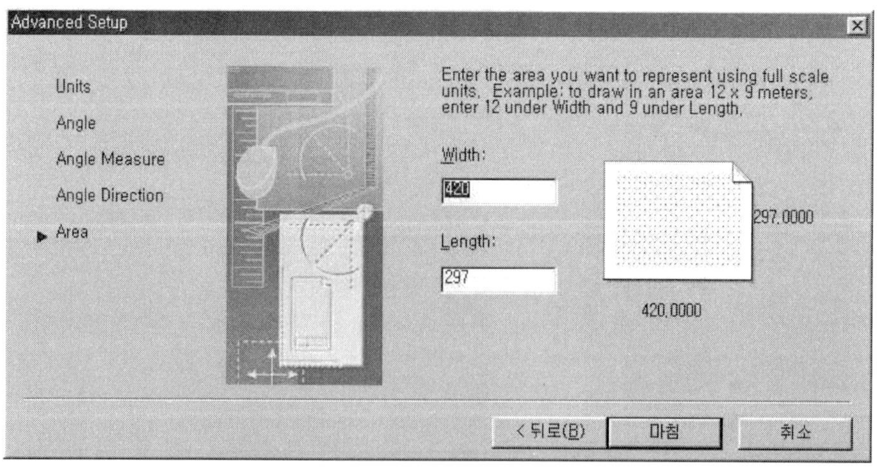

Area : 도면영역 지정

▶ Width : 폭 지정
▶ Length : 높이 지정
▶ A3용지 : 420mm×297mm

【Quick Setup】

단위와 도면 영역만을 지정한다.

Units : 단위 지정

▶ Advance Setup 설정의 Units와 동일

Area : 도면영역 지정

▶ Advance Setup 설정의 Limits와 동일

2) 도구 막대

▶ 대화상자 표시 : [View → Toolbar...]
▶ 도구막대 화면 표시 : 체크 박스에 ☒ 표시를 하면 나타난다.
▶ 도구막대 화면 닫기 : 체크 박스에 ☒ 표시를 해제하면 닫는다.
▶ 마우스로 표시와 닫기 : 도구 막대에 마우스를 대고 오른쪽 버튼을 클릭 한 후 선택 조정한다.
▶ 위치 변경 : 대상 도구막대를 드래그로 원하는 위치로 이동.

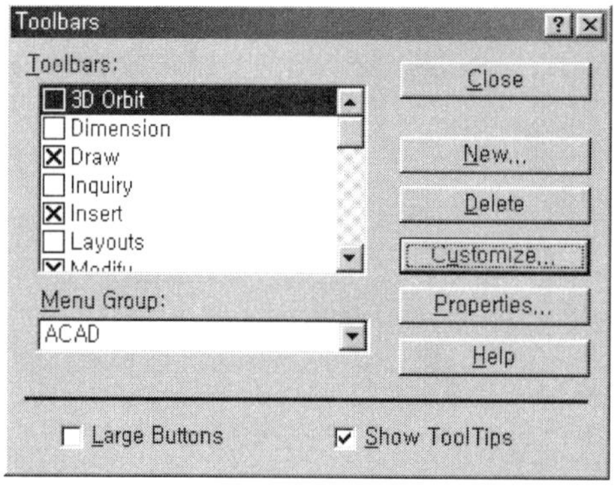

New : 새로운 도구막대 만들기

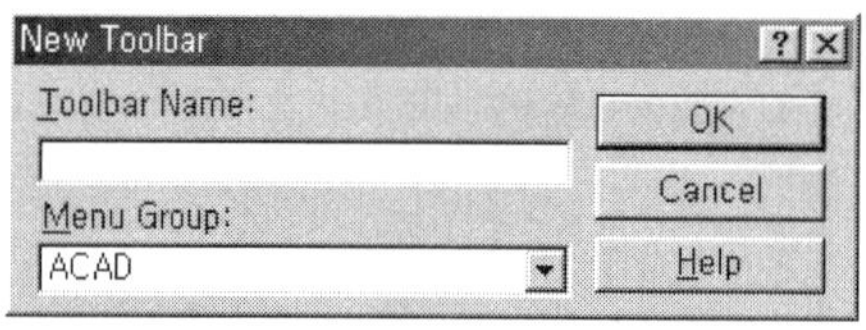

▶ Toolbars Name : 사용할 이름을 입력한다.

▶ Toolbar Name에 이름 기입.

▶ 새로 만들어진 도구 막대를 드래그하여 원하는 위치로 이동.

Delete : 도구막대를 삭제한다.

▶ 삭제를 원하는 도구를 선택한 후 Delete 버튼을 클릭한다.

Customize : 도구 막대를 수정한다.

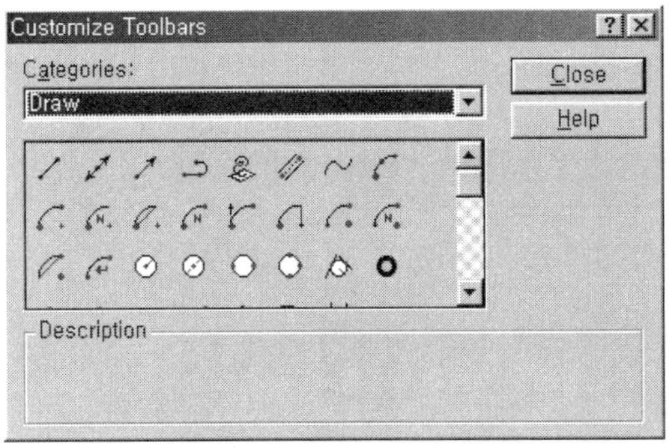

▶ 원하는 대상 도구막대를 드래그로 화면에 표시된 도구막대 위에 원하는 위치로 이동한다.

▶ Close로 종료한다.

Properties : 도구막대의 이름을 변경한다.

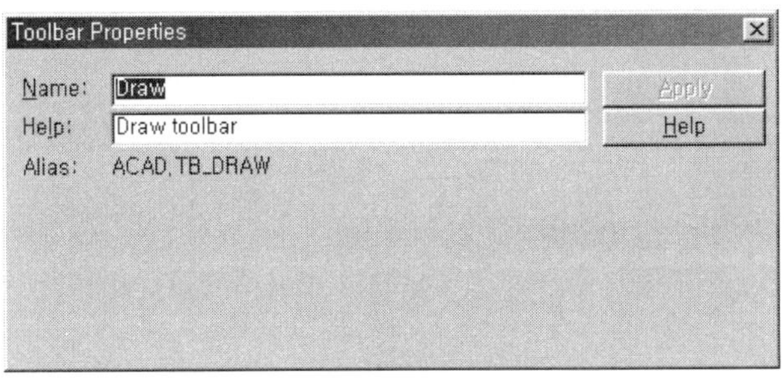

▶ Name : 새로운 이름을 입력한다.

▶ Help : 기존의 도구막대 이름이 표시된다.

▶ Apply : 새로운 이름으로 변경하여 저장한다.

☐ Large Buttons : 버튼의 크기 조정

▶ 'V' 체크하였을 경우 : 화면에 표시된 모든 버튼의 크기를 조정한다.

▶ 'V' 제거하였을 경우 : 버튼의 원래의 크기로 되돌아온다.

Button Properties : 도구막대의 버튼(아이콘) 작성.

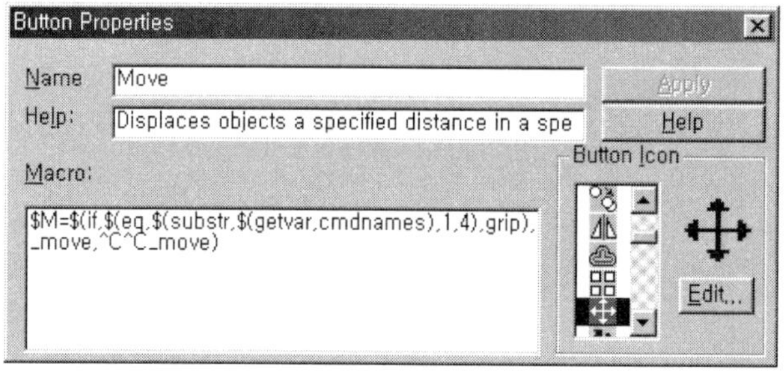

▶ ① Toolbars의 도구막대 이름을 지정한다.

② 화면에 보이는 도구막대(✥)에 마우스 오른쪽 클릭하면 대화상자가 나타난다.

▶ Name : 새로운 이름을 입력한다.

▶ help : 버튼에 대한 설명을 입력한다.

▶ Button Icon : 변경하고자 하는 버튼을 클릭한다.

▶ Edit : 버튼을 원하는 모양으로 수정할 수 있다.

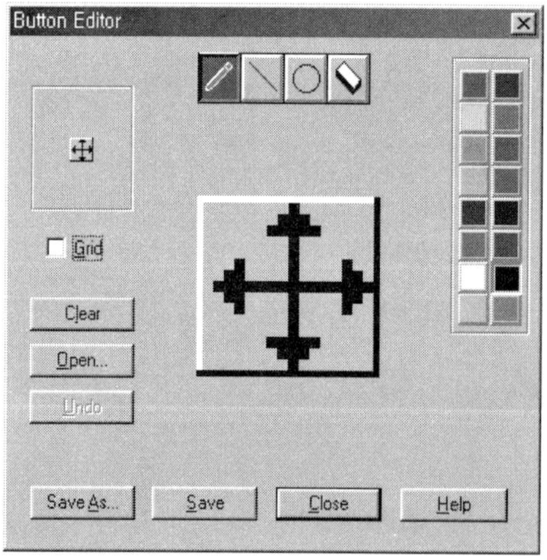

3) 단축메뉴 이용법

▶ 도면 영역에서나 명령 실행도중에 마우스 오른쪽 클릭시 단축메뉴 표시된다.

▶ 단축메뉴는 실행하는 형태에 따라 다양한 종류를 제공한다.

① 기본 값 메뉴

▶ 도면 영역에서 마우스의 오른쪽 클릭, 표시되는 메뉴로 다음과 같은 자르기, 복사 등을 할 수 있는 명령을 표시한다.

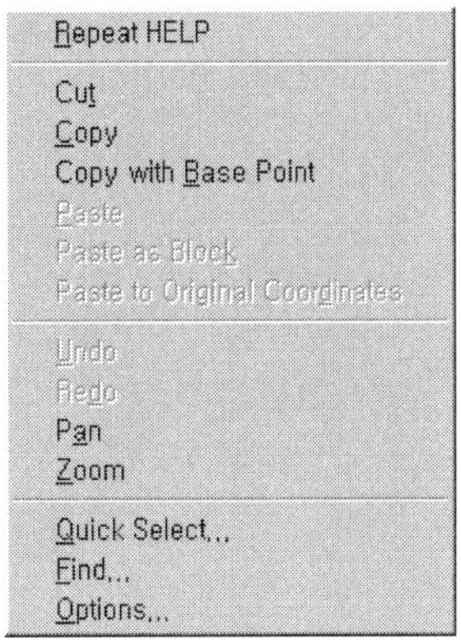

② 편집 메뉴

▶ 객체를 선택 후 마우스 오른쪽 클릭, 표시되는 메뉴로 복사, 지우기, 회전, 축척 등을 편집할 수 있는 메뉴를 표시한다.

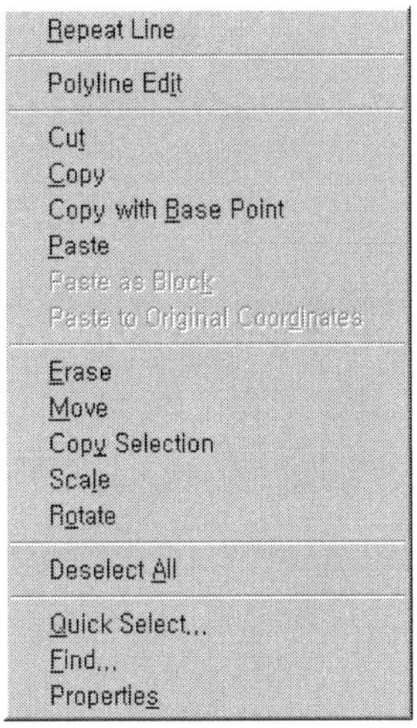

③ 명령 실행

▶ CAD 명령을 실행 중에 마우스 오른쪽을 클릭하여 표시되는 메뉴로 Enter키나 확대, 명령 취소 등을 실행할 수 있다.

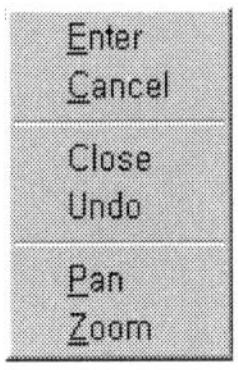

④ 객체스냅메뉴

▶ Shift키를 누르면서 마우스 오른쪽 클릭하여 표시되는 객체 스냅 메뉴로 객체의 특정한 지점을 선택하기 쉽게 한다.

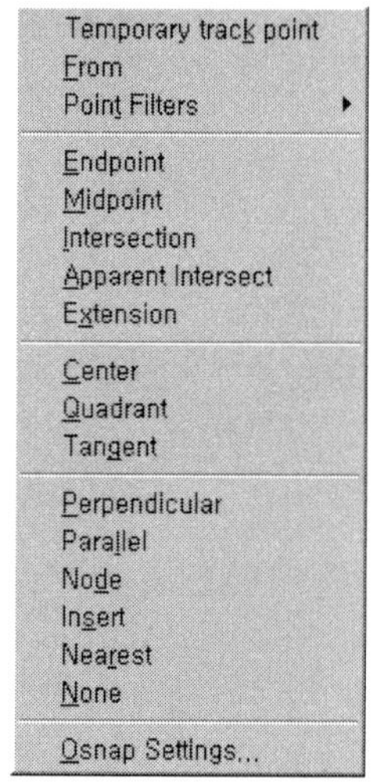

⑤ 도구막대 표시 메뉴

▶ 화면에 표시된 도구막대에 커서를 위치하고 마우스 오른쪽 클릭, 표시되는 메뉴로 도구막대 표시 여부를 지정한다.

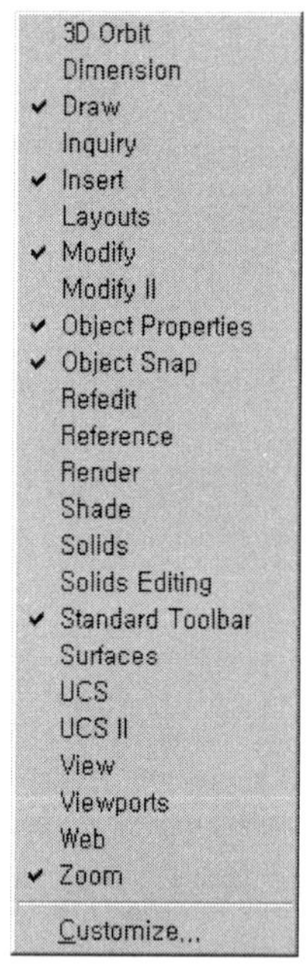

⑥ 명령행 단축 메뉴

▶ 명령행에 커서를 위치하고 마우스 오른쪽 클릭, 표시되는 메뉴로 실행 명령에 관련된 명령을 표시한다.

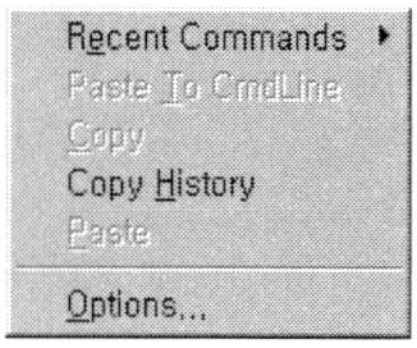

⑦ 상태표시줄 단축메뉴

▶ 화면 하단 상태표시줄에 커서를 위치, 마우스 오른쪽 클릭, 표시되는 메뉴로 상태줄에 표시되는 명령과 관련되는 명령을 표시한다.

⑧ 표

▶ 대화상자 내부에 커서위치, 마우스 오른쪽 클릭 표시되는 메뉴로 대화상자와 관련된 명령을 표시한다.

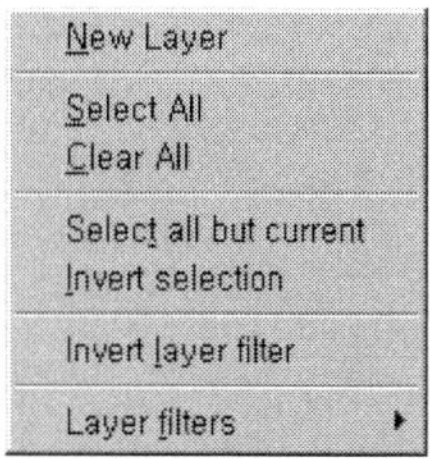

⑨ 모형 탭 단축메뉴

▶ 모형 탭(Model, Layout1,2)에 커서를 위치, 마우스 오른쪽 클릭 표시되는 메뉴로 모형 탭에 관련되는 명령을 표시한다.

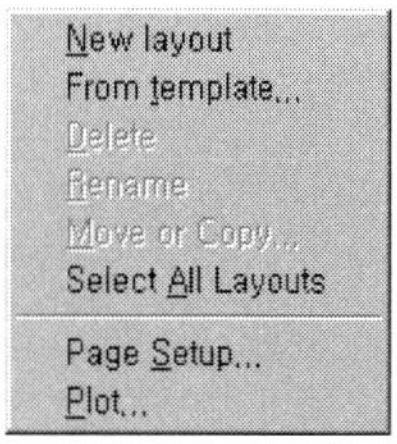

1-3 AutoCAD의 기본사항

1) AutoCAD 명령어 사용 방법

① 모든 명령어는 명령어 프롬프트인 "Command : " 상태에서 사용해야 한다.

② 명령어 옵션은 ///로 구분되며 대문자로 표시된 문자만 입력하여 사용한다.
Command : PEDIT Enter↵
Select Polyline :
Enter an option[Close/Joint/Width/Edit... /Ltype gen/Undo] : E

③ 명령어에서 <>의 표시는 옵션이 선택되지 않으면 기본 값(Default)으로 우선적으로 수행된다.
Command : Circle Enter↵
3P/2P<center point> : 5, 5 Enter↵ ⇨ 5, 5의 좌표가 중심점이 된다.

④ 명령어 수행 중 별도로 사용할 수 있는 명령어는 명령어 앞부분에 '를 같이 사용한다. Transparent명령을 참조한다.
Command : Zoom Enter↵
All/Center/Dynamic/Extents/..../Windows/<Scale(x)> : 'Help Enter↵
⇨Zoom 명령에 대한 도움말이 나타난다.

⑤ DD(Dynamic Dialouge)로 시작되는 명령어는 대화 상자를 제공한다. 대화 상자에는 여러 개의 버튼을 가지고 있고 버튼이 선택되면 명령어가 실행된다. 생략부호(...)가 있는 버튼을 누르면 보조 대화 상자가 나오고 화살표(<)가 있는 버튼을 선택하면 잠시 대화 상자에서 빠져나가 그래픽 영역에서 작업한 뒤 다시 대화 상자로 돌아온다.

⑥ 명령어를 반복해서 실행하려면 Enter↵ 키를 한번 더 누르면 된다.

⑦ 버튼으로 포인팅 장치를 선택하거나 값을 세팅할 수 있다.

- 체크 버튼 : 간단한 모드 변화를 제어하는 체크 버튼을 누르면 체크 표시가 on/off 토글 된다.
- 입력 버튼 : 입력 버튼은 입력 부분과 활동 편집 영역 두 부분으로 나누어진다. 편집 영역 내에서 기존 값을 변경한다.

2) AutoCAD가 나타내는 Cursor의 종류

① + : Cross hair(도면 작업시 위치 선정 및 Screen 메뉴를 선택한다)

② □ : Select object(Object의 선택시 나타난다)

2. Auto-CAD의 기능키와 단축키

2-1 기능키

▶ 일반적으로 지정된 기능을 수행하도록 만든 키로 Esc나 F1～F12를 지칭한다.

Esc (Cancel)	실행중인 명령을 취소한다.
F1	AutoCAD Help 기능을 실행한다.
F2	AutoCAD Text Windows 모드로 'On/Off' 변환한다.
F3	Osnap Setting 모드를 실행한다.
F4	Tablet 모드로 'On/Off' 변환한다.
F5	Isoplane을 'Right/Left/Top' 변환한다.
F6	Coordinate Mode를 'ON/Off' 변환한다.
F7	Grid Mode를 'ON/Off' 변환한다.
F8	Ortho Mode를 'ON/Off' 변환한다.
F9	Snap Mode를 'ON/Off' 변환한다.
F10	AutoCAD 환경 표시도구의 보여짐을 지정한다.
F11	Object Snap Tracking Mode를 'ON/Off' 변환한다.

2-2 단축키

▶ 사용자의 편의를 위하여 명령을 단축시킨 것으로 기본적으로 정의된 것과, 사용자에 의하여 정의된 것이 있다.

1) AutoCAD의 기본 단축키

Ctrl + O (^O)	File 불러오기
Ctrl + S (^S)	File 저장하기
Ctrl + N (^N)	새로운 도면 작성
Ctrl + P (^P)	도면 출력
Ctrl + C (^C)	선택부분 복사
Ctrl + Z (^Z)	명령 실행 취소(Undo)
Ctrl + Y (^Y)	명령 재실행(Redo)
Ctrl + X (^X)	오려내기(Cut)
Ctrl + V (^V)	붙이기
↑	이전에 사용된 명령을 다시 선택
↓	↑에 의해 선택된 명령을 다른 것으로 선택
Space Bar	'Command: '에서 사용된 바로 이전 명령을 다시 반복
Enter	명령 입력 종료, 또는 Space Bar의 기능과 동일

2) AutoCAD에서 사용자 정의 단축키 만드는 방법

▶ 사용자가 임의로 사용하기 용이하도록 단축키를 정의하는 것으로, 방법으로 지정한다.

```
Command: (defun C: [단축키 지정() → 단축키 문자 입력(1~3자 정도)
1> (Command "[명령어 지정]")) → CAD 명령어를 입력
```

[예]

Rectangle(사각형 그리기)명령을 "Re"로 단축키를 지정한다.

⇒ 단축키 만들기

Command: (defun C:RE()

1> (Command "Rectangle"))

⇒ 단축키 실행

Command: RE Enter↵

Rectangle

Chamfer/Elevation/Fillet/Thickness/Width/<First corner>:

Memo

환경 설정

Chapter 3

1. 도면의 실행 명령어

도면을 처음 실행할 때 사용하는 명령들로써 새로운 도면을 만들 때에는 NEW, 기존의 도면을 불러들일 때에는 OPEN 명령을 사용한다.

1-1  NEW

사용자가 도면을 작성하기 전에 새로 작성할 도면에 파일명을 저장한다.

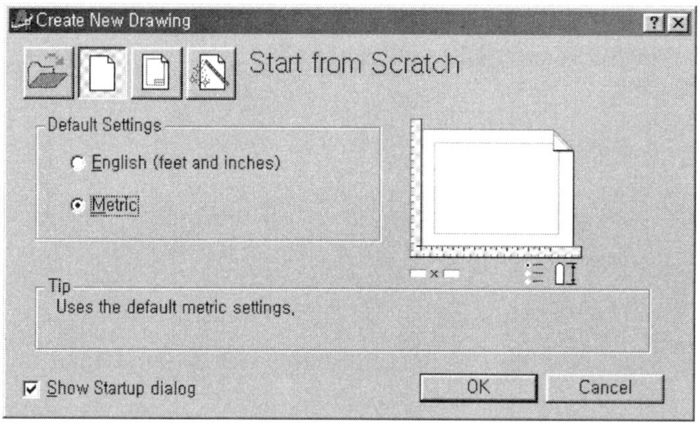

 Start from Scratch : 인치 및 미터 단위로 새 도면을 시작한다.

 Use a Template : 지정한 템플릿이 갖는 모든 환경으로 새 도면 시작한다.

 Use a Wizard : 고급 또는 신속설정을 이용하여 새 도면 시작한다.

1-2  OPEN

이미 완성된 도면이나 사용하던 도면을 다시 불러오고 싶을 때 다음과 같은 OPEN 명령을 사용한다.

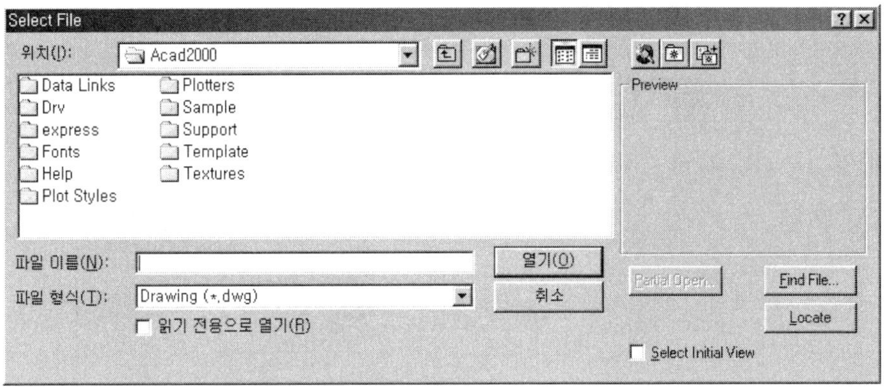

▶ Partial Open : 도면의 일부분만 불러온다.

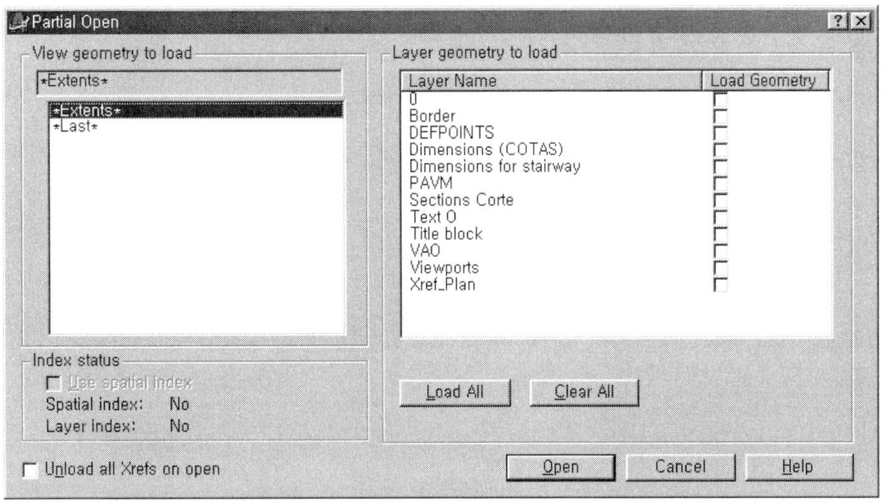

▶ Find File : 열고자 하는 도면을 보다 편리하게 찾는다.

① Browse : 디렉토리를 이용하여 원하는 도면을 찾는다.

② Search : 여러 형식을 이용하여 원하는 도면을 찾는다.

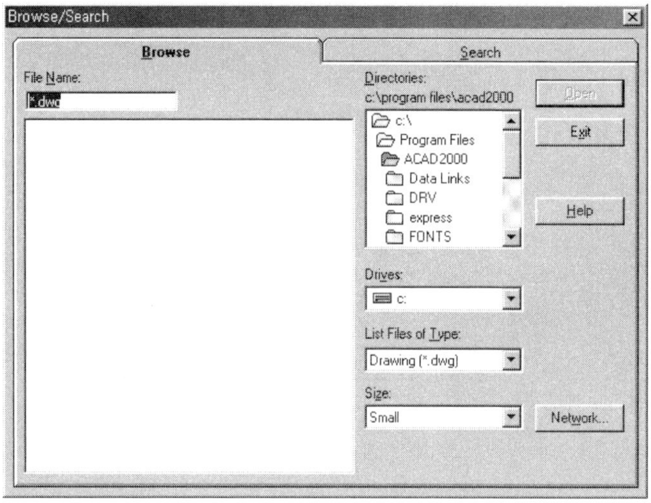

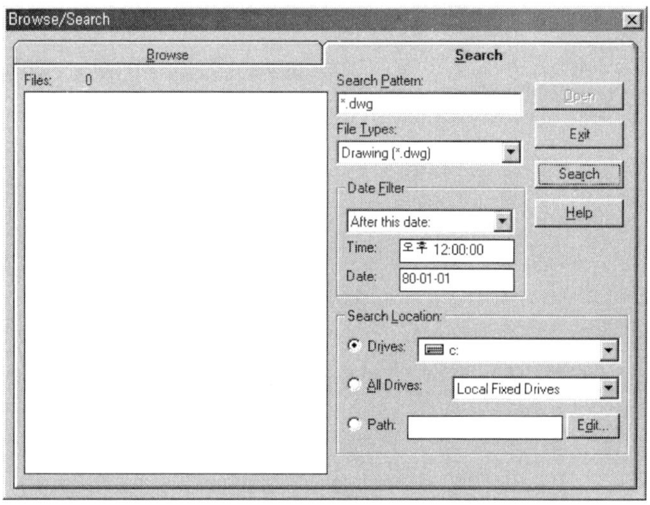

⇒ path의 Edit를 클릭하였을 때 나타나는 대화상자.

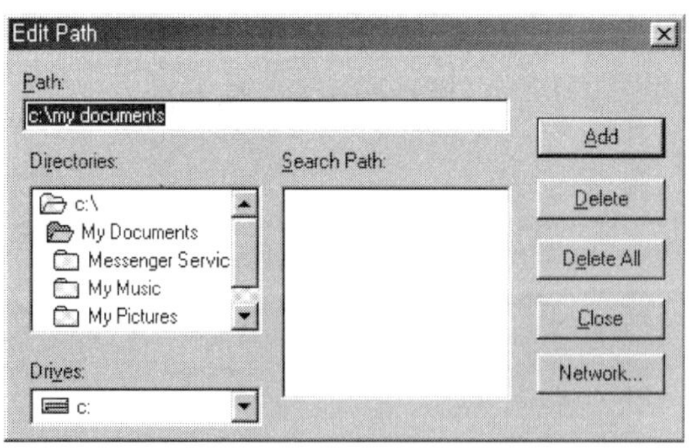

1-3  SAVE

사용자가 도면을 작성하거나 편집 도중에 그 작업을 종료하고 새로운 도면을 작성하거나 이전에 그린 도면을 불러들여 수정하고 싶을 때 일단 작업하던 도면을 저장해야 하는데 이러한 도면 저장 방법에 대해 설명한다.

① SAVE : 파일명을 요구하고 나서 도면을 저장한다.

② SAVEAS : SAVE와 같지만 현 도면을 사용자가 지정한 파일명으로 설정한다.

③ QSAVE : 파일명을 요구하지 않고 현재의 도면으로 저장한다.

④ SAVETIME : 일정시간이 지나면 자동으로 저장되도록 저장 간격을 지정 설정한다.

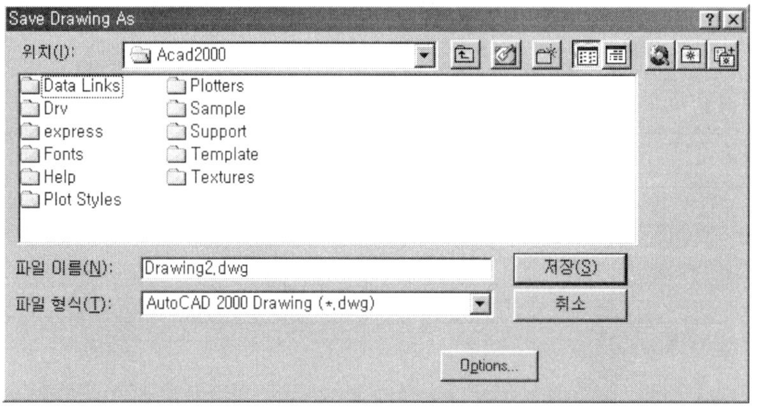

1-4 QUIT

QUIT 명령은 저장되지 않은 수정된 도면이 없을 경우에만 빠져 나오고 만일 수정된 그림이 있으면 저장할 것인가를 물어 보고 난 후 그것에 대한 조치를 취하고 나서 빠져 나온다.

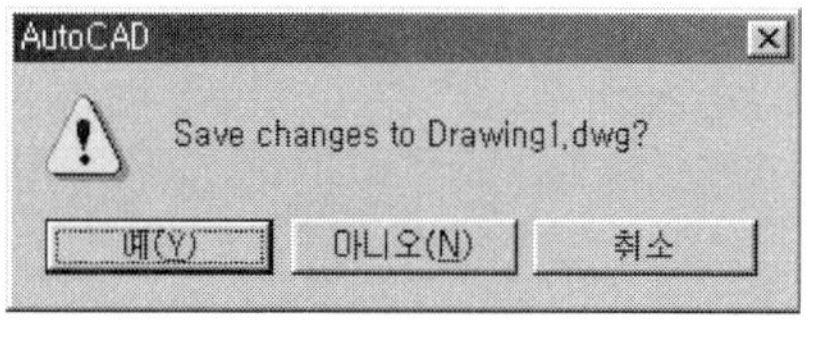

1-5 END

END명령은 현재 도면의 이름으로 자동적으로 저장하고 도면의 변화 여부에 관계없이 AUTOCAD에서 빠져나간다.

2. LIMITS

작업할 도면의 크기를 지정하고 한계 기능인 경계를 설정한다.

ZOOM Enter↵, All Enter↵ 해야만 변경된다. 모니터의 화면은 A0 용지의 크기로 Default가 되어 있으므로 사용자는 원하는 용지의 크기로 선택해야 된다.

만약 A3 용지(420×297)를 선택하였다면 A3의 크기는 모니터 크기의 일부분(A0의 1/8)에 불과하므로 ZOOM Enter↵ 한 후, A3 용지(420×297)를 모니터 크기로 사용하기 위해서는 ALL Enter↵ 하여야 한다.

〈표 4〉 용지의 크기

A0	1189×841
A1	841×594
A2	594×420
A3	420×297
A4	297×210

```
Command: limits
Reset Model space limits:
Specify lower left corner or [ON/OFF] <0.0000,0.0000>:
Specify upper right corner <420.0000,297.0000>:
```

만약 < >안 값을 변경할 필요가 없다면 치수를 넣지 말고 Enter↵ 만을 한다.

Memo

3. ZOOM 또는 Z Enter↲

ZOOM은 현재의 화면에 보이는 대상물 크기를 늘리거나 줄인다.

```
Command:
ZOOM
Specify corner of window, enter a scale factor (nX or nXP), or
[All/Center/Dynamic/Extents/Previous/Scale/Window] <real time>:
```

	All	그려진 모든 그림을 현재 화면에 보여준다.
	Center	지정된 포인트가 중심으로 위치하며, 높이 값은 화면의 확대 크기이다.
	Dynamic	도면전체를 보여주고 임의로 지정한 박스 속의 그림을 확대한다.
	Extents	도면에 그린 그림을 화면에 가득히 채운다.
	Previous	바로 전의 ZOOM 상태로 된다.
	Scale	입력숫자의 절대 크기로 확대, 축소한다.
	Window	대각선상의 2점을 화면에 확대한다.
	In	도면을 두배 확대한다.
	Out	도면을 반으로 축소한다.
	Left	왼쪽 아래 점을 기준으로 화면을 확대한다.
	Vmax	Regen하지 않고 가상화면에서 최대 화면을 보여 준다.

4. UNITS

단위 변경, 소수점 이하의 자릿수, 각도의 표시 방법, 정밀도 등을 변경할 수 있다.

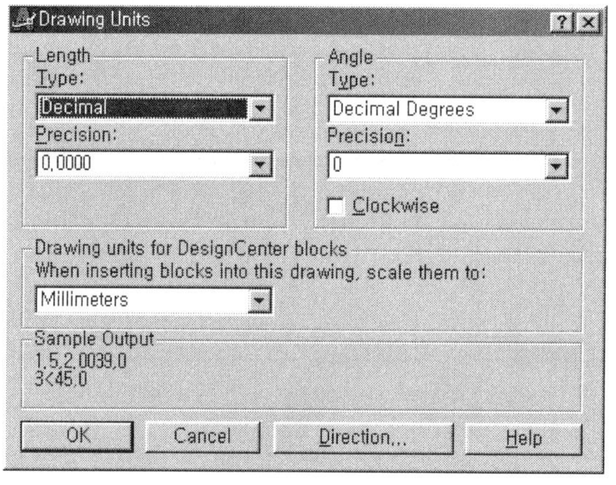

Length : 길이 단위 지정

▶ Decimal(십진) : 15.50

▶ Engineering(공학) : 1′, -3.50″

▶ Architectural(건축) : 1′, -3 1/2″

▶ Fractional(분수) : 15 1/2

▶ Scientific(지수) : 1,55E+02

※ Precision : 소수 이하 자리수를 표현하여 정밀도를 지정한다.

Angle : 각도 단위 지정

▶ Decimal Degrees(십진각도) : 45.0000

▶ Deg/Min/Sec(도/분/초) : 45d 0′ 0″

▶ Grads(그레이드) : 50.0000g

▶ Radians(라디안) : 0.785r

▶ Surveyor(측량) : 45d 0′ 0″ E(방향)

※ Clockwise : 체크하면 시계방향으로 각도 증가.
해제하면 반시계방향으로 각도 증가.

- East 3 o′clock = 0도
- North 12 o′clock = 90도
- West 9 o′clock = 180도
- South 6 o′clock = 270도

Drawing units for DesignCenter blocks :

▶ 삽입 축적 단위를 지정한다.

Direction : 각도의 0° 방향을 지정한다.

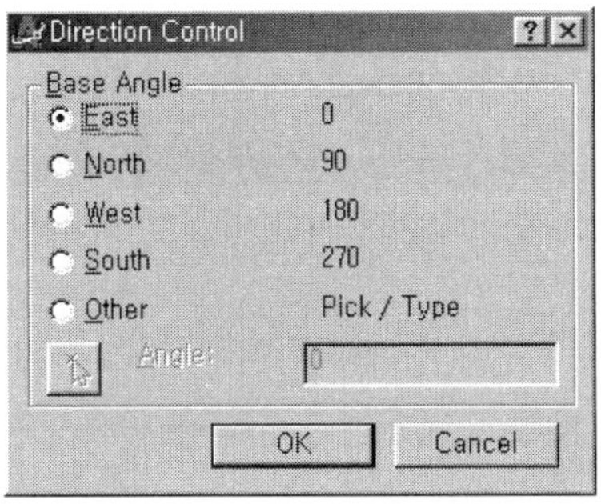

▶ East : 3시 방향(동쪽)

▶ North : 12시 방향(북쪽)

▶ West : 9시 방향(서쪽)

▶ South : 6시 방향(남쪽)

▶ Other : 임의의 0° 방향 설정

5. DDUNITS

DDUNITS는 UNITS를 대화상자에서 좌표와 각도 표시 형식으로 설정값을 지정해 줄 수 있다.

※ DD(Dynamic Dialogue) :
대화상자를 이용, 컴퓨터와 사용자의 대화형식으로 만들어진 명령어

6. GRID GRID (F7)

LIMITS 범위 내에서 점으로 된 모눈을 나타내며 시각적으로 도면 작업을 도와주며, 플롯은 되지 않는다. GRID의 증가 분이 도면 크기에 비해 너무 작으면 오류 메시지가 나타난다.
DDRMODES 명령에서도 설정할 수 있다.

```
Command:
GRID
Specify grid spacing(X) or [ON/OFF/Snap/Aspect] <10.0000>:
```

- ON/OFF : 그리드 설정/해제를 지정한다.
- Snap : 그리드 간격을 지정한 값에 따라 snap도 적용된다.
- Aspect : X, Y 축의 그리드 간격을 각각 다르게 지정한다.

7. SNAP SNAP (F9)

커서를 지정한 간격으로 움직이게 한다.
DDRMODES 명령에서도 설정할 수 있다.

```
Command:
SNAP
Specify snap spacing or [ON/OFF/Aspect/Rotate/Style/Type] <10.0000>:
```

- ON/OFF : 스냅 설정/해제를 지정한다.

- Aspect : X, Y축의 스냅 간격을 각각 다르게 지정한다.
- Rotate : 회전하여 지정한 각도 방향으로 이동한다.
- Style : 2차원(표준모드)와 2.5차원(등각투상도)으로 변경한다.
  - Standard : 표준모드, 2차원 평면
  - Isometric : 등각투영 모드, 2.5차원 평면

    (left = 150° 90°, Top = 30° 150°, Right = 30° 90°)
- Type : 모드 지정
  - Polar : 극좌표 모드로 지정한다.
  - Grid : 스냅모드로 지정한다.

8. ORTHO ORTHO (F8)

Orthogonal의 약어로 커서의 이동을 수직이나 수평이 되게 한다.
주로 중심선을 그릴 때 많이 사용한다.

```
Command:
ORTHO Enter mode [ON/OFF] <OFF>:
Command:
```

- ON/OFF : 수직모드 설정/해제 지정한다.

9. DDRMODES (도면작성보조대화상자)

DDRMODES는 Snap and Grid, Polar Tracking, Object Snap의 모든 기능을 대화상자로 조정한다.

[Snap and Grid]

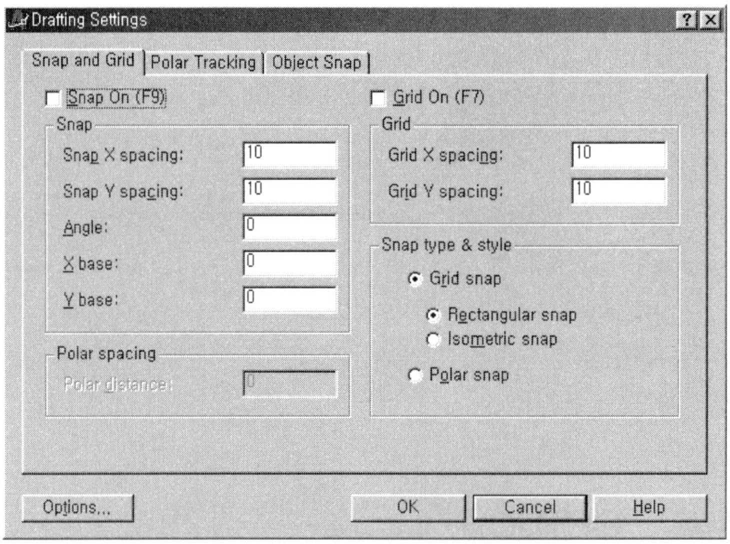

Snap On : 스냅 설정/ 해제를 지정

▶ Snap X spacing : X축 스냅 간격값을 입력한다.

▶ Snap Y spacing : Y축 스냅 간격값을 입력한다.

▶ Angle : 각도를 입력한다.

▶ X base : X축 기준값을 지정한다.

▶ Y base : Y축 기준값을 지정한다.

Polar Spacing

▶ Polar distance : 극 간격

Grid On : 그리드 설정/ 해제를 지정

▶ Grid X spacing : X축 그리드 간격값을 입력한다.

▶ Grid Y spacing : Y축 그리드 간격값을 입력한다.

Snap type & style

- ▶ Grid snap : 스냅모드로 지정한다.
- ▶ Rectangular snap : 표준모드로 지정한다.
- ▶ Isometric snap : Isometric 모드로 지정한다.
- ▶ Polar snap : 극좌표 모드로 지정한다.

【Object Snap】

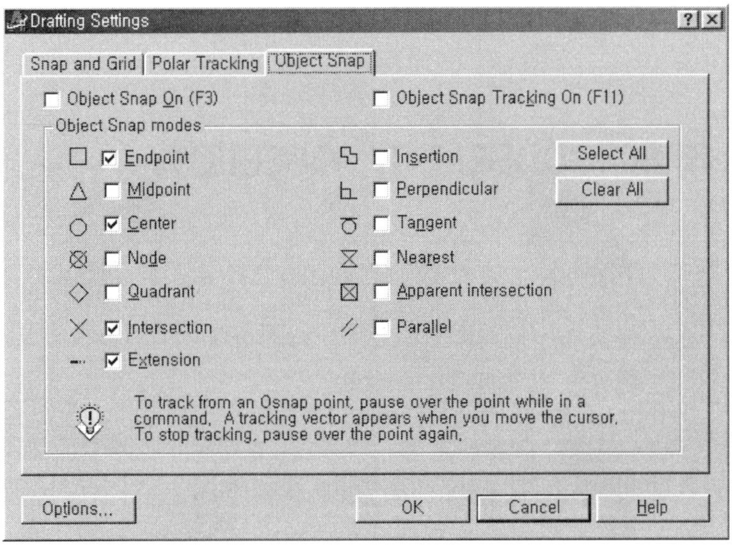

- ▶ Object snap on : 지정한 스냅점을 자동으로 표시 여부
- ▶ Object Snap Tracking On : 가상 추적선 표시여부

Object Snap modes

- ▶ Endpoint : 끝점
- ▶ Midpoint : 중간점
- ▶ Center : 중심점
- ▶ Node : 절점

- ▶ Quadrant : 1/4 분할 점
- ▶ Intersection : 교차점
- ▶ Extension : 가상선상의 교차점
- ▶ Insertion : 요소 삽입점
- ▶ Perpendicular : 수직점
- ▶ Tangent : 접선점
- ▶ Nearest : 근처점
- ▶ Apparent intersection : 명백한 교차점
- ▶ Parallel : 극 좌표 표시점

10. SELECT (DDSELECT, QSELECT)

SELECT 명령을 사용하여 수정, 편집하고자 하는 대상을 먼저 선택하는 명령어이다. 편집명령어를 사용하기 전 처리에 대상을 지정하는데 간단하고도 정확하게 원하는 대상을 지정하는 명령어이다.

다음은 도면요소의 선택을 요구하는 프롬프트이다.

Select object :

이때부터 커서가 십자커서에서 조그마한 정사각형(Pickbox)로 바뀌게 된다. 이 박스를 이용하여 원하는 도면요소를 선택한다. 도면요소가 선택되면 점, 선으로 바뀌고 이것을 우리는 "활성화되었다"라고 하고 그 요소를 활성화된 도면요소라 한다. 만약 여기에서 도면요소를 선택하지 못하면 아무 것도 없는 곳을 선택하게 되면 자동으로 Window모드와 같은 형태의 선택을 하게된다. Window 기능은 마우스를 이용하여 왼쪽에서 오른쪽으로 지정한 경우에만 사용하고 Crossing 기능은 마우스를 이용하여 오른쪽에서 왼쪽으로 지정한 경우에만 사용된다. Window와 Crossing 명령은 마우스에 관계없이 이용한다. Window기능은 Box 안에 완전하게 들어간 객체만 활성화되고 Crossing 기능은 Box 안에 걸쳐 있는

객체는 모두 활성화된다.

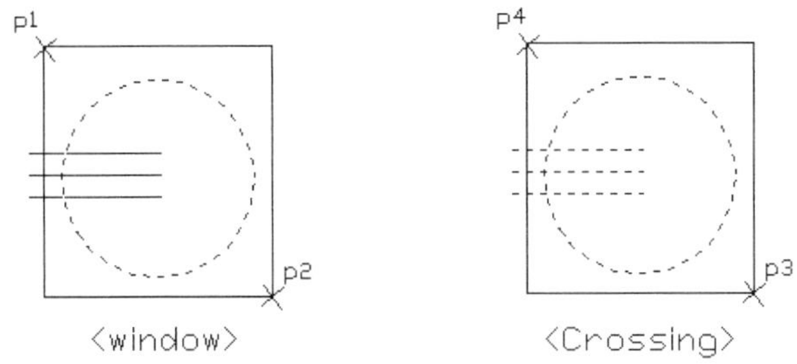

【DDSELECT】

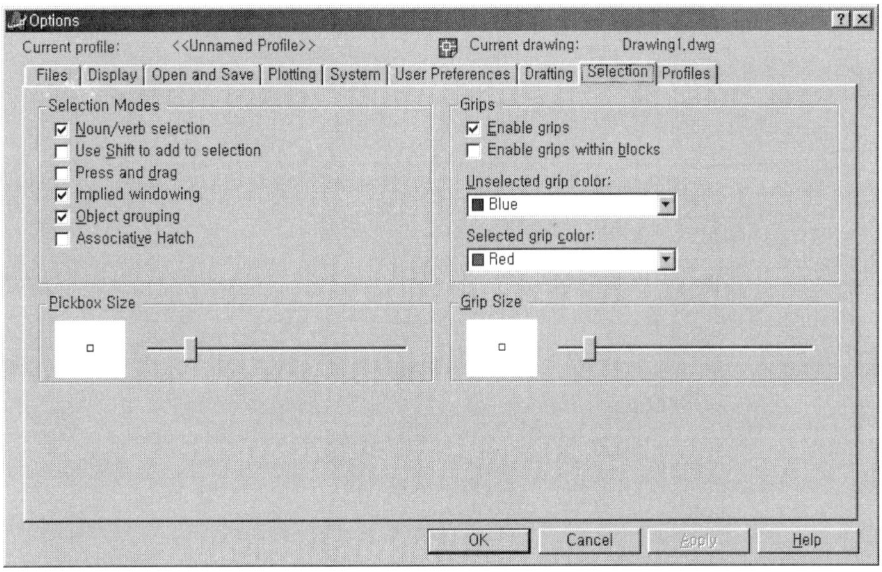

Selection Modes

▶ Noun/verb selection : 도면 요소 선택 후 선택 세트에서 명령을 입력

▶ Use shift to Add : 기존 선택 요소에 도면요소 추가방법 제어.

▶ Press and Drag : 마우스로 선택시 드래그 하는 방법 제어.

▶ Implied Windowing : 선택 프롬프트가 나타날 때 윈도우 자동 생성.

▶ Object Grouping : 객체 중 속성이 같은 요소들을 하나의 요소로 지정

▶ Associative Hatch : 연관 해치 선택시 경계선을 선택

Pickbox size

▶ 선택박스의 크기 조절

Grips

▶ Enable grips : 선택한 객체에게 그립을 지정한다.

▶ Enable grips within blocks : 블록내 객체에 그립을 지정한다.

▶ Unselect grip color : 선택하지 않은 grip의 색상을 지정한다.

▶ Selected grip color : 선택한 grip의 색상을 지정한다.

Grip size

▶ grip에 관한 표시상자에 크기 조절

Memo

【 QSELECT】

선택하고자 하는 요소의 특성을 지정하여 신속하게 선택하도록 한다.

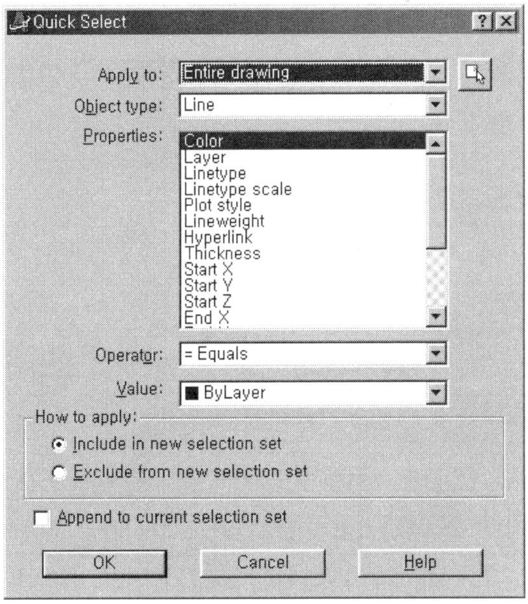

▶ Apply to : 도면 영역을 지정한다.

▶ Object Type : 형태를 지정한다.

▶ Properties : 특성을 지정한다.

▶ Operator : 연산자를 지정한다.

▶ Value : 선택하고자 하는 값을 지정한다.

▶ How to apply : 적용방법을 선택한다.

- Include in new selection set : 새 선택세트에 포함
- Exclude from new selection set : 새 선택세트에서 제외

▶ Append to current selection set : 현재 선택세트에 추가한다.

11. Color

요소를 지정하여 색상을 지정한다.

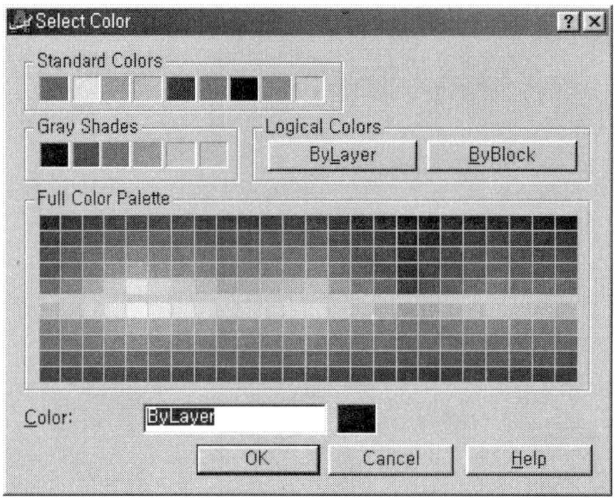

▶ Standard Colors : 1~9까지의 기본 색상을 표시한다.

▶ Gray shades : 음영색을 표시한다..

▶ Logical Colors : 색상 지정 방법을 선택한다.

- ByLayer : 레이어에서 지정한 색을 사용한다.
- ByBlock : 블록에서 지정한 색을 사용한다.

▶ Full Color Patette : 10~249까지의 색상을 표시한다.

▶ Color : 현재 설정된 색상을 보여준다.

Memo

12. GROUP

여러 개의 요소를 하나의 그룹으로 묶는다.

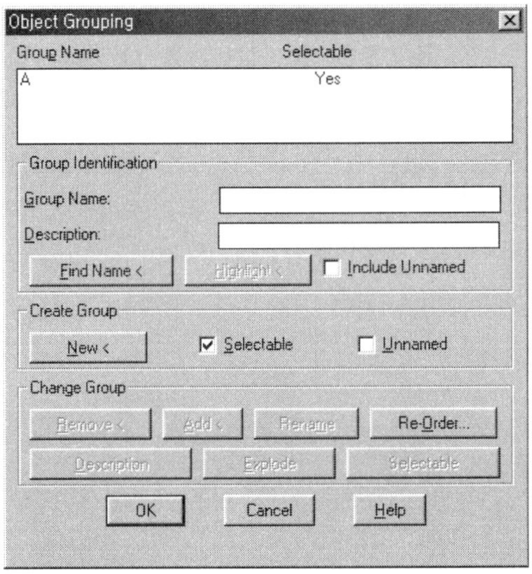

Group Name

정의된 그룹이나 새 그룹의 이름을 표시한다.

Group Identification

- ▶ Group Name : 그룹 이름을 입력한다.
- ▶ Description : 그룹 설명을 입력한다.
- ▶ Find Name : 선택한 객체의 이름을 표시한다.
- ▶ Highlight : 선택한 그룹 객체를 강조한다.

Create Group

- ▶ New : 새 그룹을 작성한다.

▶ Selectable : 그룹을 선택할 수 있게 한다.

▶ Unnamed : 그룹으로 지정하지 않는다.

Change Group

▶ Remove : 그룹에 포함된 객체를 삭제한다.

▶ Add : 그룹에 객체를 추가 생성한다.

▶ Rename : 그룹의 이름을 변경한다.

▶ Re-Order : 그룹의 배열을 다시 정한다.

▶ Description : 그룹의 설명을 변경한다.

▶ Explode : 지정한 그룹을 분리한다.

▶ Selectable : 그룹을 선택 할 수 있게 한다.

Memo

13. Options

【Files】

장치 드라이버, 인쇄 파일, 자동 저장 파일 등의 파일 경로를 지정한다.

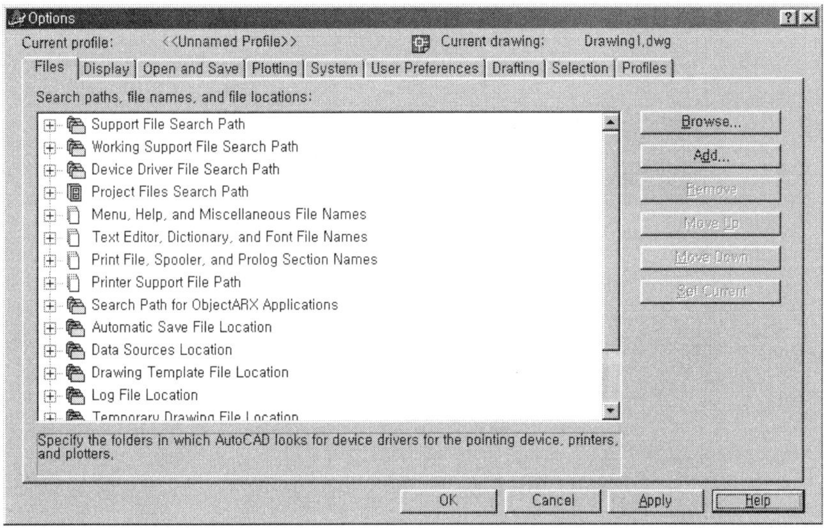

【Display】

화면 기본 설정 및 해상도, 십자선 크기의 설정값들을 지정한다.

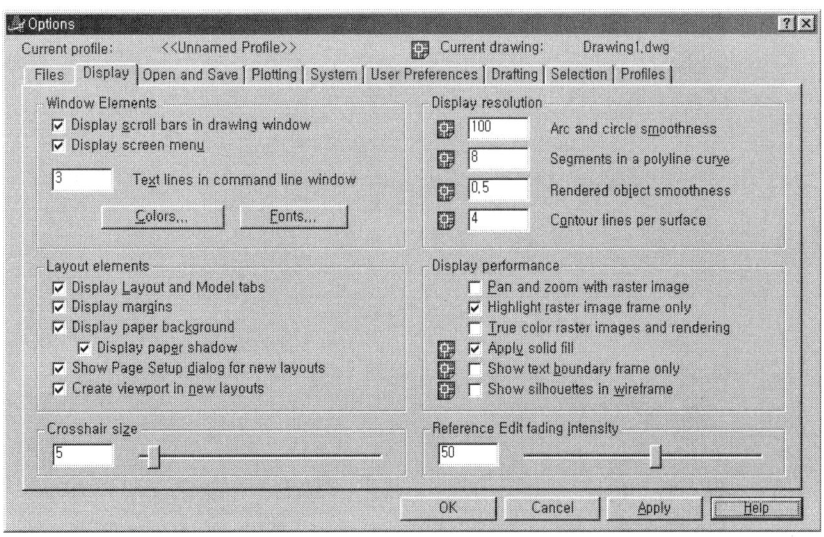

Window Elements

▶ Display scroll bars in drawing window : 화면에 스크롤바 나타낸다.

▶ Display screen menu : 스크린 메뉴를 화면에 나타낸다.

▶ Text lines in command line window : command 라인 개수 지정.

▶ Colors : 화면의 배색을 지정한다.

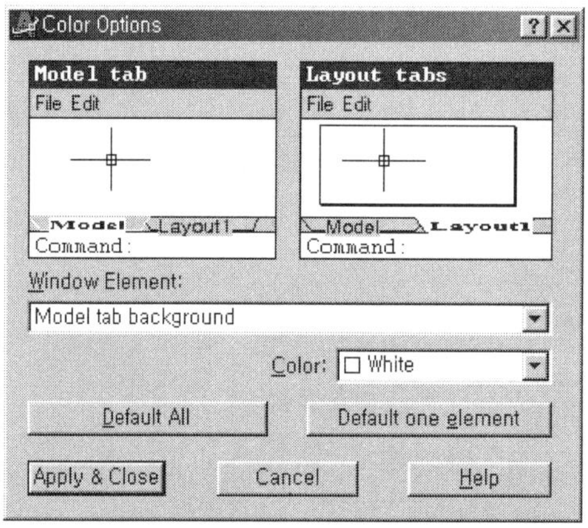

▶ Fonts : 화면의 기본 글꼴을 지정한다.

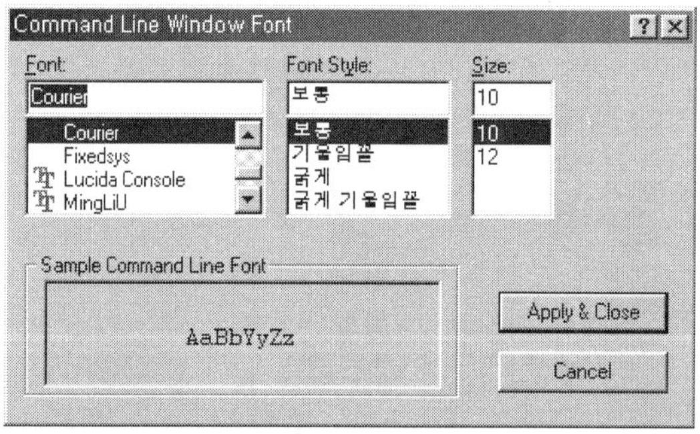

Display resolution

▶ Arc and circle smoothness 『범위 : 1～20,000』

: 호와 원의 선을 부드럽게 한다.

▶ Segments in a polyline curve 『최적 조건 : 4』

: 폴리선, 곡선의 세그먼트 수를 입력한다.

▶ Rendered object smoothness 『최적 조건 : 0 이하』

: 랜더링 객체를 부드럽게 한다.

▶ Contour lines per surface 『최적 조건 : 4』

: 곡면 형상선의 수를 입력한다.

Display performance

▶ Pan and zoom with rester image 『최적 조건 : 공란』

: 래스터 이미지를 초점 이동 및 줌 한다.

▶ Highlight raster image frame only 『최적 조건 : 체크 설정』

: 래스터 이미지 프레임만 강조한다.

▶ True color raster images and rendering 『최적 조건 : 공란』

: 색상 래스터 이미지와 렌더링의 최적화 한다.

▶ Apply solid fill 『최적 조건 : 공란』

: 솔리드 채우기를 한다.

▶ Show text boundary frame only 『최적 조건 : 공란』

: 문자 대신 문자 경계 프레임만 표시한다.

▶ Show silhouettes in wireframe 『최적 조건 : 공란』

: 와이어 프레임의 윤곽만 보인다.

【Open and Save】

로그파일, 미리보기 이미지 저장, 백업 도면, 외부참조 동작 등의 도면 파일의 열기와 저장에 필요한 설정값들을 조정한다.

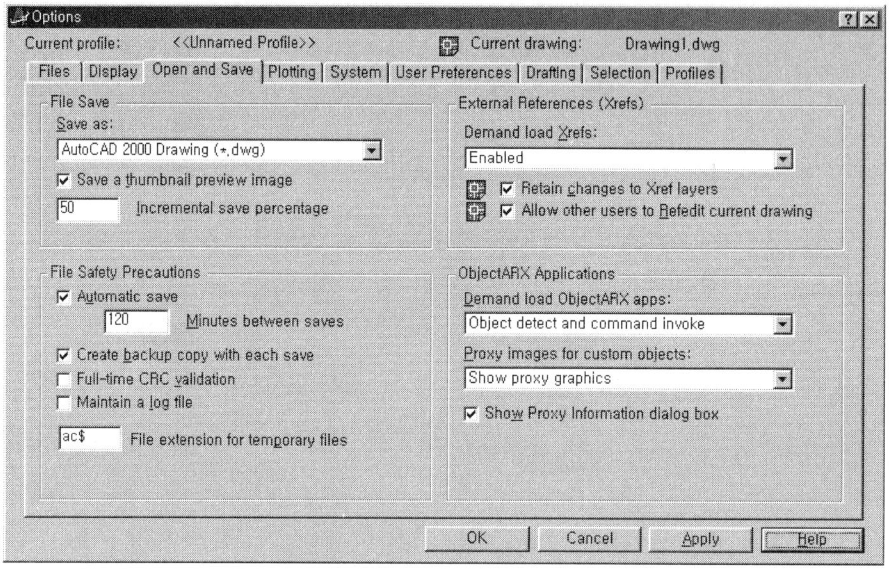

[Plotting]

출력장치와 출력장치의 구성, 동작, 유형 등을 지정한다.

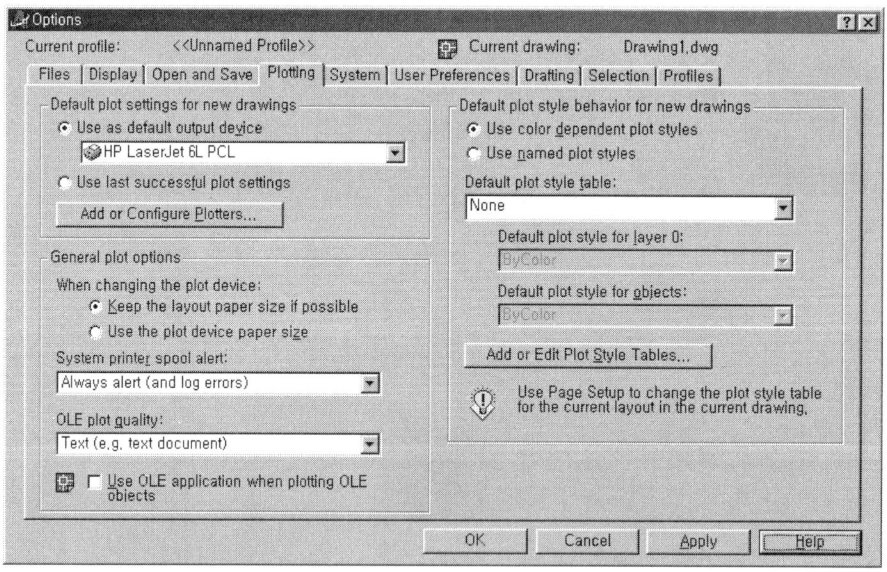

[System]

시작하기 대화상장 표시 여부, 경고 메시지 표시, 데이터 베이스 연결, Lisp 올리기, OLE 축척 대화상자, 3D 그래픽 표시 특성 등을 지정한다.

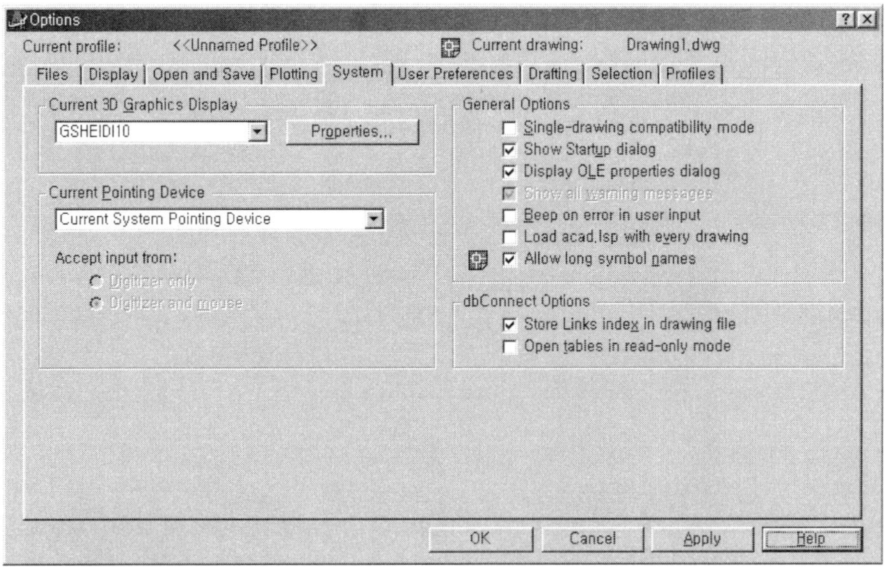

【User Preferences】

도면 환경을 사용자가 임의로 지정한다.

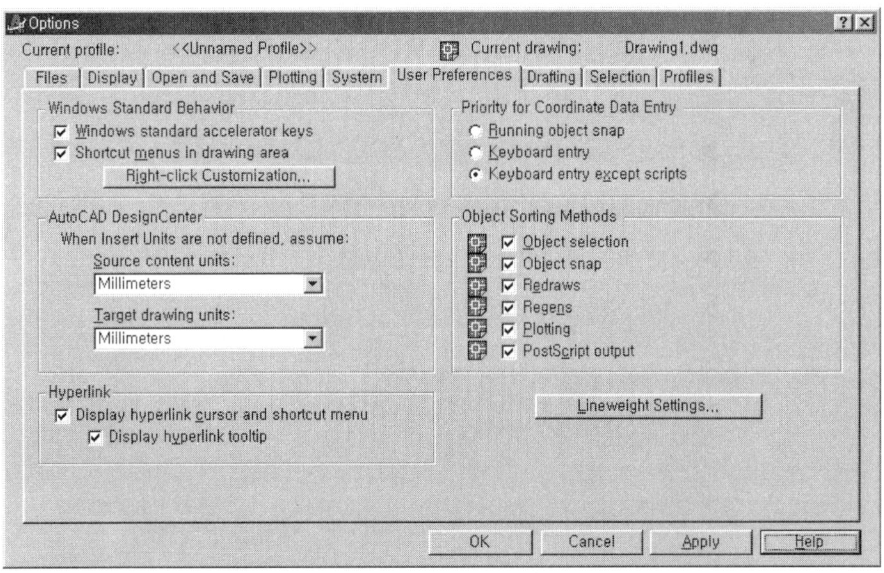

【Drafting】

도면 작성시 보조도구의 설정값을 조정한다.

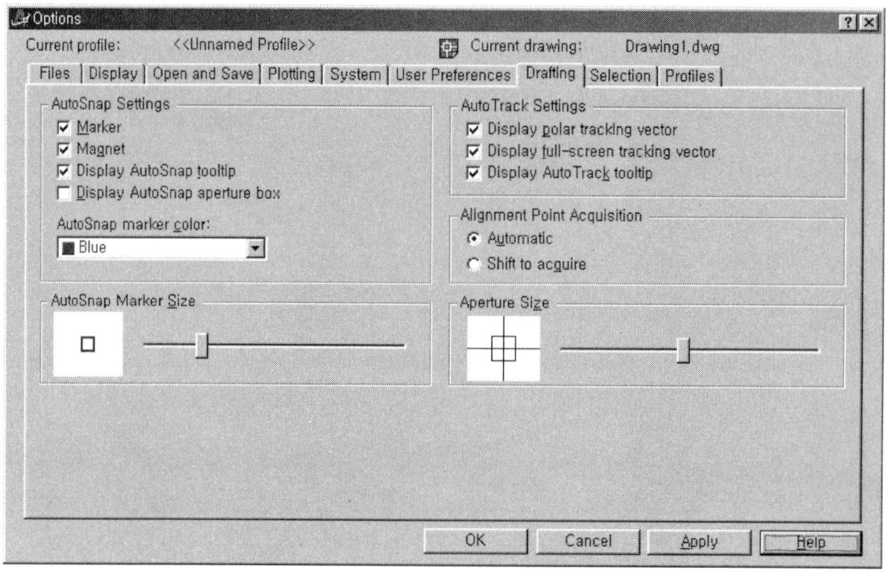

AutoSnap Settings

▶ Maker : 커서 이동중 지정한 스냅점이 나타나고 지정한 색상으로 상자의 표시 여부를 선택.

▶ Magnet : 커서 이동시 스냅점 표시여부 선택.

▶ Display AutoSnap tooltip : 지정한 스냅점으로 커서를 이동.

▶ Display AutoSnap aperture box : Draw용 상자의 표시여부를 지정.

▶ AutoSnap marker color : 표시박스의 색상을 지정.

AutoSnap marker Size

- 표시 박스의 크기를 조정.

[Selection = DDSELETE]

선택 도구와 객체 선택방법을 조정한다.

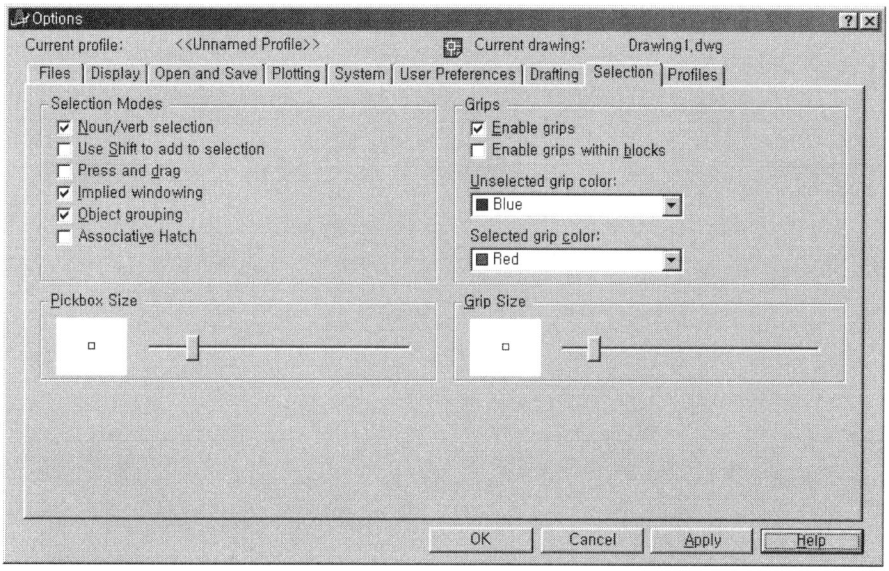

[Profiles]

환경 설정 값을 프로파일로 저장한다.

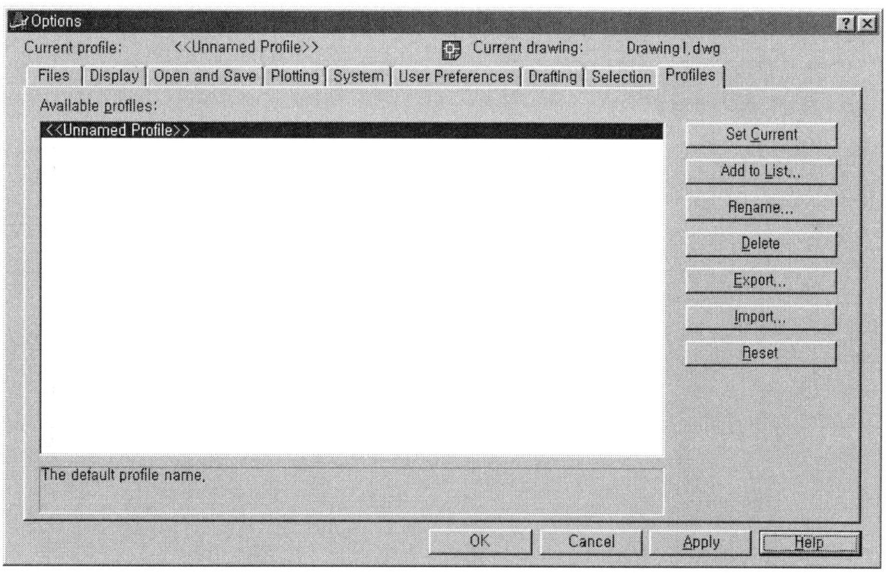

Draw의 명령어

Chapter 4

일반적으로 요사이 출판된 AutoCAD 책들은 메인 메뉴의 순서대로 명령어를 편집하여 책을 만들어 졌으나 여기에서는 실제로 도면 작성에 필요한 명령어를 순서 없이 다루고자 한다. 그리고 같은 종류의 명령어는 묶어서 다루려고 한다.

1.  LINE 또는 L

1-1 LINE 명령입력 방법

① "Command: LINE Enter↵"인 경우

```
Command: l
LINE Specify first point:
Specify next point or [Undo]:
```

② 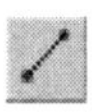 아이콘을 클릭 하는 경우

③ 풀다운 메뉴의 "Draw→Line"을 클릭 하는 경우

④ 스크린 메뉴의 "Draw 1→Line"을 클릭 하는 경우

⑤ 마우스로 해당 점을 찍어서 선을 긋는 경우

⑥ 키보드로 선(좌표)을 긋는 경우

1-2 옵 션

① Close : To Point에서 "C (Close)"를 입력하면 시작점과 연결되어 폐각형을 형성한다.

② Undo : To Point에서 "U (undo)"를 입력하면 최후에 그려진 선부터 취소된다.

③ Continue : From Point를 요구할 때 Enter↵를 치면 최후에 입력한 점이 첫 좌표가 된다.

좌표계 설정 방법

1) 절대좌표
좌표를 원점(0,0,0)을 기준으로 X, Y, Z거리 값만큼 긋는다.
2) 상대좌표
현재 입력된 좌표 점을 기준으로 X, Y, Z거리 값만큼 긋는다.
At sign (@)를 반드시 사용해야 함. (예) @20,30
3) 상대 극 좌표
현재 입력된 좌표 점을 기준으로 거리 값과 각도만큼 긋는다.
At sign (@)를 반드시 사용해야 함. 예) @거리<각도
각도 방향표기는 ccw(Counter Clock wise)는 (+)
cw(Clock wise)는 (-)
4) 거리 값 직접 입력
거리 값을 직접 입력을 이용하려면 Ortho Mode(F8)를 On으로 선택하여 수직과 수평으로 이동시킬 수 있다.

예 제

① 절대좌표

Command : Line Enter↵
From point : 0, 0 Enter↵
to point : 10, 0 Enter↵
to point : 10, 10 Enter↵
to point : 0, 10 Enter↵
to point : 0, 0 (or C) Enter↵

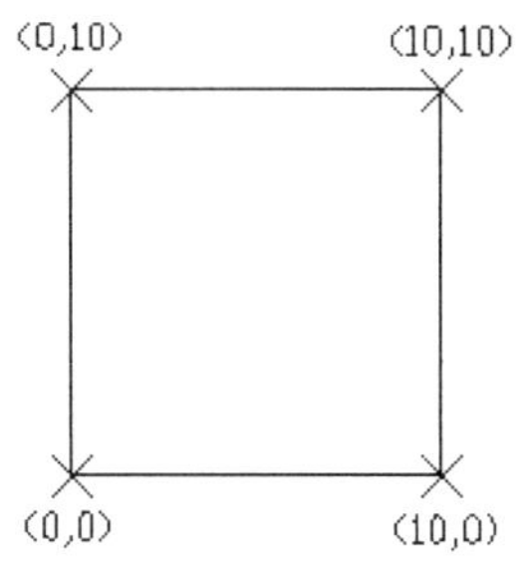

② 상대좌표

Command : Line Enter↵
From point : 0, 0 Enter↵
to point : @10, 0 Enter↵
to point : @0, 10 Enter↵
to point : @-10, 0 Enter↵
to point : @0, -10 (or C) Enter↵

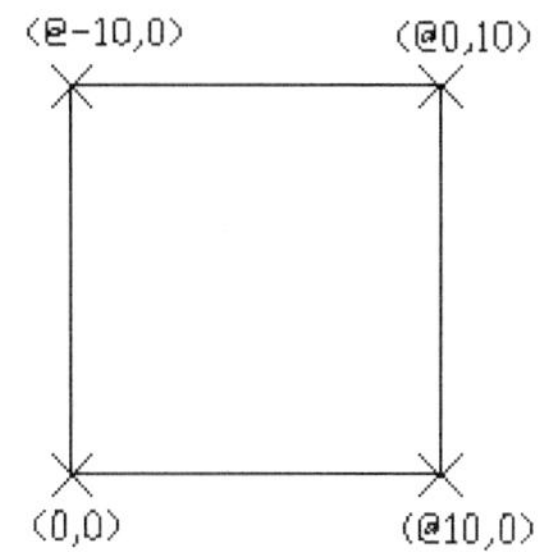

③ 극 좌표

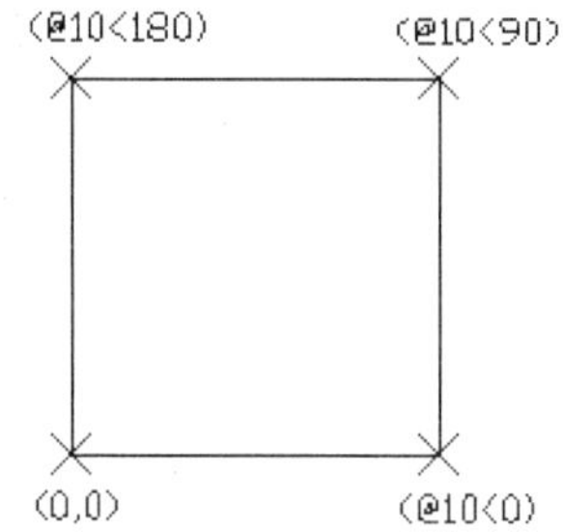

Command　: Line [Enter↵]

From point : 0, 0 [Enter↵]

to point　: @10< 0 [Enter↵]

to point　: @10<90 [Enter↵]

to point　: @10<180 [Enter↵]

to point　: @10<270 (or C or @10<-90) [Enter↵]

④ 거리값 직접 입력

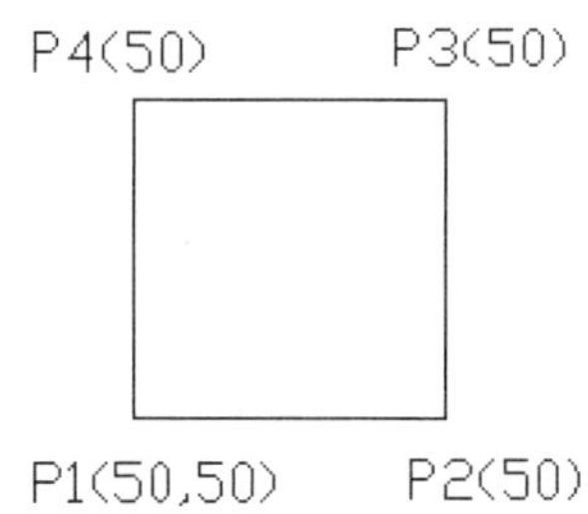

Command　: Line [Enter↵]

From point : 50, 50 [Enter↵]

　임의의 점으로 입력(P1 입력)

to point : 50 [Enter↵]

　마우스를 P2 방향으로

to point : 50 [Enter↵]

　마우스를 P3 방향으로

to point : 50 [Enter↵]

　마우스를 P4 방향으로

to point : C [Enter↵]

　처음 시작점에 연결

2. RAY

지정한 점을 시작점으로 무한한 직선을 그린다.

```
Command: RAY
Specify start point:
Specify through point:
```

▶ Start point : 시작점을 입력한다.

▶ through point : 다음 점을 입력한다.

3. XLINE (Construction Line)

지정한 한 점을 통과하는 직선으로 화면에 무한한 선을 그린다.

```
Command: xline
Specify a point or [Hor/Ver/Ang/Bisect/Offset]:
Specify through point:
Specify through point:
```

▶ Hor : 수평방향 그린다.

▶ Ver : 수직방향 그린다.

▶ Ang : 각도를 지정하고 지정한 각도에 따라 그린다.

▶ Bisect : 원점을 중심으로 경사진 선을 그린다.

▶ Offset : 지정한 간격만큼 수평, 수직으로 선을 복사한다.

4. MLINE (Multi Line)

일정한 간격을 유지한 다중의 직선을 그린다.

```
Command: MLINE
Current settings: Justification = Bottom, Scale = 20.00, Style = STANDARD
Specify start point or [Justification/Scale/STyle]:
Specify next point:
Specify next point or [Undo]:
```

▶ justification : 다중선의 그려질 위치를 지정한다.

- Top : 지정한 점의 위쪽으로 다중선을 그린다.
- Zero : 지정한 점의 중심으로 다중선을 그린다.
- Bottom : 지정한 점의 아래쪽으로 다중선을 그린다.

▶ Scale : 선과 선 사이의 간격을 지정한다.

▶ Style : 다중선의 스타일을 지정한다.

▶ Undo : 바로 전의 그리기 명령을 취소한다.

▶ Close : 마지막 점과 시작점을 연결한다.

연 습 문 제 풀 이

[연습문제 : 선 그리기]

** 주의 : 절대좌표, 상대 좌표, 상대 극 좌표 3가지 방법으로 선 그리기 **

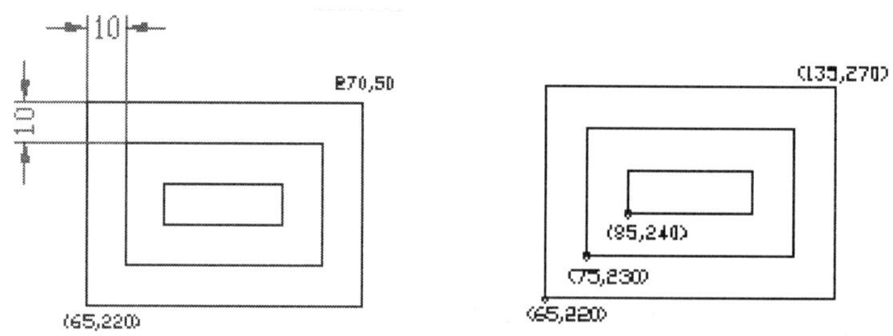

1) 절대좌표

Command : line (or l) Enter↵

From point : 65, 220 Enter↵

To point : 135, 220 Enter↵

To point : 135, 270 Enter↵

To point : 65, 270 Enter↵

To point : 65, 220 (or close, c)

Command : line (or l) Enter↵
From point : 75, 230 Enter↵
To point : 125, 230 Enter↵
To point : 125, 260 Enter↵
To point : 75, 260 Enter↵
To point : 75, 230 (or close, c)

Command : line (or l) Enter↵
From point : 85, 240 Enter↵
To point : 115, 240 Enter↵
To point : 115, 240 Enter↵
To point : 85, 240 Enter↵
To point : 85, 240 (or close, c)

2) 상대 좌표

Command : line (or l) Enter↵
From point : 65, 220 Enter↵
To point : @70, 0 Enter↵
To point : @0, 50 Enter↵
To point : @-70, 0 Enter↵
To point : @0 , -50 (or close, c)

Command : line (or l) Enter↵
From point : 75, 230 Enter↵
To point : @50, 0 Enter↵
To point : @0, 30 Enter↵
To point : @-50, 0 Enter↵
To point : @0, -30 (or close, c)

Command : line (or l) [Enter↵]
From point : 85, 240 [Enter↵]
To point : @30, 0 [Enter↵]
To point : @0, 10 [Enter↵]
To point : @-30, 0 [Enter↵]
To point : @0, -10 (or close, c)

3) 상대 극좌표

Command : line (or l) [Enter↵]
From point : 65, 220 [Enter↵]
To point : @70<0 [Enter↵]
To point : @50<90 [Enter↵]
To point : @70<180 [Enter↵]
To point : @50<270 (or close, c)

Command : line (or l) [Enter↵]
From point : 75, 230 [Enter↵]
To point : @50<0 [Enter↵]
To point : @30<90 [Enter↵]
To point : @50<180 [Enter↵]
To point : @30<270 (or close, c)

Command : line (or l) [Enter↵]
From point : 85, 240 [Enter↵]
To point : @30<0 [Enter↵]
To point : @10<90 [Enter↵]
To point : @30<180 [Enter↵]
To point : @10<270 (or close, c)

5. CIRCLE 또는 C

원을 그린다.

```
AutoCAD menu utilities loaded.
Command: c
CIRCLE Specify center point for circle or [3P/2P/Ttr (tan tan radius)]:
```

① 【반지름일 경우】

```
Command: c
CIRCLE Specify center point for circle or [3P/2P/Ttr (tan tan radius)]:
Specify radius of circle or [Diameter]:
```

② 【지름일 경우】

```
Command: c
CIRCLE Specify center point for circle or [3P/2P/Ttr (tan tan radius)]:
Specify radius of circle or [Diameter]: d
Specify diameter of circle:
```

③ 【2 Point】

```
Command: c
CIRCLE Specify center point for circle or [3P/2P/Ttr (tan tan radius)]: 2p
Specify first end point of circle's diameter:
Specify second end point of circle's diameter:
```

④ 【3 Point】

```
CIRCLE Specify center point for circle or [3P/2P/Ttr (tan tan radius)]: 3p
Specify first point on circle:
Specify second point on circle:
Specify third point on circle:
```

⑤ 【TTR(Tan, Tan, Radius)】

```
CIRCLE Specify center point for circle or [3P/2P/Ttr (tan tan radius)]: ttr
Specify point on object for first tangent of circle:
Specify point on object for second tangent of circle:
Specify radius of circle <69.8560>:
```

연 습 문 제 풀 이

[연습문제 : 원 그리기]

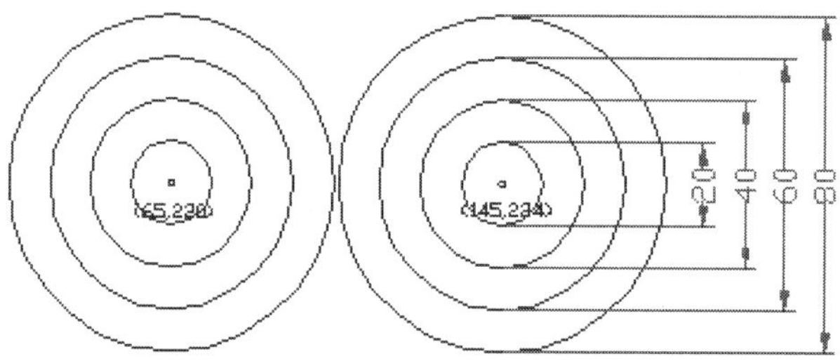

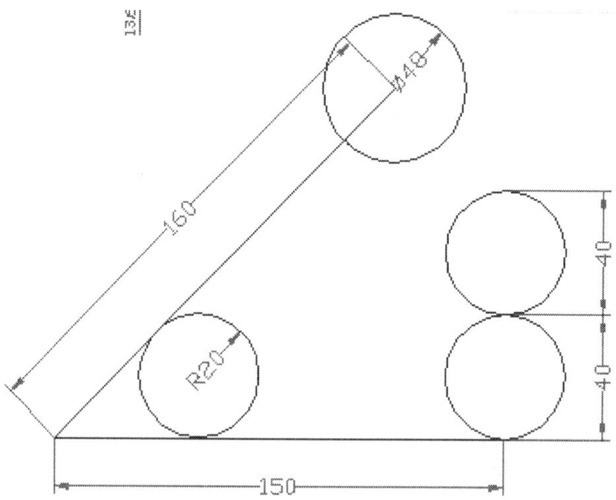

○ 첫 번째 그림의 경우

가. 반지름을 사용하여 원 그리기

Command : circle Enter↲

3P/2P/TTR<Center Point> : (65,220)으로 C1을 정한다. (중심점)

Diameter/<Radius> : 10 Enter↲ (반지름값을 지정한다.)

Command : Enter↲

3P/2P/TTR<Center Point> : (65,220)으로 C1을 정한다. (중심점)

Diameter/<Radius> : 20 Enter↲ (반지름값을 지정한다.)

Command : Enter↲

3P/2P/TTR<Center Point> : (65,220)으로 C1을 정한다. (중심점)

Diameter/<Radius> : 30 Enter↲ (반지름값을 지정한다.)

Command : Enter↲

3P/2P/TTR<Center Point> : (65,220)으로 C1을 정한다. (중심점)

Diameter/<Radius> : 40 Enter↲ (반지름값을 지정한다.)

나. 중심과 지름을 사용하여 원 그리기

Command : circle Enter↲

3P/2P/TTR<Center Point> : (65,220)으로 정한다. (중심점)

Diameter/<Radius> : D Enter↲ (지름 값으로 옵션을 변경한다.)

Diameter : 20 Enter↲ (지름 값을 지정한다.)

Command : Enter↲

3P/2P/TTR<Center Point> : (65,220)으로 정한다. (중심점)

Diameter/<Radius> : D Enter↲ (지름 값으로 옵션을 변경한다.)

Diameter : 40 Enter↲ (지름 값을 지정한다.)

Command : Enter↵

3P/2P/TTR<Center Point> : (65,220)으로 정한다.(중심점)

Diameter/<Radius> : D Enter↵ (지름 값으로 옵션을 변경한다.)

Diameter : 60 Enter↵ (지름 값을 지정한다.)

Command : Enter↵

3P/2P/TTR<Center Point> : (65,220)으로 정한다.(중심점)

Diameter/<Radius> : D Enter↵ (지름 값으로 옵션을 변경한다.)

Diameter : 80 Enter↵ (지름 값을 지정한다.)

○ 두 번째 그림의 경우

Command : line (or l) Enter↵

From point : 25, 250 Enter↵

To point : @150<0 Enter↵

Command : Enter↵

From point : 25, 250 Enter↵

To point : @160<45 Enter↵

Command : circle Enter↵

3P/2P/TTR<Center Point> : Osnap을 이용하여 C1을 정한다.(중심점)

Diameter/<Radius> : 20 Enter↵ (반지름값을 지정한다.)

Command : circle Enter↵

3P/2P/TTR <Center Point> : ttr Enter↵

Enter tangent spec : L1을 지정한다.(첫 번째 선)

Enter Second Tangent Spec : L2를 지정한다.(두 번째 선)

Radius <20.0000> : 20 Enter↵ (반지름 값을 지정한다.)

6. ARC

호를 그린다. 이어지는 직선도 그릴 수 있다.

```
Command: arc
Specify start point of arc or [CEnter]:
Specify second point of arc or [CEnter/ENd]:
Specify end point of arc:
```

① 3 point : 3점 호

② St, C, End : 시작, 중심, 끝

③ St, C, Ang : 시작, 중심, 각도

④ St, C, Len : 시작, 중심, 길이

⑤ St, E, Ang : 시작, 끝점, 각도

⑥ St, E, Dir : 시작, 끝점, 방향

⑦ St, E, Rad : 시작, 끝점, 반경

⑧ Ce, S, End : 중심, 시작, 끝점

⑨ Ce, S, Ang : 중심, 시작, 각도

⑩ Ce, S, Len : 중심, 시작, 길이

7. DONUT

안이 비워있는 도너츠 형태의 원을 그린다.

```
Command: DONUT
Specify inside diameter of donut <10.0000>:  Specify second point:
Specify outside diameter of donut <20.0000>:  Specify second point:
Specify center of donut or <exit>:
```

- inside diameter of donut : 안쪽 원의 지름을 입력한다.
- outside diameter of donut : 바깥 원의 지름을 입력한다.
- center of donut : 원의 중심점을 입력한다.

연 습 문 제 풀 이

[연습문제 : 원호 그리기]

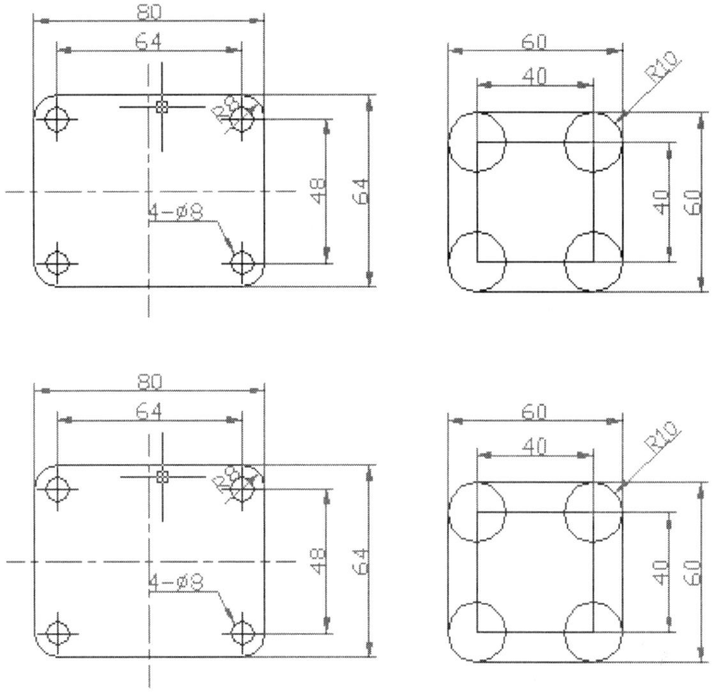

Command : line (or l) Enter↵

From point : 임의의 점을 선택 한다. (F8 기능키를 이용한다.) Enter↵

To point : 임의의 점을 선택 한다. Enter↵

Command : Enter↵

From point : 임의의 점을 선택 한다. Enter↵

To point : 임의의 점을 선택 한다. Enter↵

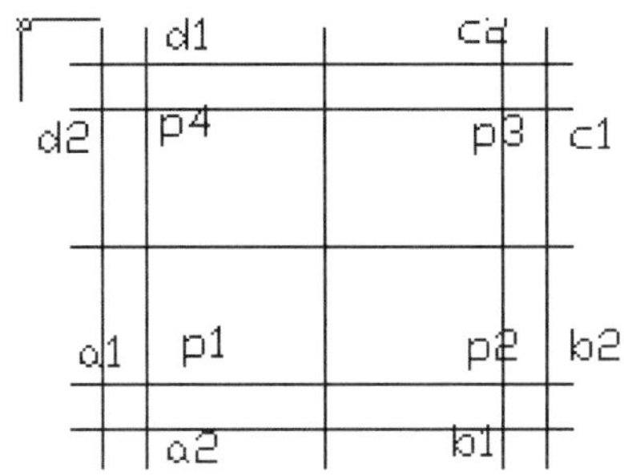

위와 같이 하여 직교좌표를 만든다.

Command : offset Enter↵

Offset Distance of Through<1.0000>

: 32 Enter↵ (복사할 거리 값을 입력한다.)

Select object to offset : 가로를 선택한다. (복사할 대상을 선택한다.)

Side to offset : 위치는 상관없이 복사할 방향(위, 아래)을 선택한다.

Command : Enter↵

Offset Distance of Through<1.0000>

: 40 Enter↵ (복사할 거리 값을 입력한다.)

Select object to offset : 세로를 선택한다. (복사할 대상을 선택한다.)

Side to offset : 위치는 상관없이 복사할 방향(좌, 우)을 선택한다.

Command : Enter↵

Offset Distance of Through<1.0000>

: 24 Enter↵ (복사할 거리 값을 입력한다.)

Select object to offset : 가로를 선택한다. (복사할 대상을 선택한다.)

Side to offset : 위치는 상관없이 복사할 방향(위, 아래)을 선택한다.

Command : [Enter↵]

Offset Distance of Through<1.0000>

: 32 [Enter↵] (복사할 거리 값을 입력한다.)

Select object to offset : 세로를 선택한다. (복사할 대상을 선택한다.)

Side to offset : 위치는 상관없이 복사할 방향(좌, 우)을 선택한다.

Command : circle [Enter↵]

3P/2P/TTR<Center Point> : Osnap을 이용하여 p1을 정한다. (중심점)

Diameter/<Radius> : 4 [Enter↵] (반지름값을 지정한다.)

위와 같은 방법으로 p2, p3, p4를 중심점으로 원 4개를 그린다.

Command : arc [Enter↵]

Center/<Start point> : a1

Center/End/<Second point> : e [Enter↵]

End point : a2

Angle/Direction/Radius/<Center point> : r [Enter↵]

Radius : 4 [Enter↵]

위와 같은 방법으로 b1, b2, c1, c2, d1, d2의 원호 4개를 그린다.

Memo

8. ELLIPSE

타원형을 그린다.

```
Command: ELLIPSE
Specify axis endpoint of ellipse or [Arc/Center]:
Specify other endpoint of axis:
Specify distance to other axis or [Rotation]:
```

① 【축과 거리를 지정】

```
Command:
ELLIPSE
Specify axis endpoint of ellipse or [Arc/Center]:
Specify other endpoint of axis:
Specify distance to other axis or [Rotation]:
```

② 【2점과 각을 지정】

```
ELLIPSE
Specify axis endpoint of ellipse or [Arc/Center]:
Specify other endpoint of axis:
Specify distance to other axis or [Rotation]: R
Specify rotation around major axis:
```

③ 【중심과 거리 지정】

```
ELLIPSE
Specify axis endpoint of ellipse or [Arc/Center]: C
Specify center of ellipse:
Specify endpoint of axis:
Specify distance to other axis or [Rotation]:
```

④ 【타원형의 호 지정】

```
Command:
ELLIPSE
Specify axis endpoint of ellipse or [Arc/Center]: A
Specify axis endpoint of elliptical arc or [Center]:
Specify other endpoint of axis:
Specify distance to other axis or [Rotation]:
Specify start angle or [Parameter]:
Specify end angle or [Parameter/Included angle]:
```

9. POINT

요소의 지정한 위치에 포인트 표시를 한다.

```
Command: point
Current point modes:  PDMODE=0  PDSIZE=0.0000
Specify a point:
```

- PDMODE : 포인트의 모양
- PDSIZE : 포인트의 크기

```
command : pdmode [Enter↵]
Enter new value for PDMOED<0> : 모양 번호 입력
command : pdsize [Enter↵]
Enter new value for PDSIZE <0.0000>: 크기 입력
```

Memo

10. DDPTYPE

포인트의 모양과 크기를 지정한다.

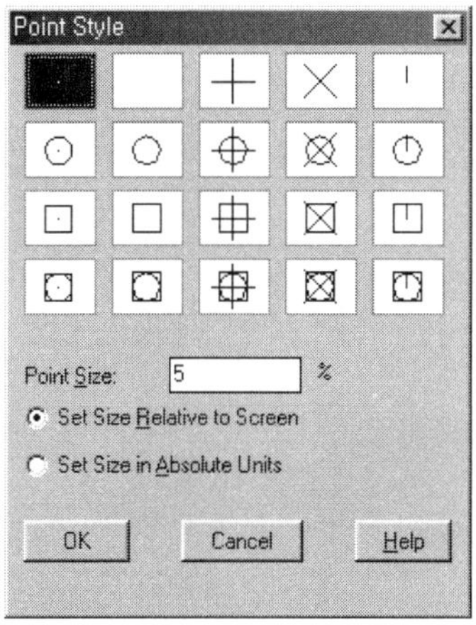

【 포인트 모양 번호 】

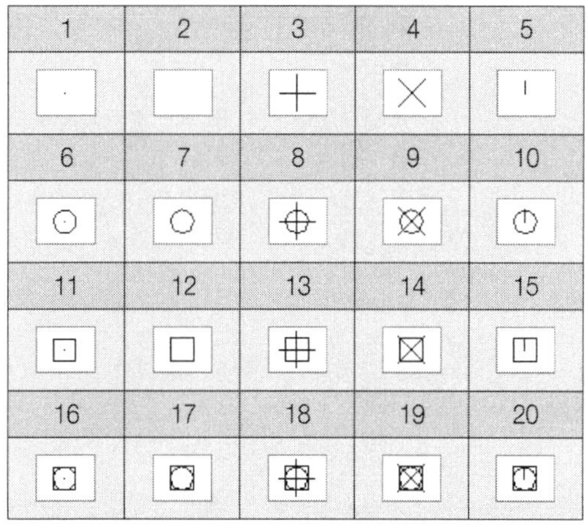

- ▶ Point Size : 포인트 크기 표시
- ▶ Set Size Relative to Screen : 화면크기의 백분율로 설정한다.
- ▶ Set Size in Absolute Units : 실제 단위로 설정한다.

11. ERASE 또는 E

도면에 그린 Line, Circle, Polygon, Point 등의 요소를 지울 때 사용한다.

```
Command: e
ERASE
Select objects:
```

【옵 션】

- ▶ Window : 선택박스 안에 완전히 포함된 선분만 지운다.
- ▶ Last : 마지막에 그려진 선분을 지운다.
- ▶ Crossing : 선택박스 안에 포함된 선분들을 모두 지운다.
- ▶ ALL : 그려진 모든 선분을 지운다.
- ▶ Fence : 선택선에 걸쳐친 선분들을 모두 지운다.
- ▶ WPolygon : Window 선택박스가 다각형 모양이다..
- ▶ CPolygon : Crossing 선택박스가 다각형 모양이다.
- ▶ Group : 그룹으로 묶은 선분만 지운다.
- ▶ Multiple : 한번에 여러 선분을 선택하여 지운다.
- ▶ Undo : 바로 전의 명령을 취소한다.
- ▶ AUto : 기본 옵션으로 지운다.
- ▶ SIngle : 1개의 선분만 선택하여 지운다.

Line, Circle, Polygon, Point 등을 선택하고 Enter↵ 하면 지워진다.
지운 것을 되살리려면 다음 명령어를 사용하면 된다.

Command : OOPS Enter↵

1회에 한하여 Erase 명령을 취소할 수 있다. 그렇지 않으면 U나 Undo 명령을 사용한다.

12. TRIM

다른 대상물에 의해 선, 원 등을 자르기 할 수 있으며 기준선을 중심으로 T자나 +모양인 선, 호, 타원, Ray, Xline 등을 잘라낸다.

Block, Text 등은 분해하지 않으면 경계로 사용할 수 없다.

```
Command: trim
Current settings: Projection=UCS Edge=None
Select cutting edges ...
Select objects:
```

<Select object to trim> : 자르고자 하는 도면요소 선택

Project : 도면요소를 자를 때 사용하는 투영 모드를 지정한다.

None : 경계 모서리와 교차하는 도면요소만을 자른다.

UCS : 경계모서리와 교차하지 않은 도면요소만을 자른다.

View : 현재의 뷰 방향을 따라 투영한다.

Edge : 서로 교차하는 도면요소만을 절단할 것인지 결정하고 3차원 공간에서 교차하는 자르기 모서리에서만 잘리는지 결정한다.

Extend : 도면요소를 교차하도록 자르기 모서리를 기존의 대상에 따라 결정한다.

No extend : 도면요소가 교차하고 모서리에서만 잘리도록 지정한다.

Undo : TRIM명령에 의해 절단된 모든 것을 잘리도록 지정한다.

> Erase와 Trim은 비슷한 내용이나
> Erase는 대상물 (Data=Subject) 전체를 지우는 작업이고
> Trim은 지우는 대상물이 서로 교차하여야만 해당된다.

TRIM 명령을 아래와 같이 실행할 수 있다.

① 절단하려 하는 경계선을 이용한다.

```
Command: trim
Current settings: Projection=UCS Edge=None
Select cutting edges ...
Select objects:
```

② 경계선이 모호할 때는 Enter↵ Enter↵ 두 번 사용한다.

```
Current settings: Projection=UCS Edge=None
Select cutting edges ...
Select objects:
Select object to trim or [Project/Edge/Undo]:
```

③ Window를 이용하여 전체를 선택한다.

예 제 1

Command : Trim

Select cutting edges ...

Select object : c Enter↵

Specify First conner : P1

Specify opposite conner : P2

Select object : Enter↵

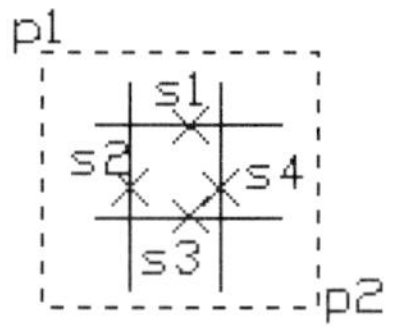

【실행전】

Select object to trim or [Project/Edge/Undo] : S1

Select object to trim or [Project/Edge/Undo] : S2

Select object to trim or [Project/Edge/Undo] : S3

Select object to trim or [Project/Edge/Undo] : S4

Select object to trim or [Project/Edge/Undo] : Enter↵

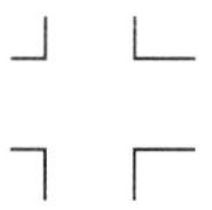

【실행후】

예 제 2

Edge를 이용한 TRIM 연습

Command : Trim

Select cutting edges :

Select object : S1

Select object : Enter↵

<Select object to trim>/Project/Edge/Undo : E

Extend/No extend : E

<Select object to trim>/undo : S2

<Select object to trim>/undo : Enter↵

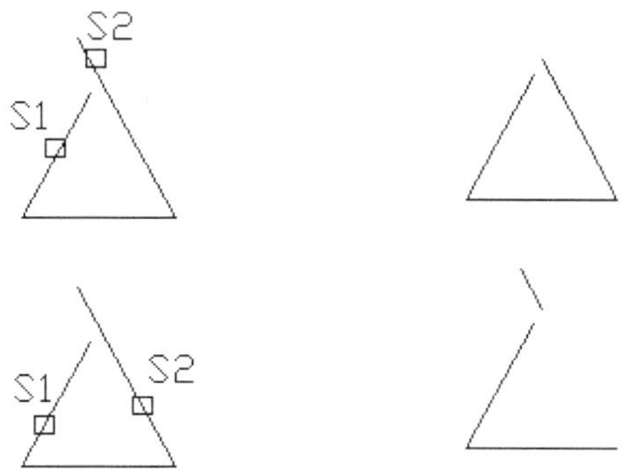

【실행전】 【실행후】

> 다음은 Trim명령어를 수행하는 도중에 생기는 에러 메시지이다.
>
> 1. Cannot Trim this entity
>   : Trim 명령은 선, 원, 호, 2D 폴리라인, 뷰포트 도면 요소만 선택해야 하는데, 실행할 수 없는 도면 요소를 선택한 경우.
> 2. Entity dose not intersect an edge
>   : 자르고자 선택한 도면 요소가 다른 어떤 선과 교차되는 곳이 없을 경우.
> 3. Circle must intersect twice
>   : 하나의 절단 면과 교차하는 원을 선택한 경우.

13. UNDO or REDO

undo : 실행된 명령의 앞 명령어로 돌아갈 경우(연속가능).

redo : undo 실행 후 다시 뒤로 갈 경우.

14. OFFSET

지정한 간격만큼 요소를 평행으로 간격 띄우기 하여 동심원, 평행선 및 평행 곡선을 그린다. Text는 Offset이 되지 않는다.

```
Command:
OFFSET
Specify offset distance or [Through] <1.0000>:
Select object to offset or <exit>:
```

```
OFFSET
Specify offset distance or [Through] <1.0000>:
Select object to offset or <exit>:
Specify point on side to offset:
```

- offset distance or [Through] : 거리 간격을 입력한다.
- Select object to offset : 객체를 선택한다.
- point on side to offset : 복사될 곳의 위치를 입력한다.

15. OSNAP (=object snap)

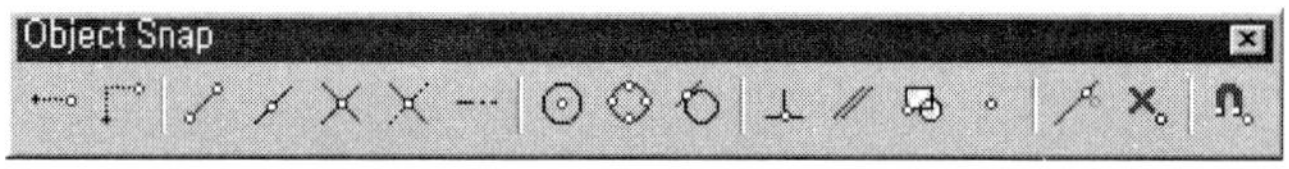

대상지점을 정확하게 찾기 위해 해당지점의 근처나 Object만을 선택함으로써 Osnap 해당 옵션에 따라 계산하여 그 지점을 찾게 한다.

Endpoint : 끝점

Midpoint : 중간점

intersection : 교차점

Apparent intersection : 명백한 교차점

Center : 중심점

Quadrant : 1/4 분할 점

Perpendicular : 수직

Tangent : 접선

Node : 절점

Insertion : 삽입

Nearest : 근처

Quick : 신속

None : 없음

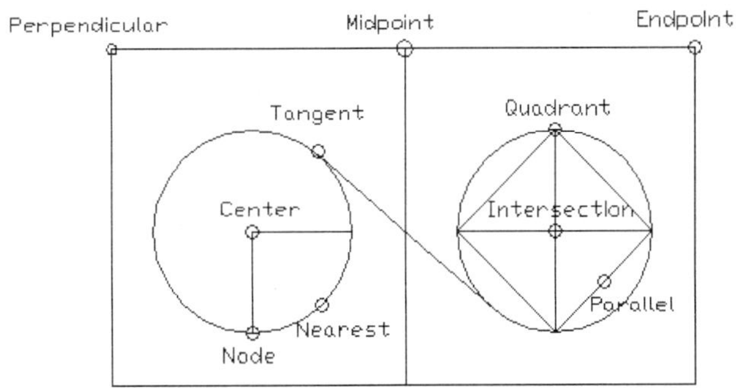

※ Osnap을 찾는 방법은 여러 가지 방법이 있다.

① Command에 명령어를 사용한다.

② DDOsnap(객체스냅실행대화상자)에서 Osnap실행 모드를 실행한다. 설정된 Osnap은 해제할 때까지 계속 사용된다. 이것을 Running object snap이라 한다.

위에서 설명한 Trim, Offset, OSNAP(=object snap) 등은 CAD를 이용하여 도면을 그리는데 기본이 되는 명령어로써, 이들 명령어만을 이용하여도 도면을 그릴 수 있다. 도면은 선과 원으로 구성되어 있어 원하는 위치로 Offset 한 다음 Trim으로 불필요한 Data를 지우고 위치 선정을 Osnap으로 실행한다.

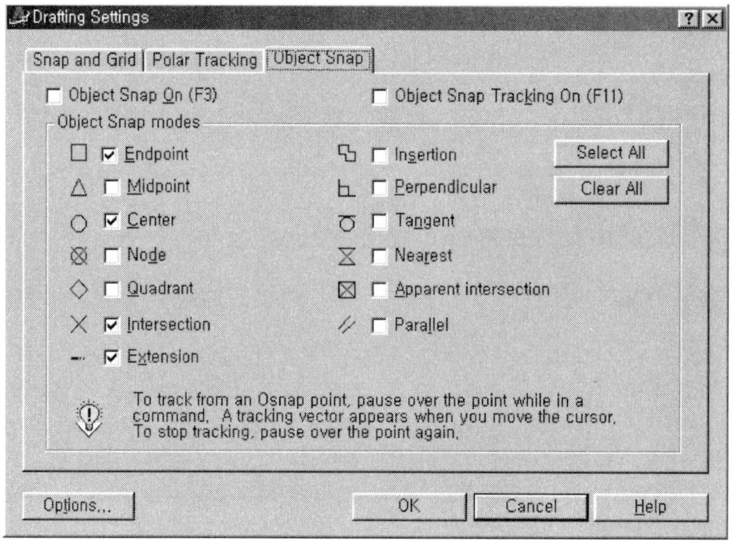

③ 모니터의 Screen Menu에서 사용한다.

④ Key board에서 Ctrl+mouse의 오른쪽 버튼을 동시에 누른다.

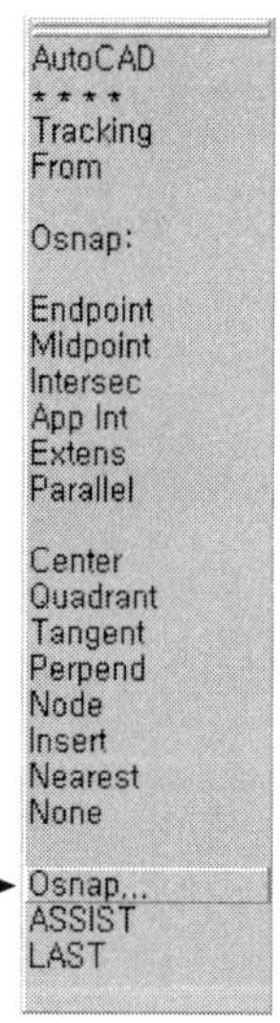

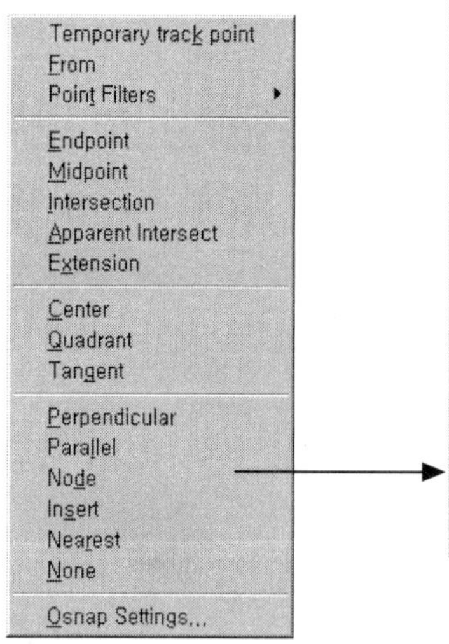

연 습 문 제 풀 이

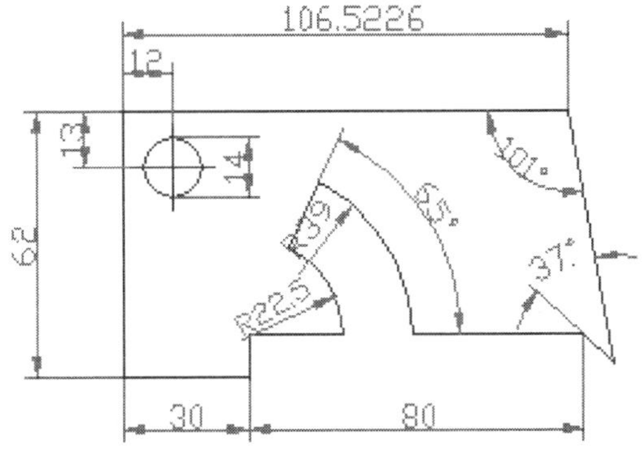

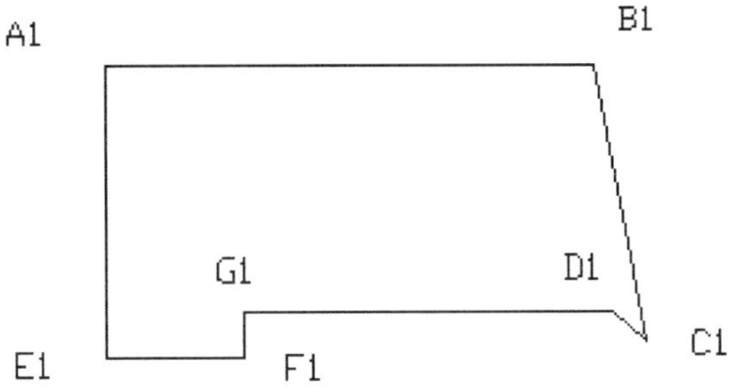

Command : L Enter↵

From point : A1(임의의 점을 지정)

To point : @106.5226<0(B1) Enter↵

To point : @60<-89(C1) Enter↵

To point : @10.3<138(D1) Enter↵

Command : Enter↵

From point : end p(osnap 이용)

To point : @62<-90(E1) Enter↵

To point : @30<0(F1) Enter↵

To point : @10<90(G1) Enter↵

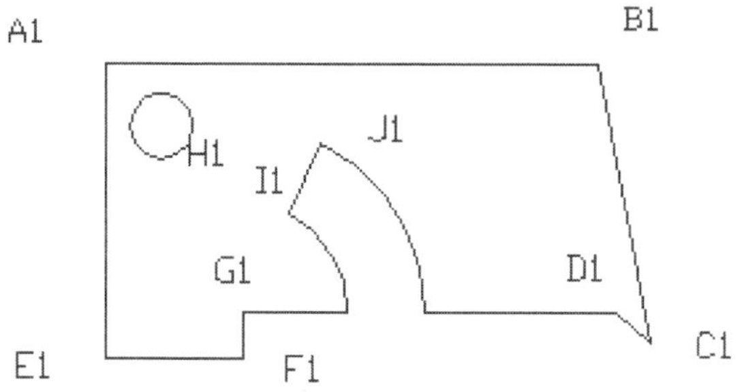

Command : offset [Enter↵]

offset distance or Through<1.0000> : 12 [Enter↵]

Select object to offset : 직선 A1E1을 지정

Side to offset : 직선 A1E1 오른쪽을 지정

Command : [Enter↵]

offset distance or Through<1.0000> : 13 [Enter↵]

Select object to offset : 직선 A1B1을 지정

Side to offset : 직선 A1B1 아래쪽을 지정

두 직선의 교차점을 H1으로 지정

Command : circle [Enter↵]

3P/2P/TTR<Center Point> : Osnap을 이용하여 H1을 정한다.(중심점)

Diameter/<Radius> : 7 [Enter↵] (반지름값을 지정한다)

Command : L [Enter↵]

From point : end p(osnap) G1점을 지정

To point : @ 39<65(J1지정) [Enter↵]

Command : arc [Enter↵]

Center/<Start point> : J1(osnap 이용)

Center/End/<Second point> : c [Enter↲]

Center point : G1(osnap 이용)

Angle/Direction/Radius/<Center point> : r [Enter↲]

Radius : - 39 [Enter↲]

Command : arc [Enter↲]

Center/<Start point> : G1(osnap 이용)

Center/End/<Second point> : c [Enter↲]

End point : I1(Osnap 이용)

Angle/Direction/Radius/<Center point> : r [Enter↲]

Radius : 22.5 [Enter↲]

Command : Trim [Enter↲]

Select Cutting edge : (Projmode = UCS, Edgemode = No extend)

Select object : 전체를 Block 결정

Select object : [Enter↲]

<Select object>/Project/Edge/Undo : 절단시킬 도면의 객체를 선택

<Select object>/Project/Edge/Undo : [Enter↲]

Memo

16.  MOVE

그린 요소를 다른 좌표 점으로 이동시킨다.

```
Command: m
MOVE
Select objects:
```

```
Select objects: 1 found
Select objects:
Specify base point or displacement:
```

```
Specify second point of displacement or <use first point as displacement>:
```

- Select objects : 움직일 요소를 선택한다.
- base point or displacement : 기준점을 지정한다.
- second point of displacement or <use first point as displacement> : 이동할 곳의 좌표점을 입력한다.

17.  COPY

그려 있는 요소를 복사할 수 있고 다중으로 복사할 수도 있다.

```
Command: cp
COPY
Select objects:
```

```
Select objects: 1 found
Select objects:
Specify base point or displacement, or [Multiple]:
```

```
: Specify second point of displacement or <use first point as
  displacement>:
```

- Select objects : 복사할 요소를 선택한다.
- Specify base point or displacement, or [Multiple] : 기준점을 지정한다.
- Specify second point of displacement or <use first point as displacement> : 복사할 곳의 좌표점을 입력한다.

【다중복사일 경우】

```
Select objects: 1 found
Select objects:
Specify base point or displacement, or [Multiple]: m
```

```
Select objects:
Specify base point or displacement, or [Multiple]: m
Specify base point:
```

```
 or displacement, or [Multiple]: m
: Specify second point of displacement or <use first point as displacement>:
```

```
ement or <use first point as displacement>: Specify second point
 of displacement or <use first point as displacement>:
```

Memo

연 습 문 제 풀 이

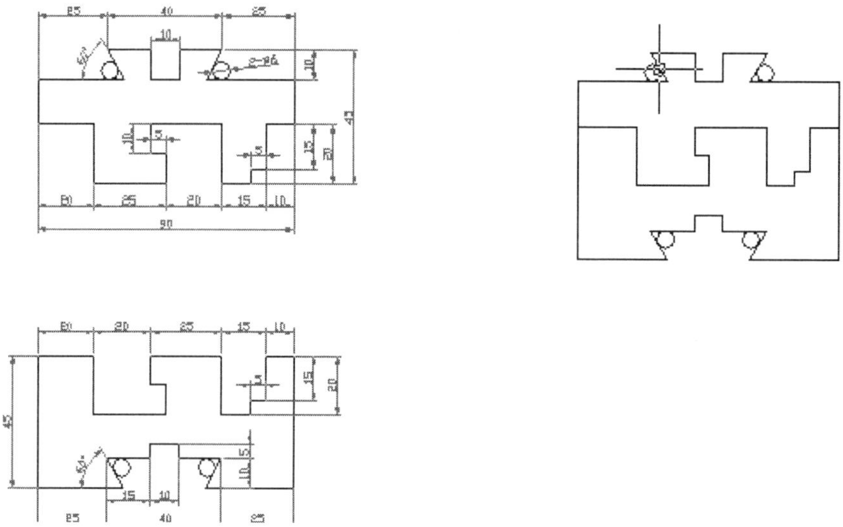

Command : Limits Enter↵

Reset Model Space limits :

Specify lower left corner or [on/off] <0.0000, 0.0000> : Enter↵

Specify upper right conner <420, 297> : Enter↵

Command : z Enter↵

All/Center/Dynamic/Extents/Left/Previous/Vmax/Window/<Scale(X/XP)>
: A Enter↵

Command : Line or L Enter↵

From point : 임의 점을 지정한다.

to point : F8(기능키)을 이용하여 가로로 임의의 점을 지정한다.<P1>

Command : Enter↵

From point : 임의 점을 지정한다.

to point : F8(기능키)을 이용하여 세로로 임의의 점을 지정한다. <P2>

○ 아래와 같이 직교 좌표가 만들어짐

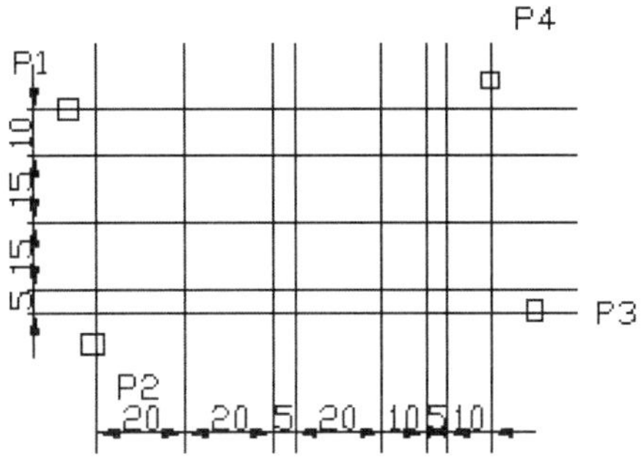

Command : Offset [Enter↵]

offset distance or Through<30> : 45 [Enter↵]

select object to offset : p3

side to offset : 아래쪽 지정

Command : [Enter↵]

offset distance or Through<30> : 90 [Enter↵]

select object to offset : p4

side to offset : 오른쪽 지정

○ 위의 치수대로 상하좌우로 Offset을 한다.

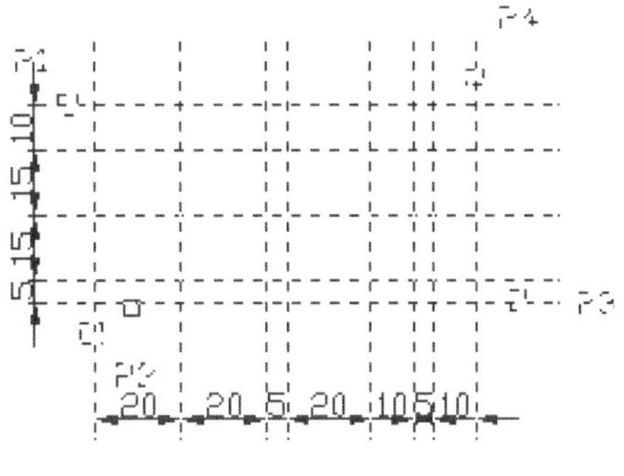

Command : trim

Select cutting edges : (Projmode = UCS, Edgemode = No extend)

Select objects : Crossing을 이용하여 전체를 선택한다.

<Select object to trim>/Project/Edge/Undo : 필요없다고 생각되는 부분을 선택한다.

○ 아래 그림과 같은 형상이 되도록 한다.

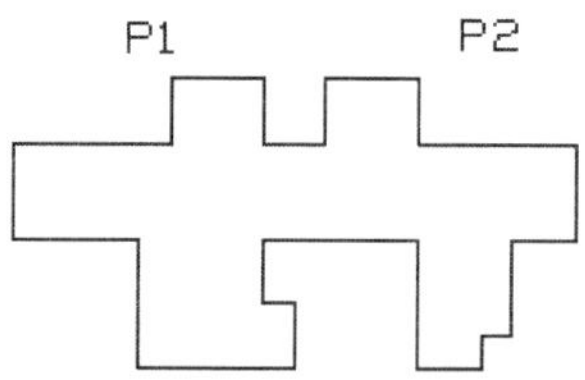

Command : Line or L Enter↵

From point : P1점을 Osnap(int p)을 이용하여 지정한다

to point : @15<-60(Q1점)

Command : Enter↵

From point : P2점을 Osnap(int p)을 이용하여 지정한다.

to point : @15<-120(Q2점)

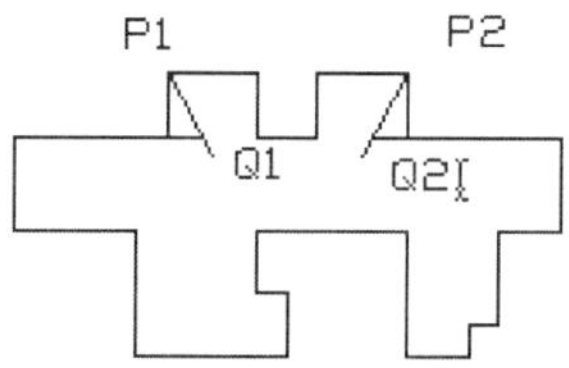

Command : Extend Enter↵

Select boundary edges : (선 P1Q1을 지정)

Select objects : 1 found

<Select object to extend>/Project/Edge/Undo : 연결할 선을 지정

○ 위와 같은 방법으로 선 P2Q2도 지정하고 Extend를 사용한다.

○ Trim과 Erase를 사용하여 아래와 같은 완성된 도면을 그린다.

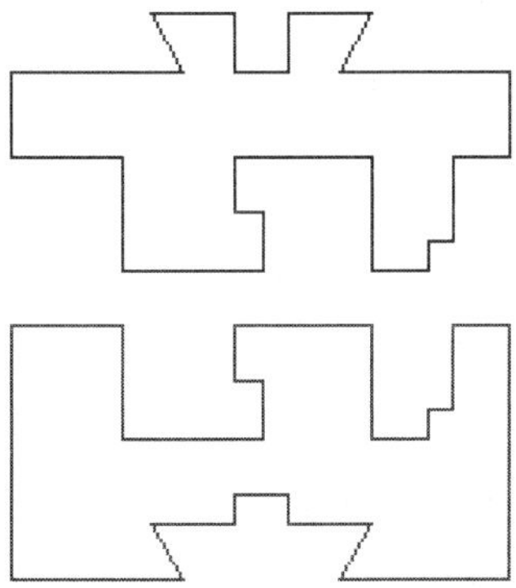

○ 위의 방법과 같이 하여 위 그림을 완성할 수 있다.

Command : move Enter↵

Select objects : 1 found

Base point or displacement : Second point or displacement

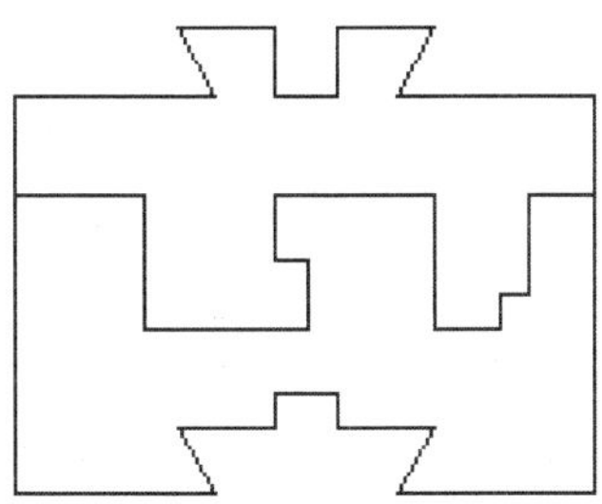

18. ARRAY

사각형 배열이나 원형으로 배열을 한다. Copy의 다중 복사와 유사한 명령으로 일정한 위치에 같은 크기로 원하는 개수만큼 일정한 간격으로 복사할 수 있다.

【사각형 배열】

사각형 배열(Rectangular Array)을 하는 대화상자이다

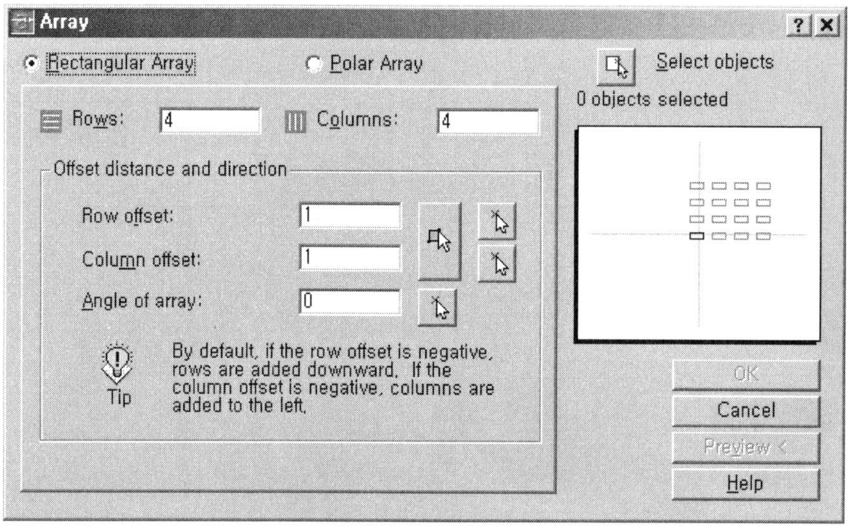

【Option】

Select Object	객체를 선택
Rows	행의 개수를 지정
Columns	열의 개수를 지정
Row Offset	행으로 배열되는 객체간의 간격 입력
Column Offset	열로 배열되는 객체간의 간격 입력
Angle of array	회전 각도를 이용하여 회전된 상태로 입력
Preview	미리 보기

Rows, Columns에 입력하는 개수는 "0"값은 존재하지 않는다.

【원형 배열】

원형 배열(Polar Array)을 하는 대화상자이다.

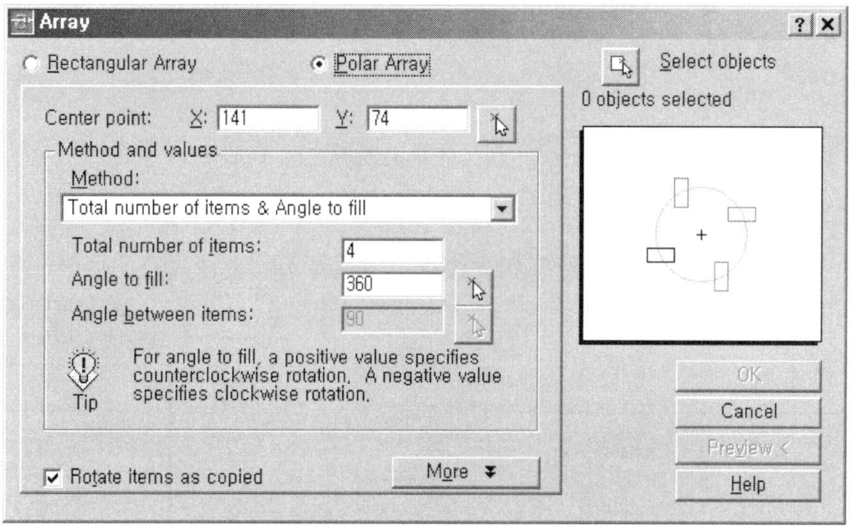

Select Object	객체를 선택
Center Point	X : x값 입력. Y : y값 입력
Method	-Total number of item & Angle to fill : 전체 배열 각과 배열개수로 배열 -Total number of item & Angle between items : 각 개체의 사이 각으로 배열. -Angle to fill between items : 전체 계열 각과 개체사이의 각으로 배열.
Angle to fill	행으로 배열되는 객체 간의 간격 입력
Angle between items	열 배열되는 객체 간의 간격입력
Rotate items as copied	회전 각도를 이용하여 회전된 상태로 배열
Preview	미리보기

Memo

연 습 문 제 풀 이

● Array 명령을 이용하여 도면을 가로 3(거리 값=70), 세로 3(거리 값=50)개로 배열시켜 보자.

① Array 명령을 사용하여 대화상자를 연다.

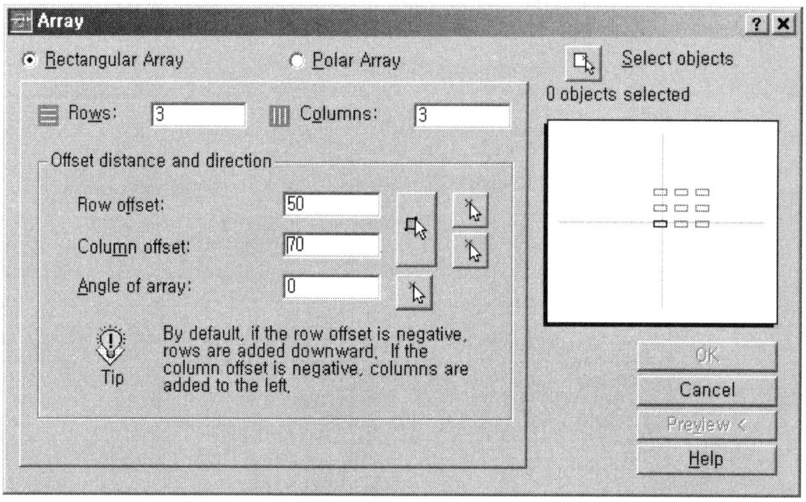

② Rectangular Array옵션을 선택한 다음, 다음과 같이 입력한다.

Select Object	객체를 선택 (Crossing-Window)
Rows	3
Columns	3
Row Offset	50 (+값은 상향)
Column Offset	70 (+값은 오른쪽 방향)
Angle of array	0
Preview	미리 보기

③ 미리보기를 실행하면 다음과 같은 대화상자가 생긴다.

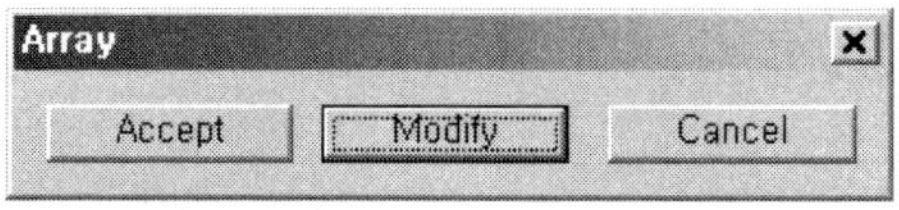

Accept	현 상태로 도면이 그려진다.
Modify	수정을 클릭하면 다시 배열 창으로 되돌아가 값을 변경.
Cancel	취소

④ 도면이 제대로 배열되었다면 Accept(승인)를 클릭한다.

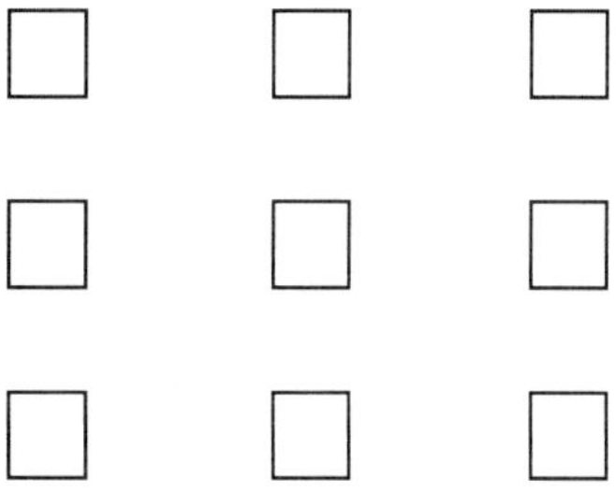

● Array 명령을 이용하여 객체를 원형 배열시켜 보자.

① 큰 원(d=60)에 작은 원(d=10) 6개를 배열해 보자.

② Polar Array 옵션을 선택한 다음, 다음과 같이 입력한다.

Select Object	작은 원만 객체로 선택
Center Point	Osnap을 이용하여 큰 원의 Center를 클릭
Method	-Total number of item & Angle to fill : 전체 배열 각과 배열개수로 배열.
Total number of items	6
Angle to fill	360
Preview	미리보기

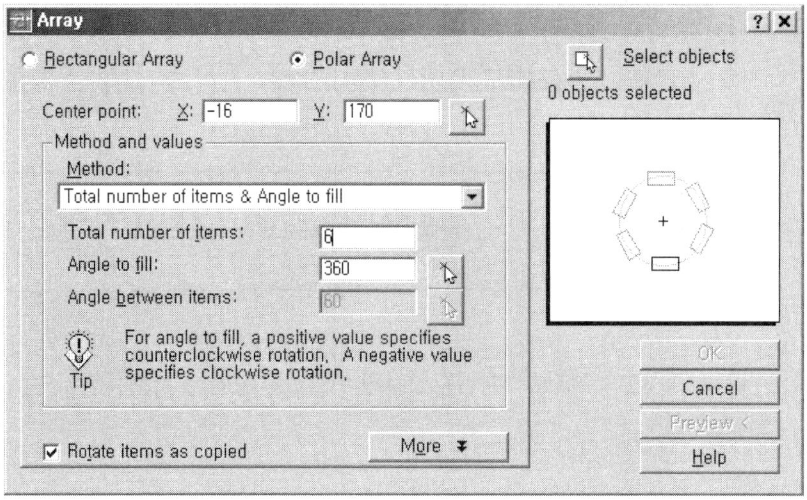

③ 도면이 제대로 배열되었다면 Accept(승인)를 클릭한다.

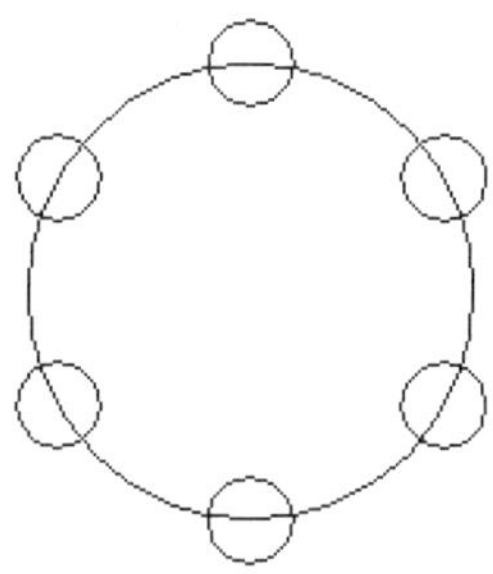

19. MIRROR

Mirror는 지정한 축을 기준으로 좌우, 상하 대칭으로 요소를 복사하거나, 이동시키며, 대칭은 임의의 각도를 가지는 직선이 된다. 여기서 Mirrtext 변수가 1이면 모든 글자가 뒤집히고, 0이면 뒤집히지 않고 복사된다.

```
Command: mi
MIRROR
Select objects:
```

```
Select objects: 1 found
Select objects:
Specify first point of mirror line:
```

```
Select objects:
Specify first point of mirror line: Specify second point of mirror line:
Delete source objects? [Yes/No] <N>:
```

- Select objects : 요소를 선택한다.
- first point of mirror line : 대칭축의 첫 번째 점을 지정한다.
- second point of mirror line : 대칭축의 두 번째 점을 지정한다.
- Delete source objects? [Yes/No] <N> : 요소의 존재 여부를 선택. Yes일 경우 존재, No일 경우 삭제

20. ROTATE

기준 점을 중심으로 대상물을 회전시킨다. 회전각도는 시계방향(-), 반 시계방향(+)이다.

```
Command: rotate
Current positive angle in UCS:  ANGDIR=counterclockwise  ANGBASE=0
Select objects:
```

```
Select objects: 1 found
Select objects:
Specify base point:
```

```
Select objects:
Specify base point:
Specify rotation angle or [Reference]:
```

- Select objects : 요소를 선택한다.
- base point : 기준점을 지정한다.
- rotation angle or [Reference] : 회전 각도를 지정한다.

【Reference일 경우】

```
Specify rotation angle or [Reference]: r
Specify the reference angle <0>: 45
Specify the new angle:
```

위의 5가지의 명령어는 실행 과정이 거의 동일하고, 결과만 다르다.

Move : 이동시킬 대상물을 이동시킨 후 대상물은 원래 장소에 없음.

Copy : 복사할 대상물은 원래 장소에도 존재함.

Array : 복사할 대상물이 다수이어서 Copy를 여러 번 반복 해야 할 경우.

Mirror : Copy와 비슷하나 대상물이 대칭으로 복사되는 경우.

Rotate : 대상물을 회전시킬 경우.

연 습 문 제 풀 이

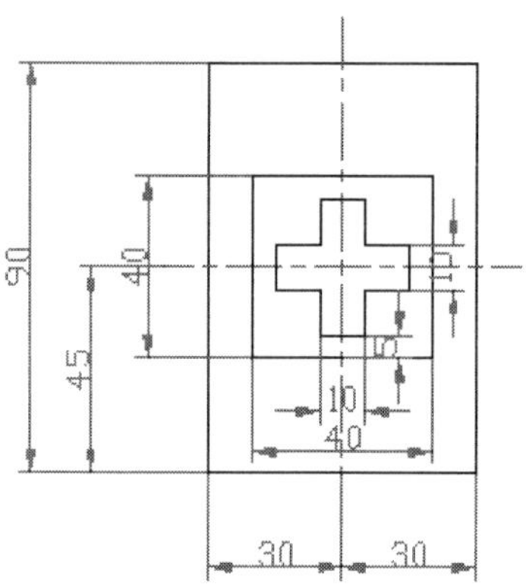

○ 위의 그림을 완성하기 위해서 명령어 Mirror를 이용한다.

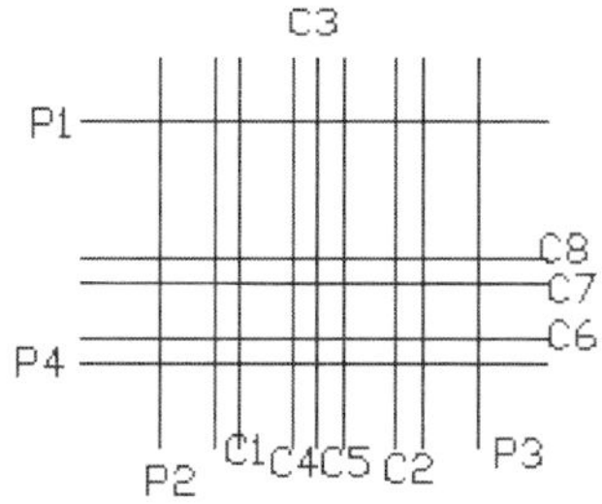

Command : Line or L Enter↵

From point : 임의 점을 지정한다.

to point : F8(기능키)을 이용하여 가로로 임의의 점을 지정한다. <P1>

Command : Enter↵

From point : 임의 점을 지정한다.

to point : F8(기능키)을 이용하여 세로로 임의의 점을 지정한다. <P2>

Command : Offset Enter↵

offset distance or Through<30> : 45 Enter↵

select object to offset : p4

side to offset : 아래쪽 지정

Command : Enter↵

offset distance or Through<30> : 60 Enter↵

select object to offset : p3

side to offset : 오른쪽 지정

○ Offset 명령어를 이용하여 C1, C2,......C7, C8의 직선을 그린다.

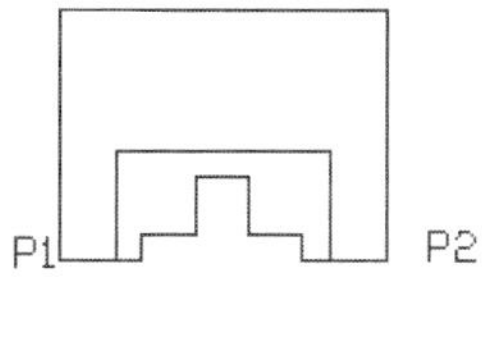

○ Trim 명령어를 이용하여 필요 없는 선의 부분을 없애면 아래 그림과 같다.

Command : Mirror Enter↵

Select objects : 1 found (window로 전체를 지정)

First point or mirror line : Osnap을 이용하여 P1점을 지정

Second point : Osnap을 이용하여 P2점을 지정

Delete old objects ? <N> : Enter↵

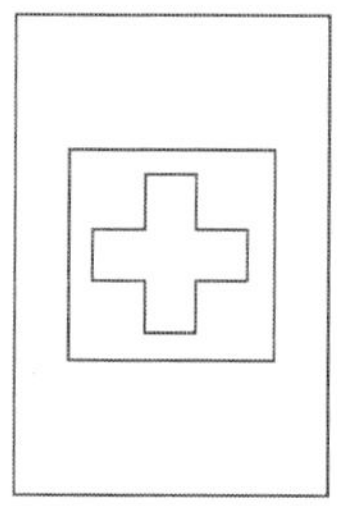

21. 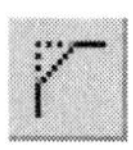 CHAMFER

Chamfer는 두 개의 요소가 만남 곳이나 대상물의 모서리를 비스듬히 모따기 한다. Default 값은 0이다.

```
Command: chamfer
(TRIM mode) Current chamfer Dist1 = 10.0000, Dist2 = 10.0000
Select first line or [Polyline/Distance/Angle/Trim/Method]:
```

```
(TRIM mode) Current chamfer Dist1 = 10.0000, Dist2 = 10.0000
Select first line or [Polyline/Distance/Angle/Trim/Method]:
Select second line:
```

【Polyline】

폴리라인의 모따기. 모든 모서리가 동시에 모따기 한다.

```
Command: chamfer
(TRIM mode) Current chamfer Length = 20.0000, Angle = 2
Select first line or [Polyline/Distance/Angle/Trim/Method]: p
Select 2D polyline:
```

[Distance]

모따기 길이를 입력한다.

```
CHAMFER
(TRIM mode) Current chamfer Dist1 = 10.0000, Dist2 = 10.0000
Select first line or [Polyline/Distance/Angle/Trim/Method]: d
Specify first chamfer distance <10.0000>:
Specify second chamfer distance <10.0000>:
```

[Angle]

모따기 거리와 각도를 입력한다.

```
CHAMFER
(TRIM mode) Current chamfer Dist1 = 10.0000, Dist2 = 10.0000
Select first line or [Polyline/Distance/Angle/Trim/Method]: A
Specify chamfer length on the first line <20.0000>:
Specify chamfer angle from the first line <2>:
```

[Trim]

가장자리 모따기 여부를 선택한다.

```
Command:
CHAMFER
(TRIM mode) Current chamfer Length = 20.0000, Angle = 2
Select first line or [Polyline/Distance/Angle/Trim/Method]: T
Enter Trim mode option [Trim/No trim] <Trim>:
```

[Method]

두 선을 모따기 할 경우 두 점간의 거리를 지정한다.

```
Command:
CHAMFER
(TRIM mode) Current chamfer Length = 20.0000, Angle = 2
Select first line or [Polyline/Distance/Angle/Trim/Method]: M
Enter trim method [Distance/Angle] <Angle>:
```

22. FILLET

Fillet은 두 개의 모서리 요소를 둥글게 모깍기 한다.

```
Command: fillet
Current settings: Mode = TRIM, Radius = 10.0000
Select first object or [Polyline/Radius/Trim]:
```

```
Current settings: Mode = TRIM, Radius = 10.0000
Select first object or [Polyline/Radius/Trim]:
Select second object:
```

【Polyline일 경우】

폴리라인의 모든 꼭지점을 둥글게 모깍기 한다.

```
Current settings: Mode = TRIM, Radius = 10.0000
Select first object or [Polyline/Radius/Trim]: p
Select 2D polyline:
```

【Radius을 변경할 때】

모깍기의 반지름 값을 지정한다.

```
Current settings: Mode = TRIM, Radius = 10.0000
Select first object or [Polyline/Radius/Trim]: r
Specify fillet radius <10.0000>: 20
```

23. BREAK

부분을 자르거나 두 토막을 내거나 할 수 있다. 원의 경우 첫 번째 점에서 반 시계 방향으로 돌아 두 번째 점까지 자른다.

```
Command: break
Select object:
Specify second break point or [First point]:
```

```
Specify second break point or [First point]: f
Specify first break point:
Specify second break point:
```

- Select object : 객체를 선택한다.
- Second break point or [First point] : 자를 부분선택 및 옵션선택
- first break point : 자르기 부분의 시작점 선택.
- second break point : 자르기 부분의 끝점을 선택.

24. EXTEND

대상물을 다른 대상물과 만나도록 선이나 원호 등을 연장한다.

BLOCK, TEXT 등은 연장할 수 없다.

```
EXTEND
Current settings: Projection=UCS Edge=None
Select boundary edges ...
Select objects:
```

```
Select objects: 1 found
Select objects:
Select object to extend or [Project/Edge/Undo]:
```

[Project]

평면 투영여부를 선택한다.

```
Select objects:
Select object to extend or [Project/Edge/Undo]: p
Enter a projection option [None/Ucs/View] <View>:
```

【Edge】

경계선의 연장 여부를 선택한다.

```
Select objects:
Select object to extend or [Project/Edge/Undo]: E
Enter an implied edge extension mode [Extend/No extend] <No extend>:
```

25. EXPLODE

블록이나 폴리선, 치수, 해치 및 3D 요소 등과 같이 하나로 합해진 요소를 분해하여 개개의 기본 요소들로 분해시킨다.

```
Command:
EXPLODE
Select objects:
```

26. STRETCH

도면의 상태를 그대로 유지하면서 선택된 선, 호, 두께선, 솔리드, 폴리선 등을 이동시키거나 신축한다(Window를 이용해야 한다).

```
Command: stretch
Select objects to stretch by crossing-window or crossing-polygon...
Select objects:
```

```
Select objects:
Specify base point or displacement:
Specify second point of displacement:
```

- Select objects : 객체를 선택한다.
- base point or displacement : 기준점을 선택한다.
- second point of displacement : 이동거리의 좌표를 입력한다.

연 습 문 제 풀 이

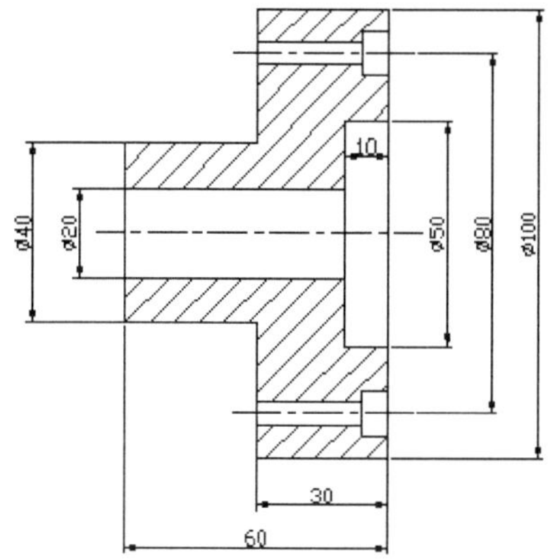

○ 위의 도면을 배운 명령어를 이용하여 그려보자.
제일 먼저 도면(A3)의 영역을 설정한다.

Command : Limits [Enter↵]

```
Command: limits
Reset Model space limits:
Specify lower left corner or [ON/OFF] <0.0000,0.0000>:
Specify upper right corner <420.0000,297.0000>:
```

Command : Line or L [Enter↵]

From point : 100, 148

to point : @70<0

to point : [Enter↵]

> 잘못 그려진 경우에는 Command : U를 입력한다.
> (가장 최신에 그린 그림부터 거꾸로 U명령 하나에 한 가지씩 지운다. 3번을 지울 때는 U 명령을 3번 사용하는 요령이다.)

Command : Offset [Enter↵]

offset distance or Through<Through> : 50

select object to offset : p1 (선에 닿도록 마우스 왼쪽을 누름.)

side to offset : p2 (치수와 관계없이 적당한 위치)

select object to offset : p1

side to offset : p3 (치수와 관계없이 적당한 위치) <그림 A>

select object to offset : Enter↵

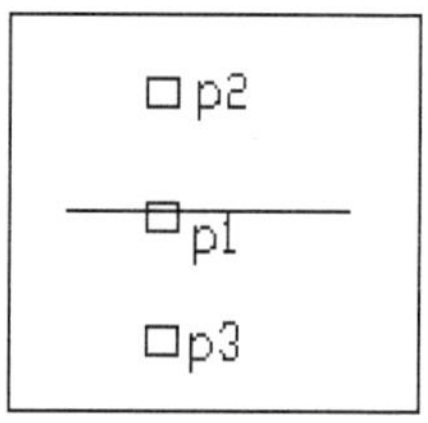

【그림 A】

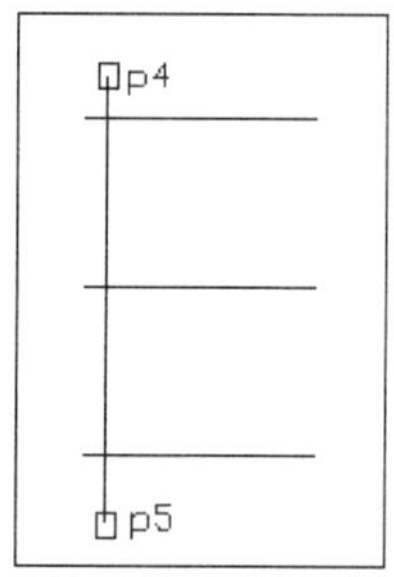

【그림 B】

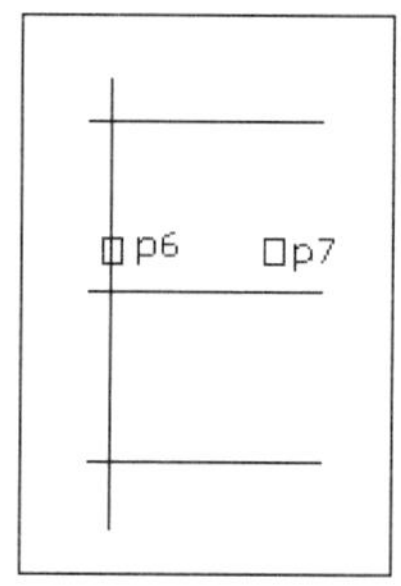

【그림 C】

Command : Line or L Enter↵

From point : p4 (F8 키 작동 상태 확인)

to point : p5 <그림 B>

to point : Enter↵

Command : Offset Enter↵

offset distance or Through<50>: 60 (<>속에는 전에 입력 값)

select object to offset : p6

side to offset : p7 <그림 C>

select object to offset : Enter↵

> Command : Enter↵
> (위에서 사용한 명령을 다시 사용할 때는 Enter↵ 만 치면 된다.)

Command : Offset Enter↵

offset distance or Through<60> : 30 (<>속에는 전에 입력 값)

select object to offset : p8

side to offset : p9 <그림 D>

select object to offset : Enter↵

Command : Enter↵

offset distance or Through<30> : 20

select object to offset : p10

side to offset : p11

select object to offset : p10

side to offset : p12 <그림 E>

select object to offset : Enter↵

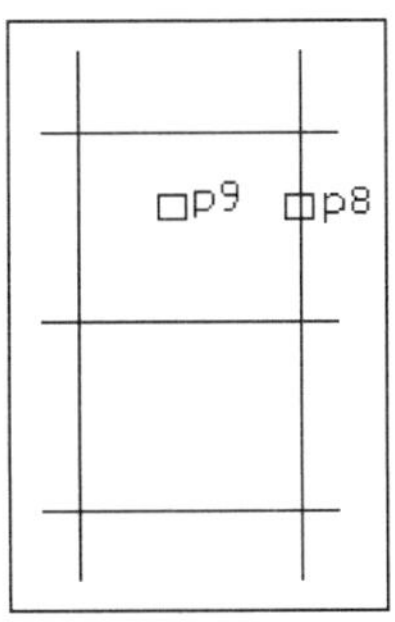

【그림 D】

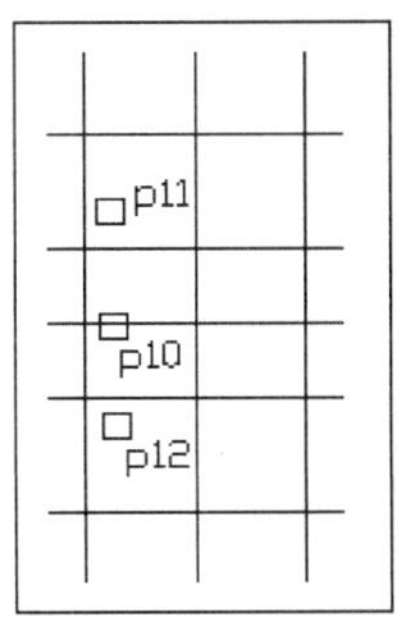

【그림 E】

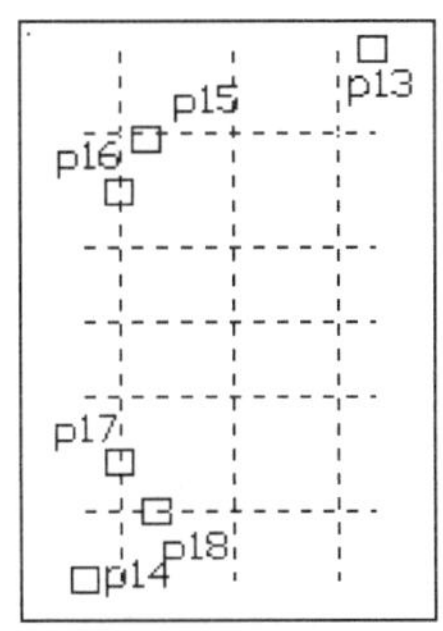

【그림 F】

Command : Trim Enter↵

select cutting edge(s)...

select object : p13→p14(crossing)하면 모든 선이 점선으로 바뀜.

select object : Enter↵ <그림 F>

<select object to trim/undo> : p15, p16, p17, p18....을 선택하여 지운다. 점선으로 되어 있는 선을 지우면 나머지 선들은 실선으로 변한다.

27. LENGTHEN

선택한 대상물의 길이와 호들의 사이 각을 조정할 수 있다.

```
Command:
LENGTHEN
Select an object or [DElta/Percent/Total/DYnamic]:
```

[DElta]

지정한 거리나 각도 만큼 늘어난다.

```
LENGTHEN
Select an object or [DElta/Percent/Total/DYnamic]: DE
Enter delta length or [Angle] <0.0000>:
```

[Percent]

도면을 100%로 하여 치수를 기입한다.

```
LENGTHEN
Select an object or [DElta/Percent/Total/DYnamic]: P
Enter percentage length <100.0000>:
```

[Total]

선택한 객체가 지정한 거리보다 작으면 확대를, 크면 지정한 거리로 나눈 후 나머지를 삭제한다.

```
LENGTHEN
Select an object or [DElta/Percent/Total/DYnamic]: T
Specify total length or [Angle] <1.0000)>:
Select an object to change or [Undo]:
```

[DYnamic]

지정한 한 점을 마우스를 이용하여 길이를 조절한다.

```
LENGTHEN
Select an object or [DElta/Percent/Total/DYnamic]: DY
Select an object to change or [Undo]:
Specify new end point:
```

28. ALIGN

다른 대상물을 현재 대상물에 정렬시키기 위해 이동시키고 회전시킨다.
주로 조립 도를 조립할 때 사용하면 쉽게 할 수 있다.

```
Command:
ALIGN
Select objects:
```

```
Select objects:
Specify first source point:
Specify first destination point:
```

29. DIVIDE

점이나 블록을 균일한 간격으로 대상물 둘레를 따라 배치한다. 주로 표나 표제란 등을 등분할 때 많이 쓰인다. 블록과 동시에 사용한다.
분할 가능한 수는 2～32767이며, PDMODE명령어를 사용하여 <0>을 입력하면 분할 상태가 나타나며 <3>을 입력하면 화면에 분활 상태가 나타난다.

```
DIVIDE
Select object to divide:
Enter the number of segments or [Block]:
```

30. 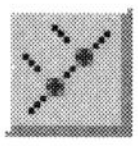 MEASURE

점이나 블록을 일정한 간격 즉 길이를 입력하여 지정한 거리로 대상물에 배치하는 것 외에는 DIVIDE 와 같다. 블록과 동시에 사용한다.

```
MEASURE
Select object to measure:
Specify length of segment or [Block]:
```

31.  RECTANG

직사각형을 그리는데 폴리선, 즉 하나로 연결된 사각형 선이 그려진다.

```
Command: rectang
Specify first corner point or [Chamfer/Elevation/Fillet/Thickness/Width]:
Specify other corner point:
```

[Chamfer일 경우]

모따기한 사각형을 그린다.

```
Command:
RECTANG
Specify first corner point or [Chamfer/Elevation/Fillet/Thickness/Width]: c
```

```
Specify first corner point or [Chamfer/Elevation/Fillet/Thickness/Width]: c
Specify first chamfer distance for rectangles <0.0000>: 5
Specify second chamfer distance for rectangles <5.0000>:
```

```
Specify second chamfer distance for rectangles <5.0000>:
Specify first corner point or [Chamfer/Elevation/Fillet/Thickness/Width]:
Specify other corner point:
```

【Elevation일 경우】

높이를 지정한 사각형을 그린다.

```
RECTANG
Specify first corner point or [Chamfer/Elevation/Fillet/Thickness/Width]: e
Specify the elevation for rectangles <0.0000>:
```

【Fillet일 경우】

라운딩한 사각형을 그린다.

```
Command:
RECTANG
Specify first corner point or [Chamfer/Elevation/Fillet/Thickness/Width]: f
```

```
Specify fillet radius for rectangles <0.0000>: 10
Specify first corner point or [Chamfer/Elevation/Fillet/Thickness/Width]:
Specify other corner point:
```

【Thickness일 경우】

두께를 지정한 사각형을 그린다.

```
Command:
RECTANG
Specify first corner point or [Chamfer/Elevation/Fillet/Thickness/Width]: t
```

```
Specify thickness for rectangles <0.0000>: 10
Specify first corner point or [Chamfer/Elevation/Fillet/Thickness/Width]:
Specify other corner point:
```

【Width일 경우】

폭을 지정한 사각형을 그린다.

```
Command:
RECTANG
Specify first corner point or [Chamfer/Elevation/Fillet/Thickness/Width]: w
```

```
Specify line width for rectangles <0.0000>: 5
Specify first corner point or [Chamfer/Elevation/Fillet/Thickness/Width]:
Specify other corner point:
```

32. POLYGON

```
Command: polygon
Enter number of sides <4>:
Specify center of polygon or [Edge]:
```

```
Specify center of polygon or [Edge]:
Enter an option [Inscribed in circle/Circumscribed about circle] <I>:
Specify radius of circle:
```

- number of sides : 다각형의 면의 개수를 입력한다.
- center of polygon or [Edge] : 중심점을 입력한다.
- option [Inscribe in circle/Circumscribed about circle]
  : 내접원/ 외접원을 선택한다.

33. PLINE or POLYLINE

선 전체가 하나로 연결된 2D 폴리선을 그린다. LINE, ARC, TRACE 기능은 물론 선의 두께를 조정할 수 있다.

```
Command:
PLINE
Specify start point:
```

```
Specify start point:
Current line-width is 0.0000
Specify next point or [Arc/Close/Halfwidth/Length/Undo/Width]:
```

- Arc : PLine 명령으로 ARC를 그린다.
- Close : 시작점과 끝점을 연결한다.
- Halfwidth : 선의 반쪽 두께만 지정한다.
- Length : 선의 길이를 지정한다.

- Undo : 마지막 명령을 취소한다.
- Width : 선의 두께를 지정한다.

34. SPLINE

2D나 3D 스플라인 곡선을 만든다. 스플라인은 부분 해칭을 할 때 이용하기도 한다.

```
SPLINE
Specify first point or [Object]:
Specify next point:
```

```
Specify next point or [Close/Fit tolerance] <start tangent>:
Specify start tangent:
Specify end tangent:
```

- first point or [Object] : 시작점을 선택한다.
- next point : 다음점을 선택한다.
- Close : 시작점과 끝점을 연결한다.
- Fit tolerance : 허용한계를 변경한다.
- Start tangent : 시작점을 지정한다.
- end tangent : 끝점을 지정한다.

Memo

35. SPLINEDIT

스플라인을 수정하거나 편집한다.

```
Command:
SPLINEDIT
Select spline:
Enter an option [Fit data/Close/Move vertex/Refine/rEverse/Undo]:
```

[Fit data]

꼭지점을 편집한다.

```
SPLINEDIT
Select spline:
Enter an option [Fit data/Close/Move vertex/Refine/rEverse/Undo]: F
Enter a fit data option
[Add/Close/Delete/Move/Purge/Tangents/toLerance/eXit] <eXit>:
```

- Add : 꼭지점을 추가한다.
- Close : 스플라인을 열거나 닫는다.
- Delete : 꼭지점을 삭제한다.
- Move : 꼭지점 위치를 이동한다.
- Purge : 편집 기준점을 제거한다.
- Tangents : 시작점과 끝점의 접선 방향을 선택한다.
- toLerance : 공차 값을 지정하여 스플라인을 변경한다.
- eXit : 종료

[Close]

열려있는 스플라인을 닫는다.

```
Command:
SPLINEDIT
Select spline:
Enter an option [Fit data/Close/Move vertex/Refine/rEverse/Undo]: C
Enter an option [Open/Move vertex/Refine/rEverse/Undo/eXit] <eXit>:
```

[Move vertex]

꼭지점을 이동한다.

```
Command:
SPLINEDIT
Select spline:
Enter an option [Fit data/Close/Move vertex/Refine/rEverse/Undo]: M
Specify new location or [Next/Previous/Select point/eXit] <N>:
```

- Next : 앞쪽 꼭지점으로 이동한다.
- Previous : 뒤쪽 꼭지점으로 이동한다.
- Select point : 편집할 꼭지점을 선택한다.

[Refine]

점을 추가하여 스플라인을 변경한다.

```
Command:
SPLINEDIT
Select spline:
Enter an option [Fit data/Close/Move vertex/Refine/rEverse/Undo]: R
Enter a refine option [Add control point/Elevate order/Weight/eXit] <eXit>:
```

- Add control point : 조정 기준점을 추가한다.
- Elevate order : 조정 기준점 수를 지정하여 추가한다.
- Weight : 기준점 사이의 간격을 조정한다.

[rEverse]

스플라인 방향을 바꾼다.

```
SPLINEDIT
Select spline:
Enter an option [Fit data/Close/Move vertex/Refine/rEverse/Undo]: E
Spline has been reversed.
```

36. DISTANCE

그려진 그림의 길이를 치수기입하지 않고도 정확한 길이를 알 수 있는 방법.

37. BHATCH

선으로 둘러싸인 영역을 경계로 연관 해치 한다. 따라서 해치 경계가 자동으로 정의되며, 사용할 해칭을 미리 볼 수 있으며, 반복해서 다시 사용하지 않아도 자동으로 조정된다.

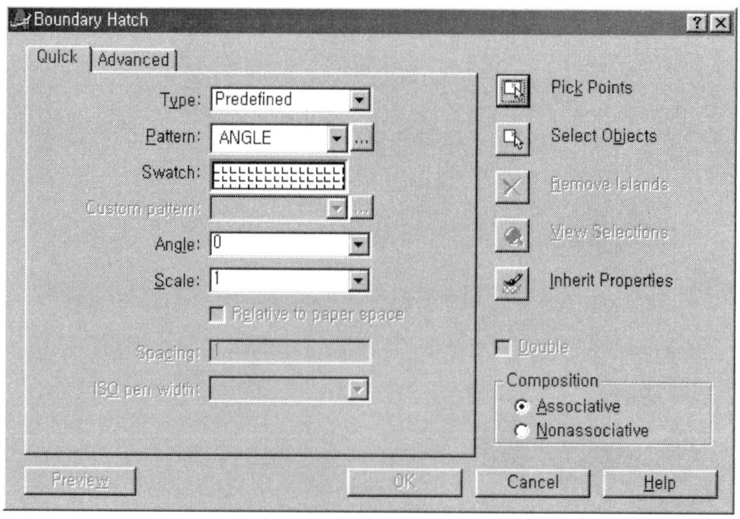

- ▶ Pick Points : 해칭할 부분을 선택한다.
- ▶ Select Objects : 해칭할 객체를 선택한다.
- ▶ Remove Islands : 로 선택한 부분을 선택하면 활성화가 된다.
  내부의 경계 물체는 무시하고 해칭한다.
- ▶ View Selections : 로 선택한 부분을 선택하면 활성화가 된다.

해칭되어 있는 부분의 해칭 경계를 표시한다.

▶ Inherit Properties : 기존 해칭 패턴의 옵션의 속성으로 대치한다.

▶ Double : 사용자 패턴에 90° 각도의 다른 선을 그린다.

▶ Composition

① Associative : 서로 연관이 있는 해칭을 제어한다.

② Non associative : 연관이 없는 해칭을 제어한다.

▶ Preview : 해칭형태를 미리보기로 본다.

Quick 탭

▶ Type : 패턴 형태 선택

① Predefined : Acad.pat 파일에서 패턴을 선택한다.

② User define : 사용자가 새로운 패턴을 생성한다.

③ Custom : 다른 파일에서 패턴을 선택 지정한다.

▶ Pattern : 패턴의 종류를 선택한다.

※ 을 클릭시 패턴의 모양이 보이는 창이 뜬다.

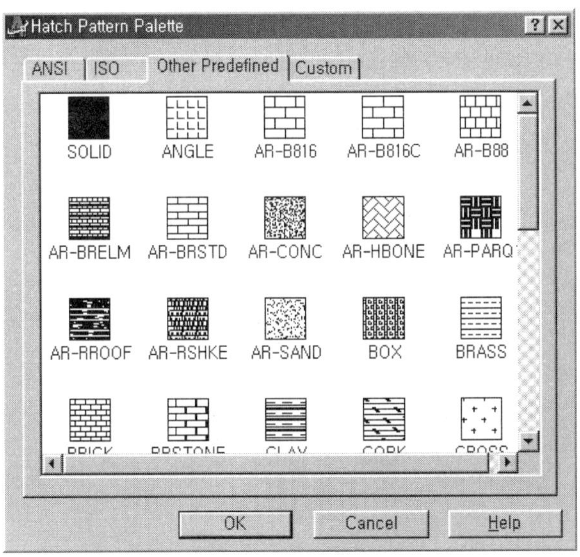

▶ Swatch : 선택한 패턴의 모양이 표시된다.

▶ Custom Pattern: 다른 파일에서 패턴의 이름을 선택한다.

▶ Angle : 해칭 선의 각도를 지정한다.

▶ Scale : 해칭 선의 축척을 지정한다.

▶ Spacing : 사용자가 만든 패턴에 선의 간격을 지정한다.

▶ ISO Pen Width : ISO와 관련된 패턴의 크기를 지정한다.

Advance 탭

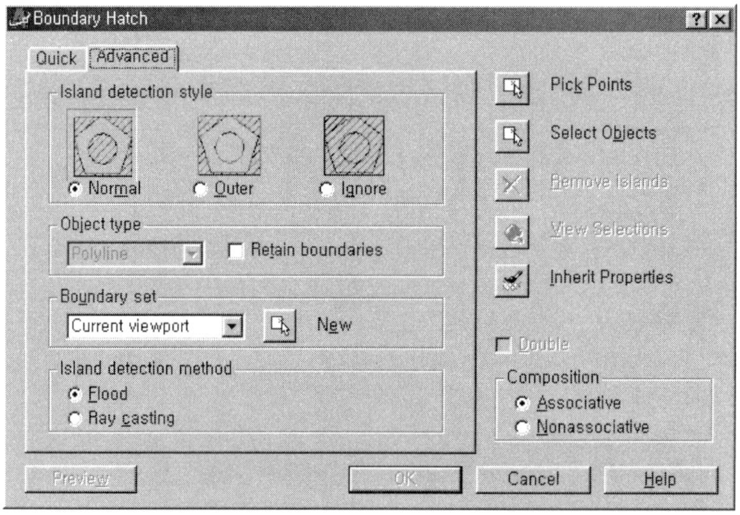

▶ Island detection style : 해칭 부분을 다중으로 선택시

① Normal : 바깥쪽부터 안쪽으로 교대(홀수만)로 해칭한다.

② Outer : 경계선 바깥쪽만 해칭한다.

③ Ignore : 경계선 내부, 외부 모두 해칭한다.

▶ Object type : 해칭 경계선의 형태를 설정한다.

① Retain boundaries : 해칭 경계선의 존재 여부를 선택한다.

▶ Boundary set : 해칭 할 부분을 미리 검색할 방법 선택을 선택한다.

① Current viewport : 화면에 표시된 모든 객체에 대한 경계선을 검색한다.

② Existing set : (new)을 클릭 후 선택한 경계선을 검색한다.

▶ Island detection method : (Pick Point)로 선택시 내부의 객체를 포함시킬지, 포함시키지 않을지를 지정한다.

단면법

물체내부의 보이지 않는 부분을 숨은선으로 표시하여도 좋으나 구조가 복잡한 경우와 조립도 등에서는 많은 숨은선으로 인하여 도면의 이해가 어려워진다. 이와 같은 경우 필요한 부분을 절단한 것으로 가상하여 그 단면의 모양을 외형선으로 표시하면 물체의 형상을 뚜렷이 나타낼 수가 있다. 이러한 방법을 단면법이라 하고 이렇게 그려진 도면을 단면도라고 한다.

○ 단면도의 종류와 표시방법

(1) 전체 단면도(full section)

물체 전체를 둘로 절단해서 단면으로 나타난 것을 전체 단면도라 한다(그림 1).

(2) 한쪽 단면도(half section)

상하 또는 좌우 대칭인 물체의 1/4를 떼어 낸 것으로 보고 기본 중심선을 경계로 하여 1/2는 외형, 1/2는 단면으로 동시에 나타낸다. 이 때 대칭의 중심선의 오른쪽 또는 위쪽을 단면으로 하는 것이 좋다(그림 2).

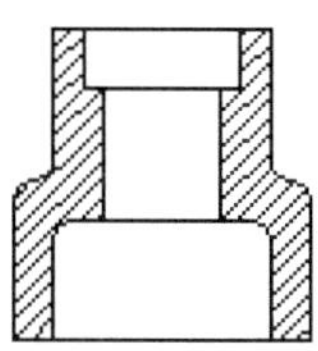
(그림 1)

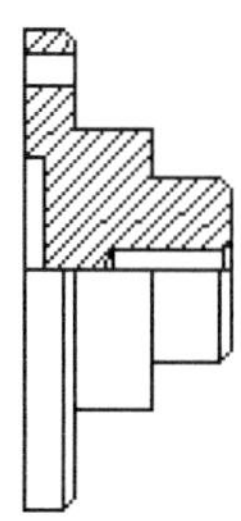
(그림 2)

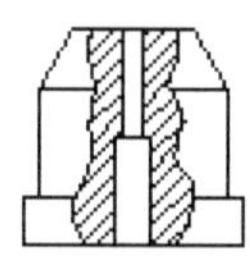
(그림 3)

(3) 부분 단면도(partial section)

전체의 모양이 단순하고 일부분만의 단면이 필요할 때 물체의 필요한 일부분만 절단하여 단면도로 한 것이다(그림 3).

38. CHANGE or CHPROP

대상의 요소의 특성을 변경하거나 수정할 때 사용하는 명령이고 선택된 대상의 위치나 크기, 방향, 색상, 높이, 레이어, 선 종류 및 두께를 바꾸어 줄 수 있다.

[방법 1]

```
Command:
CHANGE
Select objects:
```

```
Select objects: 1 found
Select objects:
Specify change point or [Properties]:
```

[방법 2]

```
CHANGE
Select objects: 1 found
Select objects:
```

```
Select objects:
Specify change point or [Properties]: p
Enter property to change [Color/Elev/LAyer/LType/ltScale/LWeight/Thickness]:
```

39. MATCHPROP

선택한 대상의 특성을 다른 대상에 복사하는 명령으로 색상, 레이어, 선의 종류, 축척, 두께, 치수, 문자, 해칭 등이 특성을 복사한다.

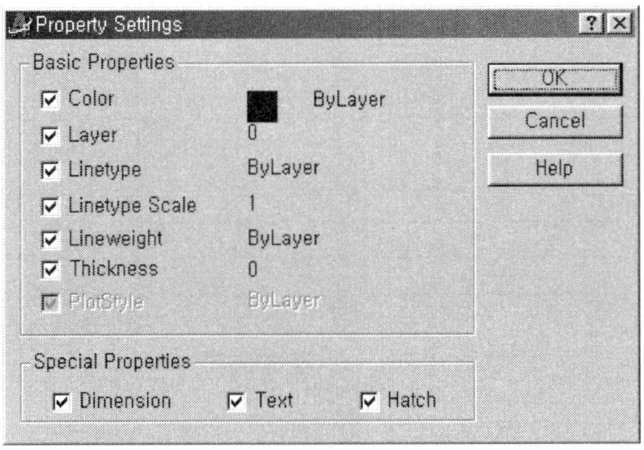

연 습 문 제 풀 이

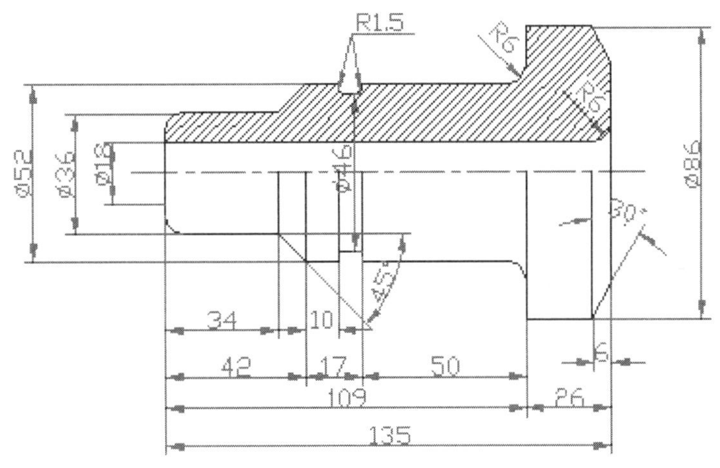

○ 위의 도면을 배운 명령어를 이용하여 그려보자.

Command : Line or L Enter↵

From point : 임의 점을 지정한다.

to point : F8(기능키)을 이용하여 가로로 임의의 점을 지정한다.<P1>

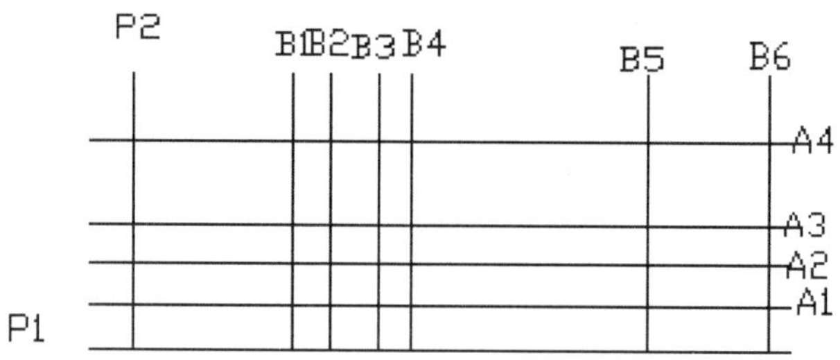

Command : Enter↵

From point : 임의 점을 지정한다.

to point : F8(기능키)을 이용하여 세로로 임의의 점을 지정한다. <P2>

Command : Offset Enter↵

offset distance or Through<30> : 9 Enter↵

select object to offset : p1

side to offset : 위쪽 지정(A1)

Command : Enter↵

offset distance or Through<30> : 18 Enter↵

select object to offset : p1

side to offset : 위쪽 지정(A2)

Command : Offset Enter↵

offset distance or Through<30> : 26 Enter↵

select object to offset : p1

side to offset : 위쪽 지정(A3)

Command : Enter↵

offset distance or Through<30> : 43 Enter↵

select object to offset : p1

side to offset : 위쪽 지정(A4)

Command : Enter↵

offset distance or Through<30> : 34 Enter↵

select object to offset : p2

side to offset : 오른 쪽 지정(B1)

Command : Enter↵

offset distance or Through<30> : 8 Enter↵

select object to offset : p2

side to offset : 오른쪽 지정(B2)

Command : Enter↵

offset distance or Through<30> : 10 Enter↵

select object to offset : p2

side to offset : 오른 쪽 지정(B3)

Command : Enter↵

offset distance or Through<30> : 7 Enter↵

select object to offset : p2

side to offset : 오른쪽 지정(B4)

Command : Enter↵

offset distance or Through<30> : 50 Enter↵

select object to offset : p2

side to offset : 오른쪽 지정(B5)

Command : Offset Enter↵

offset distance or Through<30> : 26 Enter↵

select object to offset : p2

side to offset : 오른쪽 지정(B6)

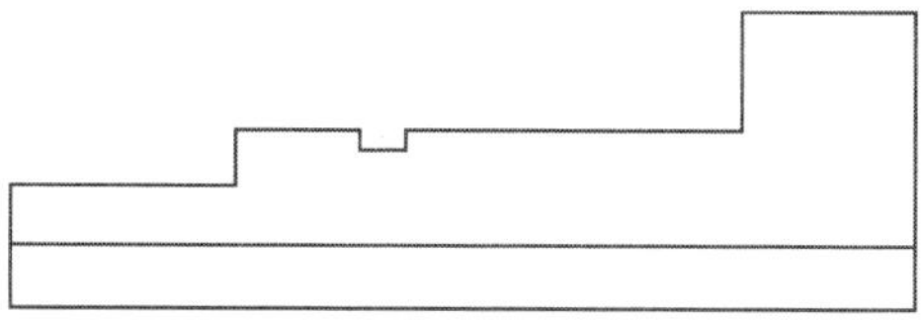

○ 위와 같은 그림이 되도록 Trim 한다.

Command : trim Enter↲

Select cutting edges : (Projmode = UCS, Edgemode = No extend)

Select objects : Crossing을 이용하여 전체를 선택한다.

<Select object to trim>/Project/Edge/Undo : 필요없다고 생각되는 부분을 선택한다.

Command : Fillet Enter↲

(TRIM mode) Current fillet radius = 10.0000 Enter↲

Polyline/Radius/Trim/<Select first object> : r(반지름 선택) Enter↲

Enter fillet radius<10.0000> : 6 Enter↲ (C1, C2, C3의 위치)

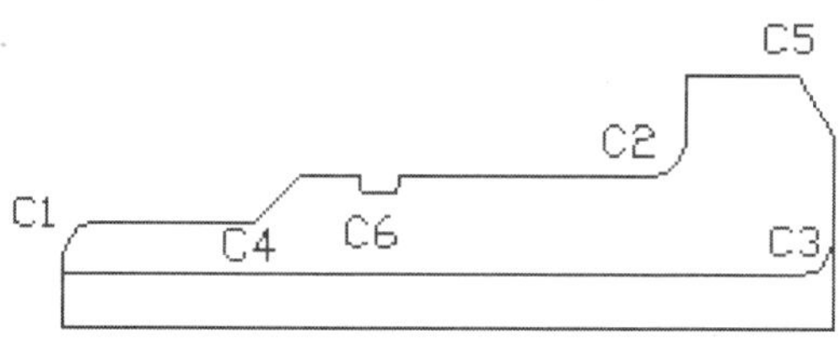

Command : Enter↲

(TRIM mode) Current fillet radius = 10.0000 Enter↲

Polyline/Radius/Trim/<Select first object> : r(반지름 선택) Enter↲

Enter fillet radius<10.0000> : 1.5 Enter↲ (C6의 위치 두 곳)

Command : Line or L Enter↲

From point : C4점을 Osnap(int p)이용하여 지정한다.
to point : @15<45

Command : Enter↵
From point : C5점을 Osnap(int p)이용하여 지정한다.
to point : @25<-60

Command : Mirror Enter↵
Select objects : 1 found (window로 전체를 지정)
First point or mirror line : Osnap을 이용하여 P1점을 지정
Second point : Osnap을 이용하여 P2점을 지정
Delete old objects ? <N> : Enter↵

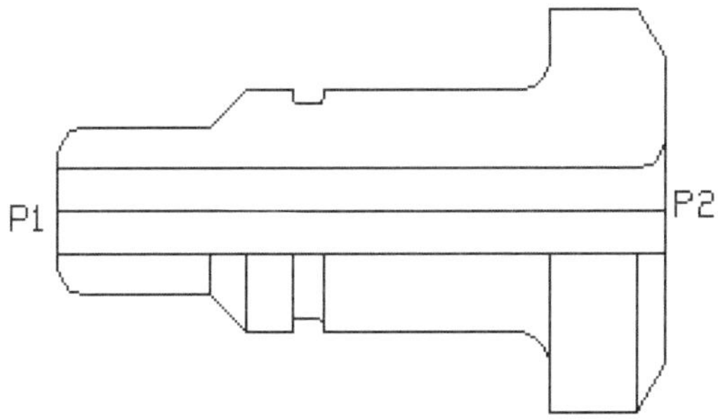

○ Mirror된 도면에서는 Line(F8=Ortho)이용하고 Trim이용하여 위 도면처럼 실행한다.

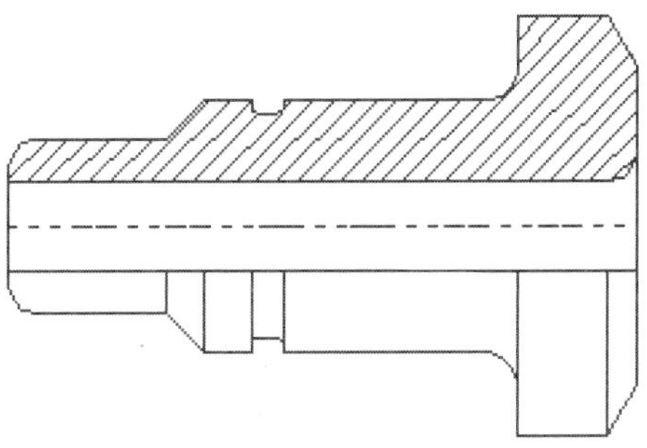

Command : Bhatch Enter↵

(아래와 같이 경계해치 대화 박스(DDBOX)가 나타난다.

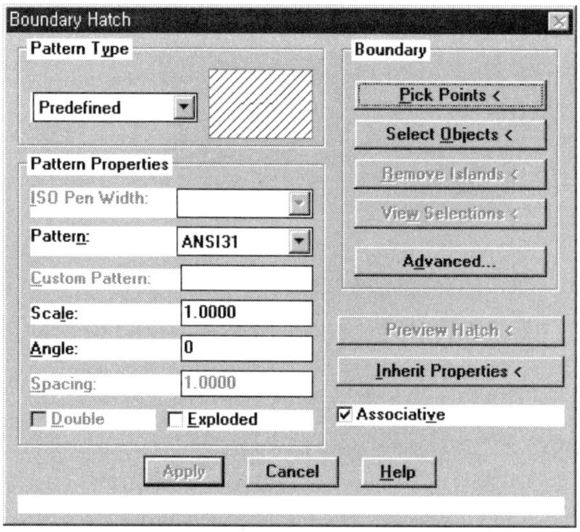

○ Pattern 버튼을 클릭하고 원하는 패턴(ANS131)을 선택한 후 확인 버튼을 누른다.

○ 경계 해치 대화 상자가 다시 나타나면 Boundary난에의 Pick Points를 클릭하면 도면으로 돌아간다. 해칭하기를 원하는 곳을 클릭하면 해칭이 이루어진다.

Command : Change Enter↵
Select objects : 1 found
Properties/<Change point> : p Enter↵
Change what property (Color/Elev/LType/ltScale/Thickness) : LT Enter↵
New linetype<BYLAYER> : center Enter↵
Change what property (Color/Elev/LType/ltScale/Thickness) :

40. PROPERTIES or DDCHPROP

객체를 그리기 전에 특성을 미리 지정하거나, 그려진 대상을 변경, 수정할 때 사용하는 명령어로 대화상자로 되어 있어 편리하다.

【알파벳 순서로 표시】

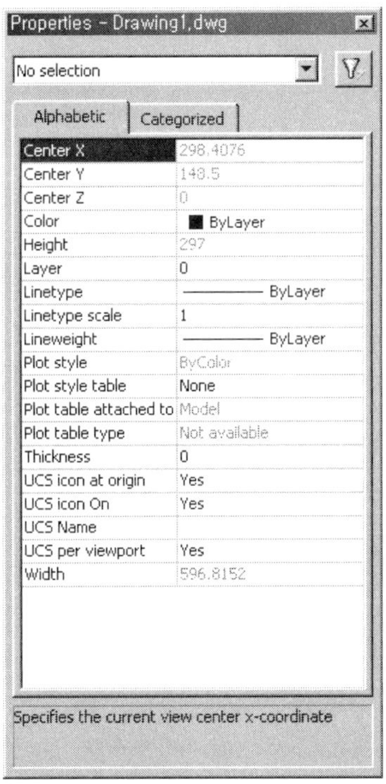

【종류별 순서로 표시】

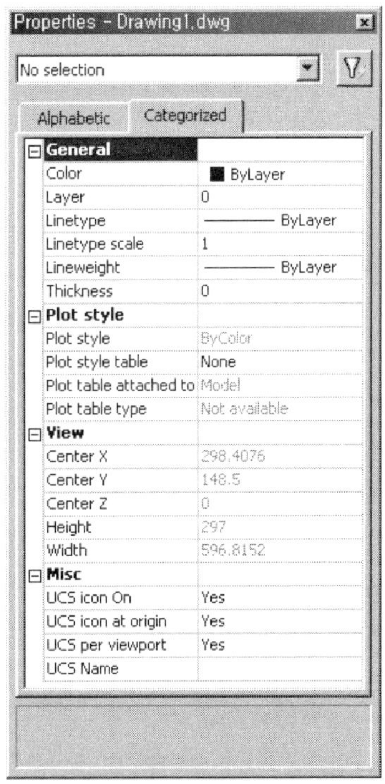

※ 를 클릭 하였을 경우 Quick select 대화상자가 나타난다.

41. TEXT (DTEXT or MTEXT)

① TEXT : 다양한 문자를 이용하여 한 줄씩만 사용할 수 있다.

② DTEXT(동적문자) : 화면을 보면서 문자를 입력할 수 있다.

③ QTEXT(신속문자) : 복잡한 작업을 하는데 신속처리를 위해 사용하고 글씨의 높이와 길이만 사각 박스로 보여 준다.

④ MTEXT(다중문자) : 문단의 문자들을 만든다. 영어, 한글을 혼용할 수 있다.

【Text 명령어 사용】

『방법 1』

```
Command:
TEXT
Current text style:  "Standard"  Text height:  79.4200
Specify start point of text or [Justify/Style]:
Specify height <79.4200>: 2.5
Specify rotation angle of text <350>: 0
Enter text:
```

- Current text style: “Standard” Text height : 스타일 표시
- Specify start point of text or [Justify/Style] : 시작점이나 옵션 선택
- Specify height <2.5000> : 문자 크기 지정
- Specify rotation angle of text <0> : 문자 회전 각도 지정
- Enter text : 문자 입력

『방법 2』

```
Command:
TEXT
Current text style:  "Standard"  Text height:  2.5000
Specify start point of text or [Justify/Style]: J
Enter an option [Align/Fit/Center/Middle/Right/TL/TC/TR/ML/MC/MR/BL/BC/BR]:
```

- Enter an option [Align/Fit/Center/Middle/Right/TL/TC/TR/ML/MC/MR/BL/BC/BR] :
  - · Align : 문자열의 길이가 고정, 문자수에 의해 문자 크기가 결정.
  - · Fit : 문자열의 길이에 의해 문자의 폭이 결정.
  - · Center : 수평 중심 정렬

- Middle : 정중앙 정렬.
- Right : 오른쪽 정렬.
- TL [Top-Left] : 상단의 왼쪽 정렬.
- TC [Top-Center] : 상단의 중심 정렬.
- TR [Top-Right] : 상단의 오른쪽 정렬.
- ML [Middle-Left] : 중앙의 왼쪽 정렬.
- MC [Middle-Center] : 중앙의 중심 정렬.
- MR [Middle-Right] : 중앙의 오른쪽 정렬.
- BL [Bottom-Left] : 하단의 왼쪽 정렬.
- BC [Bottom-Center] : 하단의 중심 정렬.
- BR [Bottom-Right] : 하단의 오른쪽 정렬.

『방법 3』

```
Command:
TEXT
Current text style:  "Standard"  Text height:  2.5000
Specify start point of text or [Justify/Style]: S
Enter style name or [?] <Standard>:
```

- Specify start point of text or [Justify/Style] : S 스타일 선택한다.
- Enter style name or [?] <Standard> : 지정한 스타일을 적용한다.

[MText 명령어 사용]

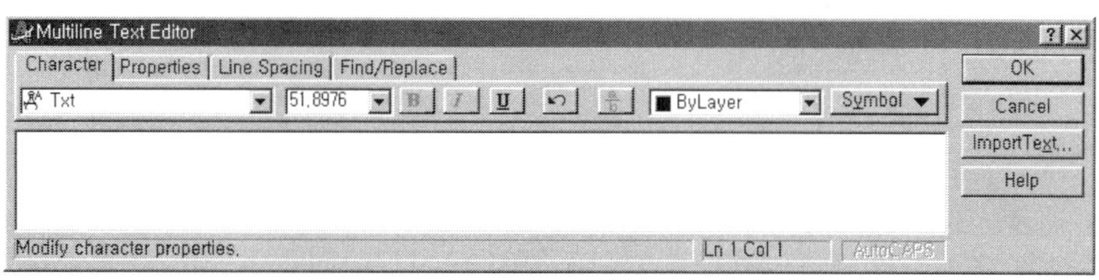

Character 탭

▶ [Txt ▼] : 글꼴을 선택한다.

▶ [51.8976 ▼] : 문자 높이 지정한다.

▶ [B] : 진하게 ▶ [I] : 이탤릭체로 ▶ [U] : 밑줄

▶ [↶] : 이전으로 ▶ [a/b] : 분수

▶ [■ ByLayer ▼] : 레이어 변경

▶ [Symbol ▼] : 특수문자 입력시 사용한다.

【TEXT 특수문자】

도면에 사용되는 기호 중에 키보드로 지원되지 않는 기호들이 있다.

%%nnn	특수문자표시
%%O	문자의 윗줄 긋기
%%U	문자의 아랫줄 긋기
%%D	"°" 각도 기호
%%P	"±" 허용오차 기호
%%C	"φ" 지름 기호
%%%	"%" 퍼센트 기호

※ 특수문자 표시엔 %% nnn문자는 ASCII 코드 값에 의해 화면에 나타난다.

예 제 1

1. 250 ± 0.05 ⇨ 250 %%P 0.05
2. Φ30. ABC ⇨ %%C 30. %%U ABC
3. 60° ⇨ 60%%D

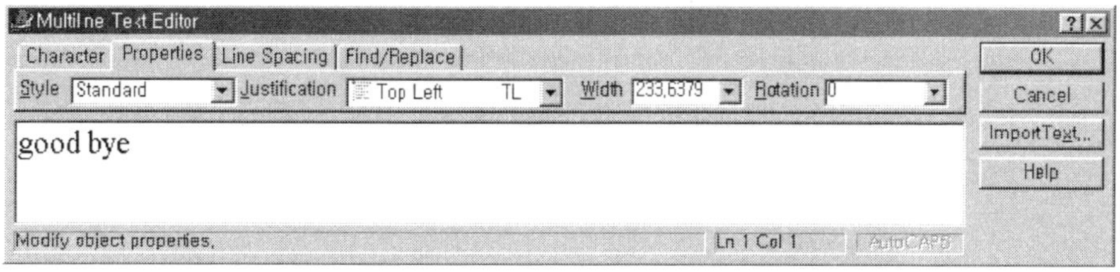

Properties 탭

- Style : 문자유형을 Style에서 선택한다.
- Justification : 문자 정렬방법을 선택한다.
- Width : 문자의 크기를 지정한다.
- Rotation : 문자의 각도를 지정한다.

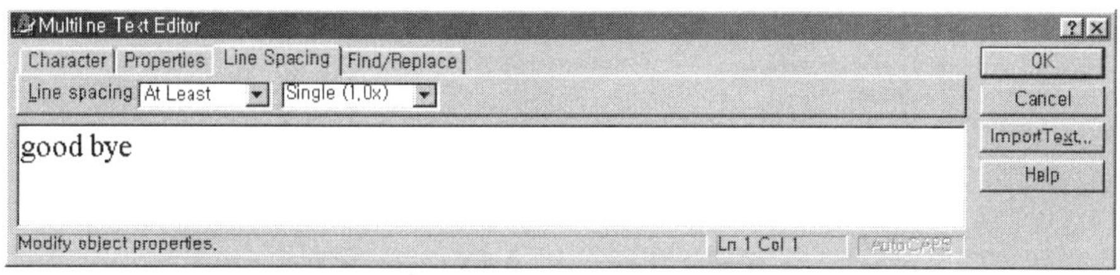

Line Spacing 탭

- Line spacing : 줄간격을 설정한다.
- At Least : 높이가 가장 큰 문자를 기준으로 줄간격을 띄운다.
  Exactly : 문자 높이와는 상관없이 지정된 간격으로 줄간격을 띄운다.
- Single(1.0x) : 문자 높이 만큼의 줄간격.
  Lines(1.5x) : 문자 높이의 1.5배 만큼의 줄간격.
  Double(2.0x) : 문자 높이의 2배 만큼의 줄간격.

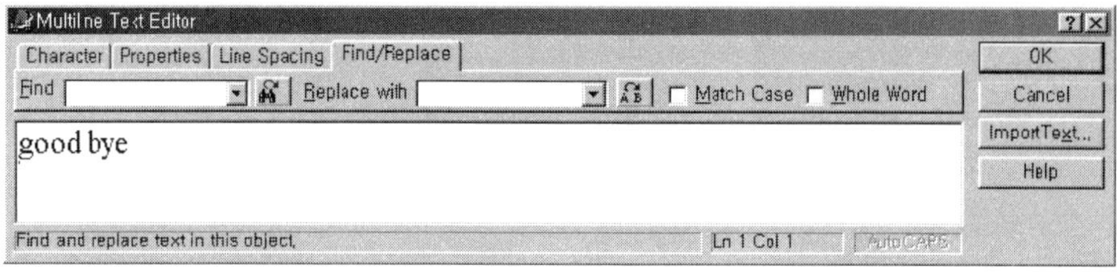

Find/Replace 탭

▶ Find : 찾고자 하는 문자를 입력한다.

 : 찾고자 하는 문자를 찾는다.

▶ Replace With : 바꾸고자 하는 문자를 입력한다.

 : 찾은 문자를 바꾸려는 문자로 바꾼다.

▶ Match Case : 대소문자를 구분하여 찾는다.

▶ Whole Word : 띄어쓰기 구별하여 찾는다.

42.  DDEDIT or MTPROP

① DDEDIT : TEXT(DTEXT, MTEXT)로 쓰여진 문자를 수정한다.

② MTPROP : MTEXT로 쓰여진 문자만을 수정한다.

【DDEDIT 명령어 사용시】 ⇒ TEXT로 쓰여진 글자 선택시

▶ 변경할 글자를 지우고 새로운 글자를 입력한다.

【DDEDIT 명령어 사용시】 ⇒ MTEXT로 쓰여진 글자 선택시

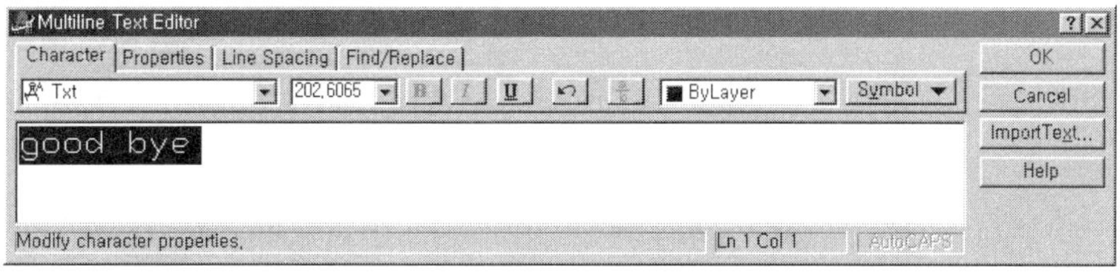

▶ 변경할 글자를 지우고 새로운 글자를 입력한다.

【MTPROP 명령어 사용시】 ⇒ MTEXT 대화상자와 같다.

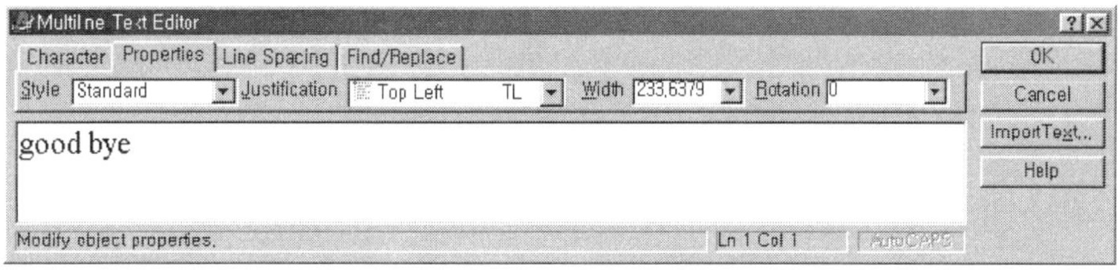

Memo

43. FIND

낱말이나 문장을 찾거나 새로운 낱말이나 문장으로 바꾸는 명령어이다.

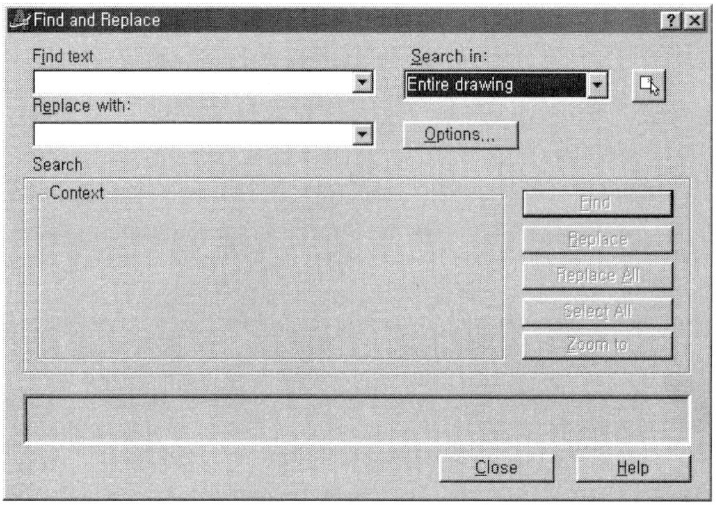

- ▶ Find text : 찾고자 하는 낱말을 입력한다.
- ▶ Replace with : 바꾸고자 하는 낱말을 입력한다.
- ▶ Search in : 찾는 문장의 범위를 지정한다.

※ (select object) : 마우스로 범위 지정

- ▶ Search/Context : 찾는 낱말의 표시한다.
- ▶ Find : 찾을 낱말을 다음위치에 찾는다.
- ▶ Replace : 다음 위치에 있는 낱말을 바꾼다.
- ▶ Replace All : 바꾸려는 낱말을 동시에 모두 바꾼다.
- ▶ Sclect All : 선택한 범위에서만 선택하여 찾는다.
- ▶ Zoom to : 찾는 낱말을 확대한다.
- ▶ Options : 문자 검색 방법의 옵션을 설정한다.

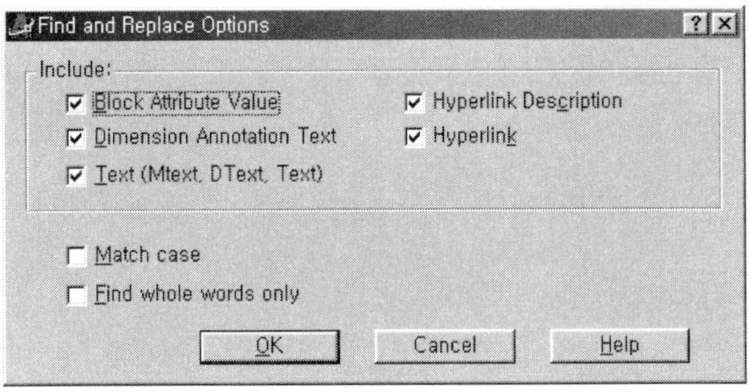

① Include : 포함 여부 선택

- Block Attribute Value : 블록의 속성값
- Dimension Annotation Text : 치수 주석문자
- Text(Mtext, Dtext, Text) : 텍스트
- Hyperlink Description : 하이퍼링크 설명
- Hyperlink : 하이퍼링크

② Match case : 대소문자가 구분하여 찾기

③ Find whole words only : 띄어쓰기 구별하여 찾기

44. TEXTFILL

트루타입(*.ttf) 글꼴은 글자 내부가 화면에선 꽉 차게 보인다. 실제 인쇄시에 글자 내부를 채우느냐 비우느냐를 선택하는 명령어이다.

```
Command:
TEXTFILL
Enter new value for TEXTFILL <1>:
```

- Enter new value for TEXTFILL : 채우기 지정

  <0> : 글자 내부 채우지 않기.

  <1> : 글자 내부 채우기.

45. SPELL

문자의 철자 검색을 하여 틀린 문자를 찾아내는 명령어이다.

【틀린 철자가 없을 경우】

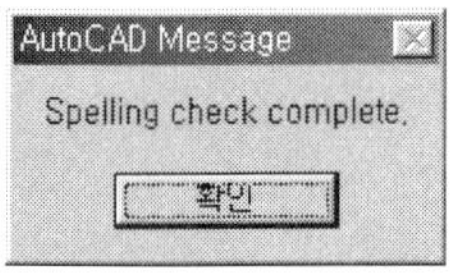

【틀린 철자가 있을 경우】

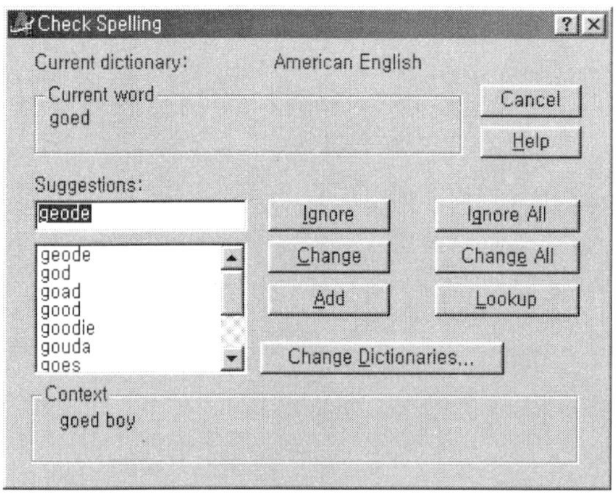

- ▶ Current dictionary : 현재 사용된 사전을 표시
- ▶ Current word : 현재 쓰여진 낱말을 표시
- ▶ suggestions : 검색 후 맞는 철자를 선택하거나 입력.
- ▶ Ignore : 검색한 현재의 낱말만 변경하지 않는다
- ▶ Ignorer All : 검색한 낱말을 모두 변경하지 않는다.
- ▶ Change : 검색한 현재의 낱말만 변경한다.
- ▶ Change All : 검색한 낱말을 모두 변경한다.
- ▶ Add : 사용자 사전에 추가한다.

▶ Lookup : 낱말을 표시하여 찾도록 도와준다.

▶ Change Dictionaries... : 낱말을 사전에 추가한다.

▶ Context : 검색대상의 문맥 표시

46. STYLE

새로운 문자 유형(크기, 각도, 세로쓰기, 뒤집기 등)을 작성할 수 있다.
글씨체의 파일 이름과 STYLE 이름이 같을 필요가 없다. Font에서는 TXT (Standard), Simplex, Complex, Italic의 기본 폰트를 제공하고 나머지는 Load 해서 사용한다.

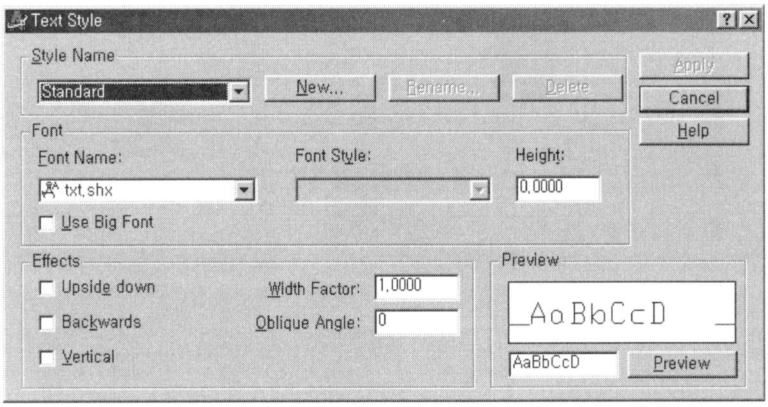

Style Name

▶ 기존에 만들어진 스타일을 선택한다.

▶ New... : 새로운 스타일을 만든다.

▶Rename : 스타일의 이름을 변경한다.

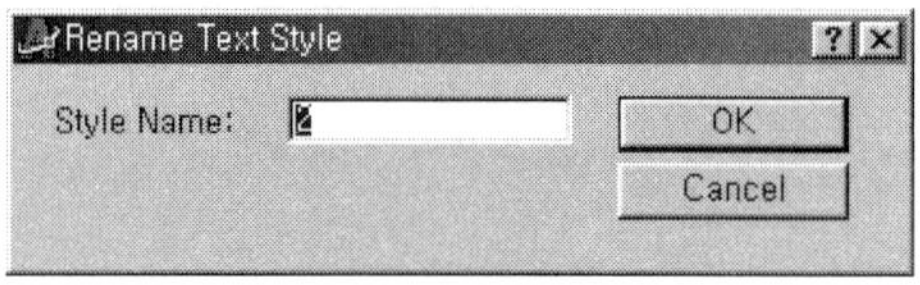

▶Delete : 스타일을 삭제한다.

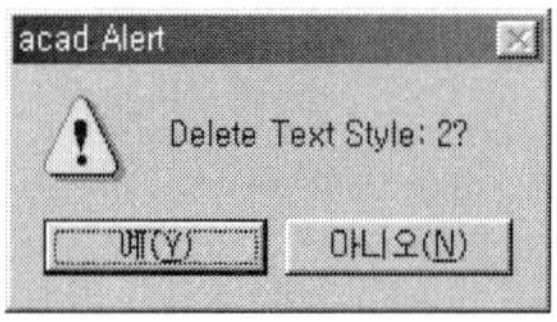

Font

▶ Font Name : 사용하고자 하는 글꼴을 선택한다.

▶ Font Style : 글꼴의 스타일을 지정한다.

▶ Height : 문자 높이를 입력한다.

Effects

▶ Upside down : 문자를 거꾸로 쓰게 한다.

▶ Font Style : 문자를 뒤로 쓰게 한다.

▶ Vertical : 문자를 세로로 쓰게 한다.

▶ Width Factor : 문자의 장평을 지정한다.

▶ Oblique Angle : 문자의 각도를 지정한다.

47. DDSTYLE

대화상자로 쉽게 새로운 스타일을 만들 수 있다. 새로운 스타일을 만들거나 존재하는 스타일을 변경한다.

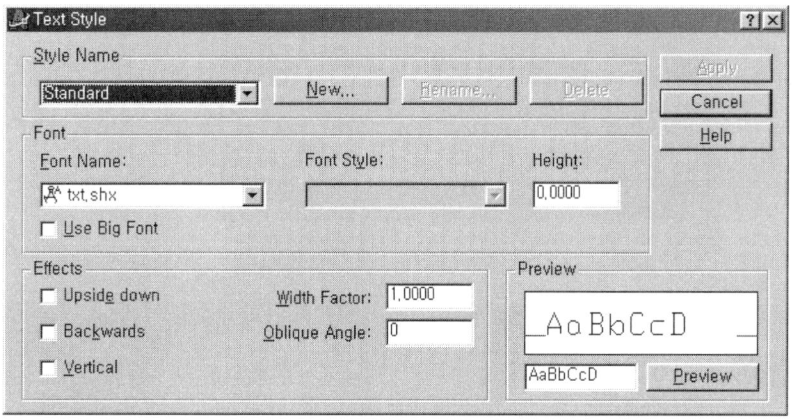

48. BLOCK

도면에 그려진 대상물의 요소를 하나로 연결된 요소로 만들어 사용 할 수 있도록 한다. 자주 그리는 부품들을 블록으로 저장시켜 놓은 후 필요할 때마다 불러서 사용하면 편하다.

블록 이름은 31자 이내의 영문자로 시작되는 이름을 주면 되고 이름 대신에 ?를 주면 현재 지정된 블록 목록이 나온다. 기준점은 대체로 중심점이나 왼쪽 하단점을 지정하면 INSERT할 때 편리하다.

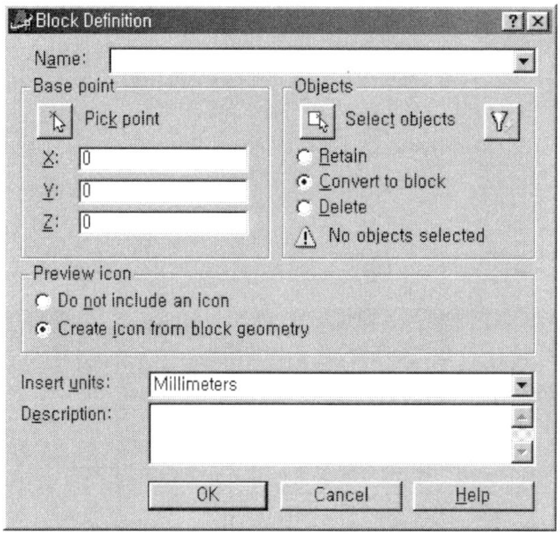

Name : 블록 이름을 지정한다.

Base point : 저장할 객체의 기준점을 지정한다.

- Pick Point : 블록대상의 한 점(기준점)을 지정한다.
- X/Y/Z : 지정한 점에 대한 X/Y/Z 대한 좌표를 표시한다.

Objects : 저장할 객체의 선택한다.

- Select objects : 블록화할 객체를 선택한다.
- Retain : 블록설정하지 않고 그대로 둔다.
- Convert to block : 블록 설정한다.
- Delete : 선택한 객체를 삭제한다.
- Quick Select : 다중으로 객체를 선택한다.

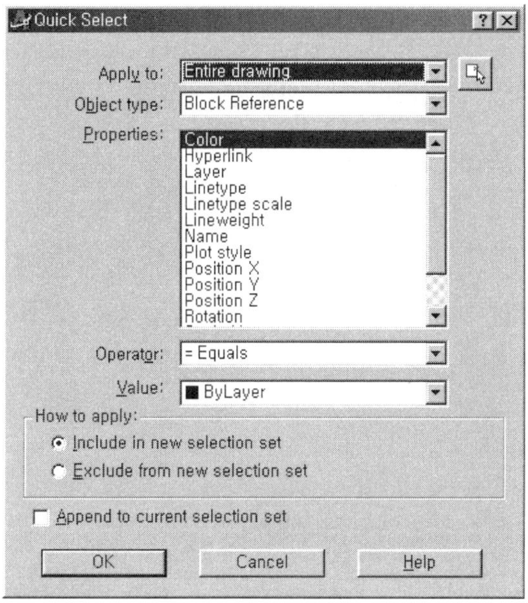

Preview icon : 선택 객체를 미리보기 여부 선택

▶ Do not include an icon : 미리보지 않기로 설정한다.

▶ Creat icon from block geometry : 미리보기로 설정한다.

Insert units : 블록을 삽입시 삽입단위를 결정한다.

Description : 블록의 설명을 표시한다.

49. WBLOCK

일반 블록으로 저장된 블록은 블록을 만든 파일에서만 사용 가능하나 Wblock로 블록을 저장하면 확장자가 '*.dwg'인 파일로 저장되어 독립된 하나의 파일로 저장된다.

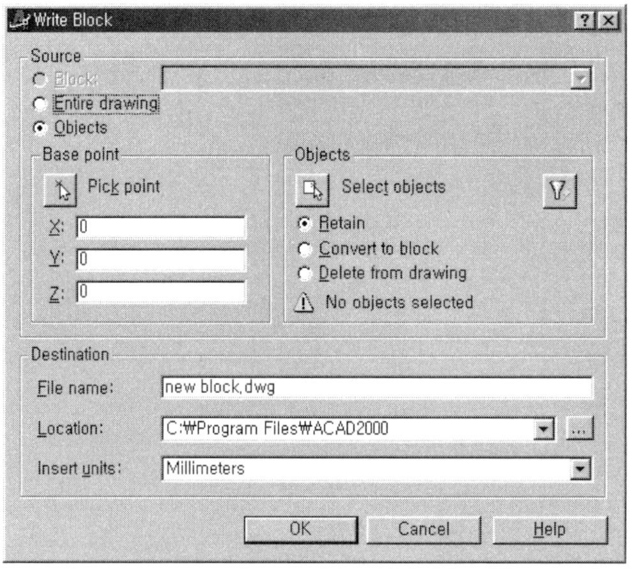

Source : 대상 객체에 대해 지정한다.

▶ Block : 설정되어 있는 블록명이 리스트로 나타나며, 선택된 블록을 wblock 변환한다.

▶ Entire drawing : 전체 도면 객체를 저장한다.

▶ Objects : block 설정 방법과 같이 삽입 기준점과 객체를 선택하여 파일로 저장한다.

Destination : 저장한 이름, 위치, 단위를 지정한다.

▶ File name : 저장할 파일의 이름을 지정한다.

▶ Location : 저장할 파일의 위치를 지정한다.

※ ▼ ... 을 클릭하였을 경우 '폴더 찾아보기' 대화상자가 뜬다.

▶ Insert units : 객체를 삽입시 단위를 지정한다.

50. INSERT

저장된 블록 또는 저장된 파일을 현재의 도면에 삽입할 때 사용한다.
정의된 블록 중에서 필요한 블록의 이름이나 도면의 파일 이름을 지정하고, 삽입점과 X, Y, Z 척도 및 회전각을 주어 원하는 곳에 삽입시킬 수 있다.

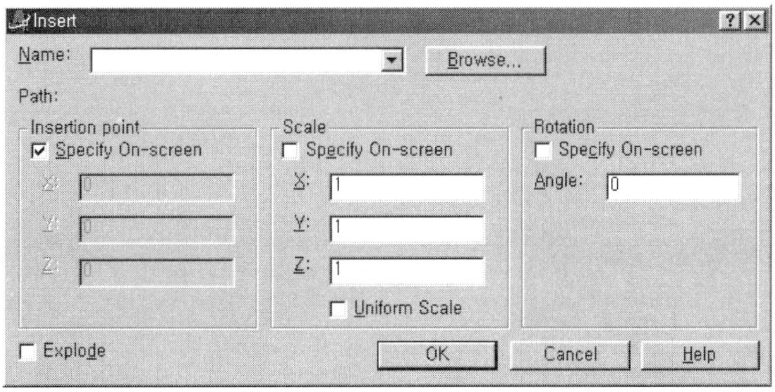

▶ name : 저장된 블록명을 입력한다.

Browse...를 클릭하였을 경우 저장된 블록을 찾는 대화상자가 나타난다.

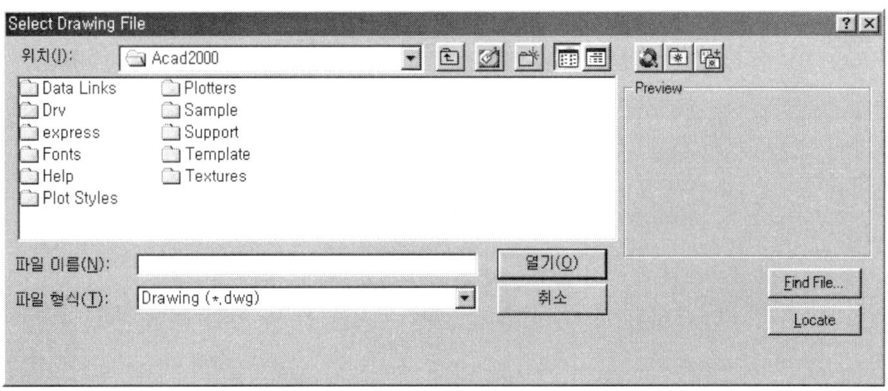

▶ Insertion point : 삽입하고자 하는 부분의 좌표값을 입력한다.

▶ Scale : 삽입시 축척을 입력한다.

▶ Rotaton : 삽입시 회전각도를 입력한다.

※ Specify On-screen을 체크하였을 경우 좌표값을 대화상자에서 입력할 수 없고 블록을 화면에 삽입시킬 때 지정한다.

▶ Explode : 블록 삽입시 객체의 분해 여부를 선택한다.

51. MINSERT

저장된 블록 또는 저장된 파일을 사각배열 형태의 다중 삽일할 때 사용한다. 'Intert' 명령과 'Array' 명령을 합친 기능이다.

```
Command: minsert
Enter block name or [?] <block1>: block1
Specify insertion point or [Scale/X/Y/Z/Rotate/PScale/PX/PY/PZ/PRotate]:
Enter X scale factor, specify opposite corner, or [Corner/XYZ] <1>:
Enter Y scale factor <use X scale factor>:
Specify rotation angle <0>:
Enter number of rows (---) <1>: 3
Enter number of columns (|||) <1>: 3
Enter distance between rows or specify unit cell (---): 20
Specify distance between columns (|||): 20
```

- Enter block name or [?] : 블록 이름 지정하기
- Specify insertion point or [Scale/X/Y/Z/Rotate/PScale/PX/PY/PZ/PRotate] : 삽입점을 지정하거나 옵션을 선택한다.
- Enter X scale factor, specify opposite corner, or [Corner/XYZ] <1> : X축의 축척을 지정한다.
- Enter Y scale factor <use X scale factor> : Y축의 축척을 지정한다.
- Specify rotation angle <0> : 회전 각도를 지정한다.
- Enter number of rows (---) <1> : 열의 배열 수를 지정한다.
- Enter number of columns (|||) <1> : 행의 배열 수를 지정한다.
- Enter distance between rows or specify unit cell (---) : 열의 배열 간격을 지정한다.
- Specify distance between columns (|||) : 행의 배열 간격을 지정한다.

52. LINETYPE

새로 작성된 도면 요소에 대한 선의 종류를 지정한다.

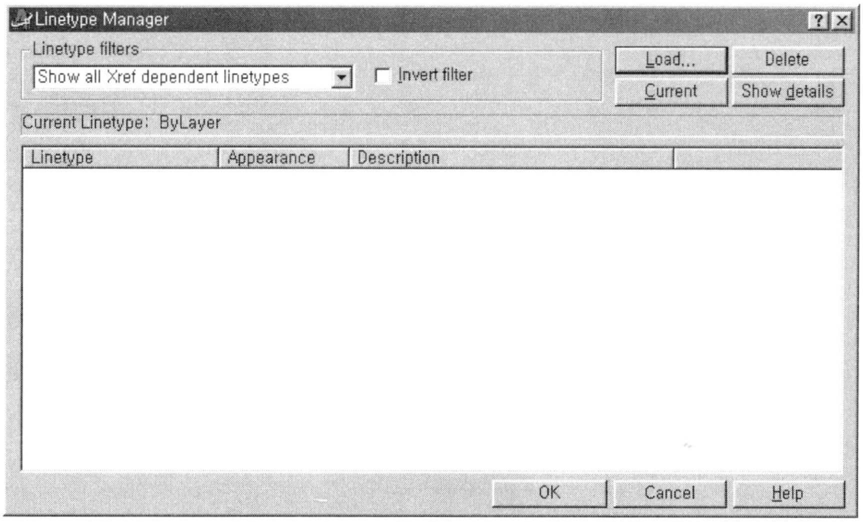

▶ Linetype filters : 선의 종류를 보여준다.

▶ Current Linetype : 선의 형태별 종류를 보여준다.

▶ Load : AutoCAD가 보유한 선 형태를 불러온다.

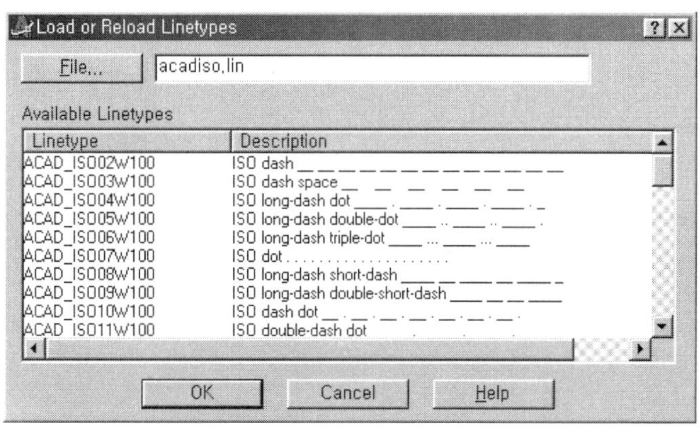

▶ Current : 지정한 선 형태를 활성화 한다.

▶ Delete : 선택한 선을 삭제한다.

▶ Show Detail :스케일을 조정할 수 있는 상세 부분을 표시한다.

※ 선의 종류 및 용도

용도에 의한 명 칭	선의 종류		선의 용도
외형선	굵은 실선	────	대상물의 보이는 부분의 모양을 표시하는데 쓰인다.
치수선	가는 실선	────	치수를 기입하기 위하여 쓰인다.
치수보조선			치수를 기입하기 위하여 도형으로부터 끌어내는데 쓰인다.
지시선			기술 기호 등을 표시하기위하여 끌어내는데 쓰인다.
회전 단면선			도형 내에 그 부분의 끊은 곳을 90도 회전하여 표시하는데 쓰인다.
숨은선	가는 파선	----	대상물의 보이지 않는 부분의 모양을 표시하는데 쓰인다.
중심선	1점 쇄선	─·─	(1) 모형의 중심을 표하는데 쓰인다. (2) 중심이 이동한 중심궤적을 표시하는데 쓰인다.
기준선			특히 위치결정의 근거된다는 것을 명시할 때 쓰인다.
피치선			되풀이하는 도형의 피치를 취하는 기준을 표시하는데 쓰인다.
가상선	2점 쇄선	─··─··─	(1) 인접부분을 참고로 표시하는데 사용한다. (2) 공구, 지그 등의 위치를 참고로 나타나는데 사용한다. (3) 가동부분을 이동 중의 특정한 위치 또는 이동한계의 위치로 표시하는데 사용한다. (4) 가공 전 또는 후의 모양을 표시하는데 사용한다. (5) 되풀이 하는 것을 나타내는데 사용한다. (6) 도시된 단면의 안쪽에 있는 부분을 표시하는데 사용한다.
파단선	불규칙한 파형의 가는 실선	∼	대상물의 일부를 파단한 경계 또는 일부를 떼어낸 경계를 표시하는데 사용한다.
해칭선	가는 실선으로 규칙적으로 줄을 늘어놓은 것	//////	단면도의 절단된 부분을 나타낸다.

53. LTSCALE

도면의 크기에 따라 선의 형태에 대한 크기를 조절해 주어야 한다.
아래의 대화상자 중 Global scale factor, Current Object scale에서 지정하거나, 직접 명령어를 입력하여 조정한다.

54. LWEIGHT or LINEWEIGHT

선의 폭을 지정한다. 도면에 선의 폭을 적용하여 표시하고, 도면출력시 용지에 나타난다. 기본값은 0.25mm이고, 총 27개의 선의 폭을 제공한다.

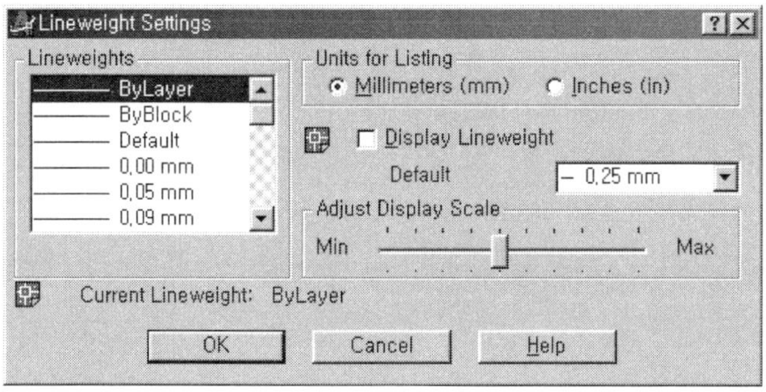

▶ Lineweights : 고정된 선의 폭을 표시한다.
▶ Units for Listing : 표시 단위를 지정한다.
▶ Display Lineweight : 모형공간의 선 폭의 표시여부를 지정한다. 표시를 할 경우 화면 표시기간이 길어진다.
▶ Default : 선 폭의 기본값을 지정한다.
▶ Adjust Display Scale : 모형공간에 표시된 선 폭의 축척을 지정한다.

55. DDLTYPE

DDLTYPE명령은 선 종류 올리기를 할 수 있고 Load...를 선택해서 *.LIN 파일을 선택하면 그 파일이 가지고 있는 선 종류가 로드 된다.

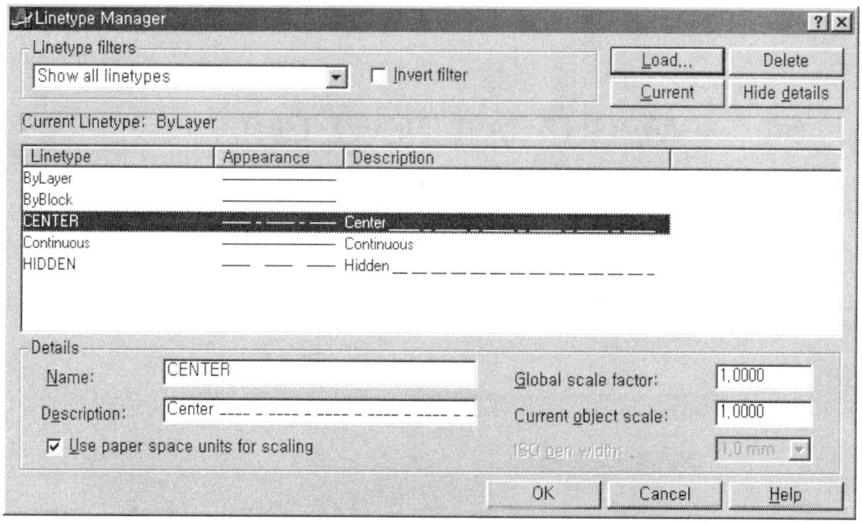

Details

▶ Name : 사용자가 선택한 레이어의 이름을 보여준다.

▶ Description : 선택한 선의 종류와 형태를 보여준다.

▶ Global scale factor : 이미 작성된 모든 선에 축척을 적용한다.

▶ Current Object : 설정 후 작도한 선에만 축척이 적용된다.

Memo

56. MULTINE STYPE

다중선을 그리기 전에 일정한 스타일을 지정한다.

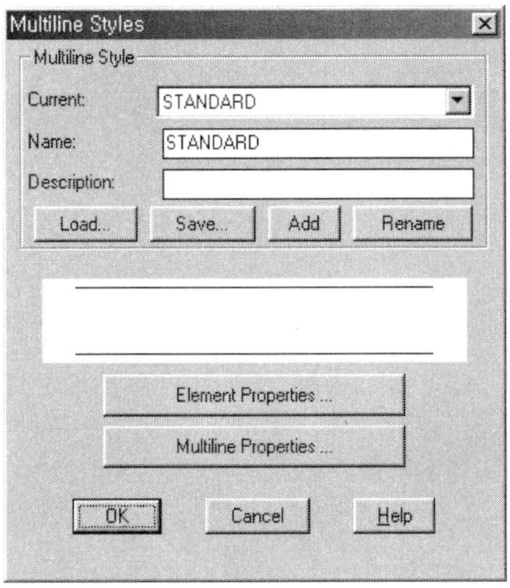

▶ Current : 활성화되 스타일을 보여준다.

▶ Name : 새로운 스타일 이름을 입력한다.

▶ Description : 새로 만들 스타일에 설명을 붙인다.

▶ Load : 저장된 다중선을 불러온다.

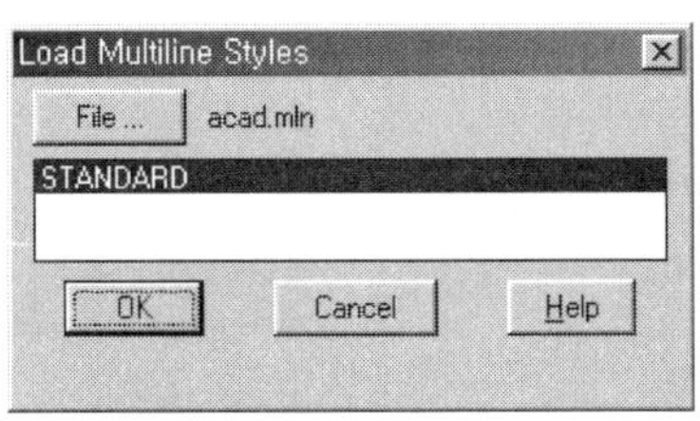

▶ Save : 스타일을 저장한다.

▶ Add : 새로 작성된 스타일을 현재 스타일에 추가한다.

▶ Rename : 스타일 이름을 바꾼다.

▶ Element Properties : 다중선의 색상이나 선 유형들을 지정한다.

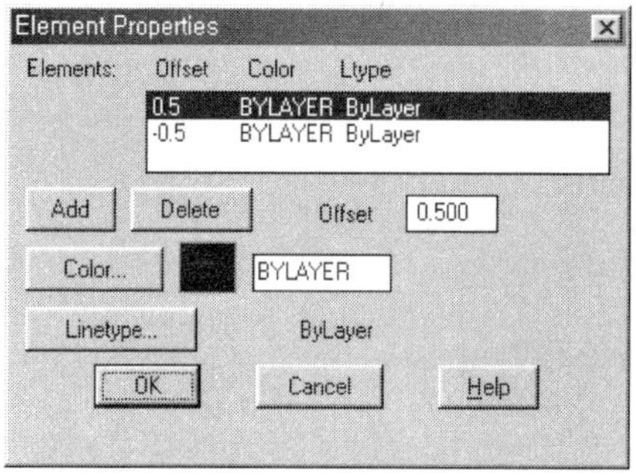

· Element : 선의 속성을 보여준다.
· Add : 선의 개수를 추가한다.
· Delete : 선의 개수를 삭제한다.
· Offset : 선과 선사이의 간격을 지정한다.
· Color : 선의 색상을 지정한다.
· linetype : 선의 형태를 지정한다.

▶ Multiline Properties : 다중선의 특성을 지정한다.

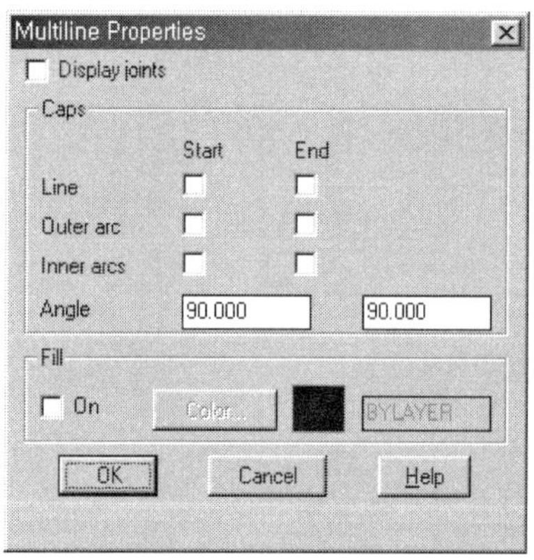

· Display joints : 다중선 꼭지점의 접합표시를 지정한다.
· Caps : 시작점과 끝점의 닫기를 지정한다.
  - Line : 직선으로 닫는다.
  - Outer arc : 바깥쪽 호 모양으로 닫는다.

- Inner arc : 안쪽 호 모양으로 닫는다.
- Angle : 닫는 직선의 각도를 지정한다.

· fill : 선과 선 사이 간격을 채울 것 인지의 여부를 지정한다.

- On : 간격을 채운다.
- Color : 색상을 지정한다.

57. MULTI LINE EDIT

다중선의 교차 부분을 편집하는 명령어이다.

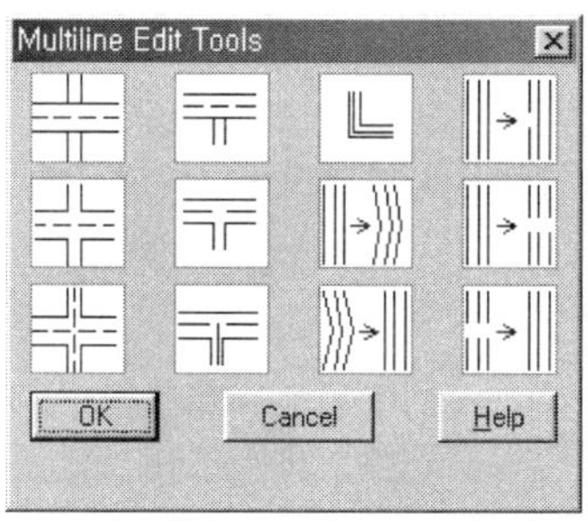

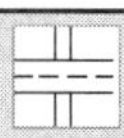	Close Cross	교차된 부분을 닫힌 십자형 모양으로 표시
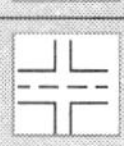	Open Cross	교차된 부분을 열린 십자형 모양으로 표시
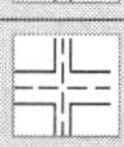	Merged Cross	교차된 부분을 결합된 삽자형 모양으로 표시
	Close Tee	교차된 부분을 닫힌 T자 모양으로 표시
	Open Tee	교차된 부분을 열린 T자 모양으로 표시
	Merged Tee	교차된 부분을 결합된 T자 모양으로 표시
	Corner Joint	교차된 부분의 구석 부분을 결한된 모양으로 표시
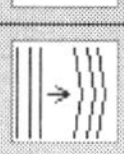	Add Vertex	다중선에 꼭지점을 추가

	Delete Vertex	다중선에 꼭지점을 제거
	Cut Single	지정한 부분을 잘라낸다.
	Cut All	두 부분으로 나눈다.
	Weld All	두 부분으로 나누어진 다중선을 다시 연결한다.

58. LAYER

레이어는 투명한 도면 층을 여러 장 겹쳐 놓고 구분이 필요한 내용을 따로 따로 분리하여 그려 놓고 필요에 따라 관리하는 기능이다. 도면작업할 때 복잡한 도면을 분리해서 효율적으로 관리할 수 있다.

새로운 레이어를 작성하거나 작성된 레이어를 불러내거나 할 때 사용한다. 레이어를 ON/OFF 하거나 정의된 레이어의 목록을 보고자 할 때도 사용한다.

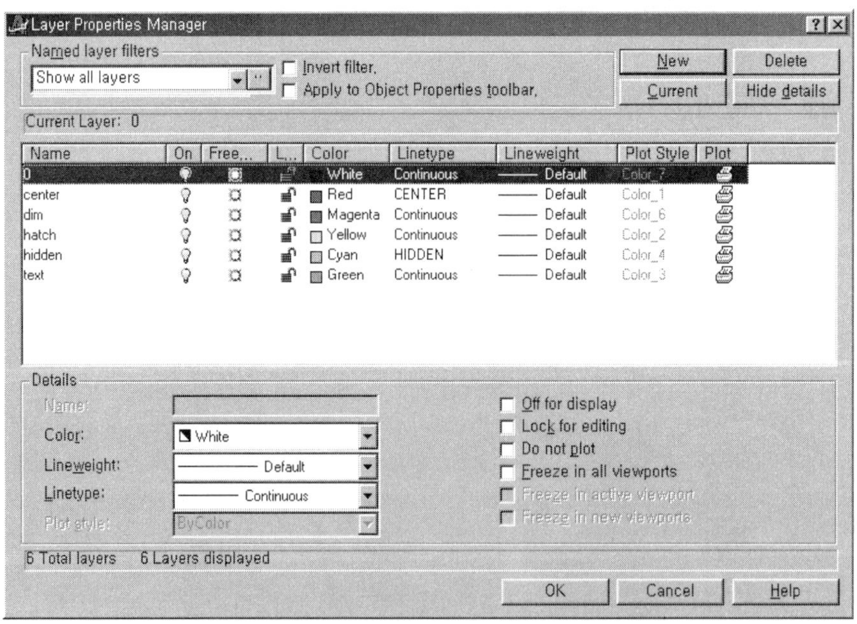

Named Layer Filters : 지정한 레이어만 표시한다.

▶ Show all layers : 만들어진 레이어를 모두 보여준다.

▶ Show all use layers : 사용중인 레이어만 보여준다.

▶ Show all Xerf dependent layers : 외부 참조로 레이어만 보여준다.

▶ Invert filter : 필터를 통과한 레이어만 보여준다.

▶ apply to Object Properties toolbar

: 객체특성을 제어하는 도구막대를 사용한다.

※ 을 클릭시 필터관리상자가 나타난다.

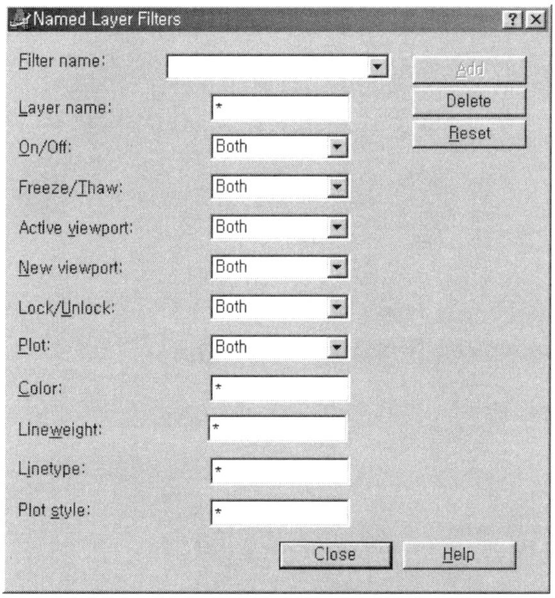

▶ New : 새로운 레이어 이름을 입력한다.

▶ Delete : 레이어를 삭제한다.

▶ Current : 선택한 레이어를 현재 사용 레이어로 설정한다.

▶ show details : 레이어에 대한 상세정보를 표시한다.

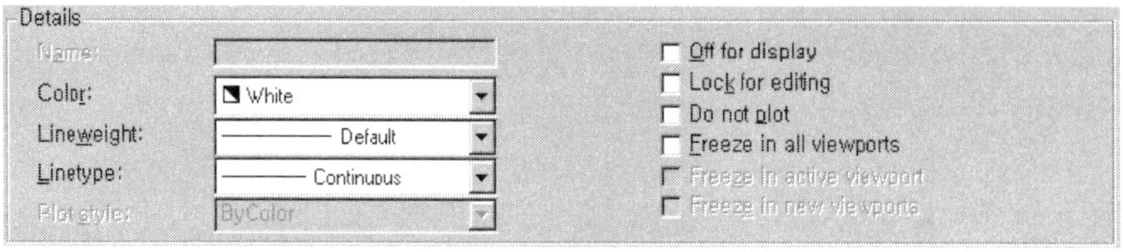

※ 레이어 옵션 설정 ⇒ 선택한 레이어에 해당부분을 클릭하여 설정을 변경한다.

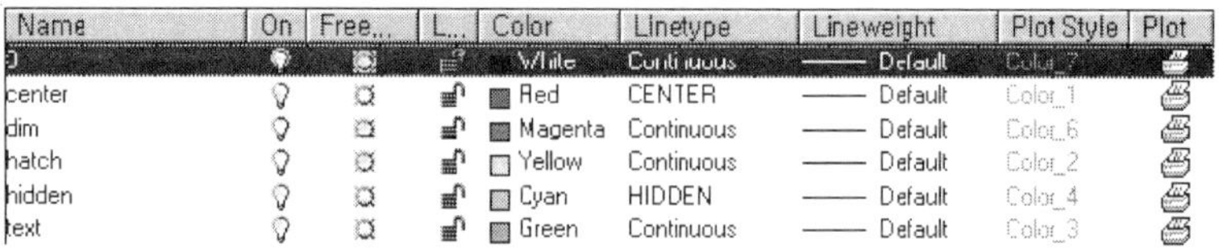

▶ Name : 레이어의 이름을 입력한다.

▶ On/Off : 레이어의 활성화/비활성화를 설정한다.

▶ Freeze/Thaw : 레이어의 동결/비동결을 설정한다.

▶ LOck/Unlock : 레이어를 잠금/해제를 설정한다.

▶ Color : 레이어의 색상을 지정한다.

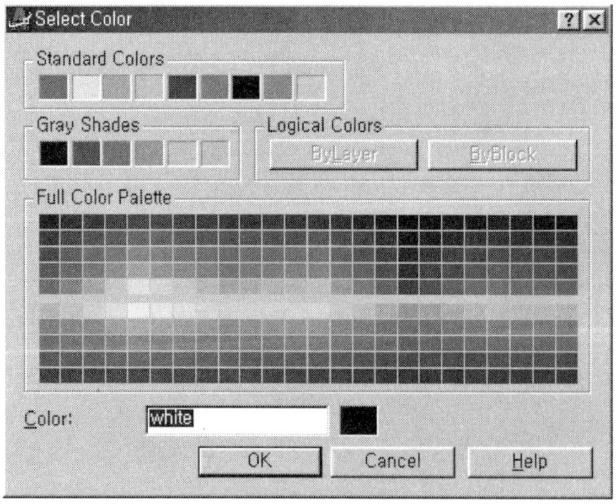

▶ Linetype : 레이어의 선 유형을 지정한다.

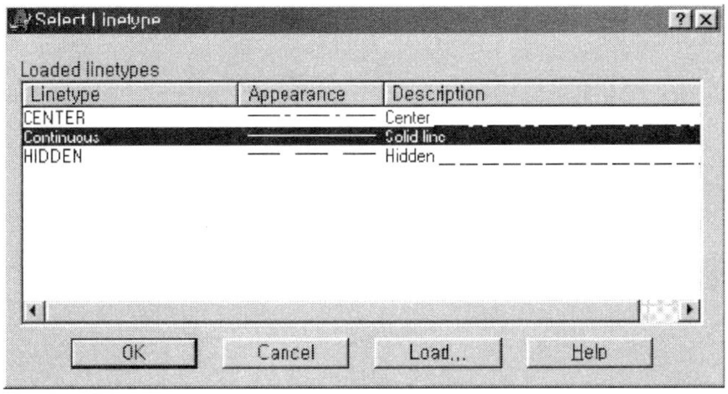

⇒ 선의 유형이 없을 경우 Load를 누르면 다음 화면이 나타난다.

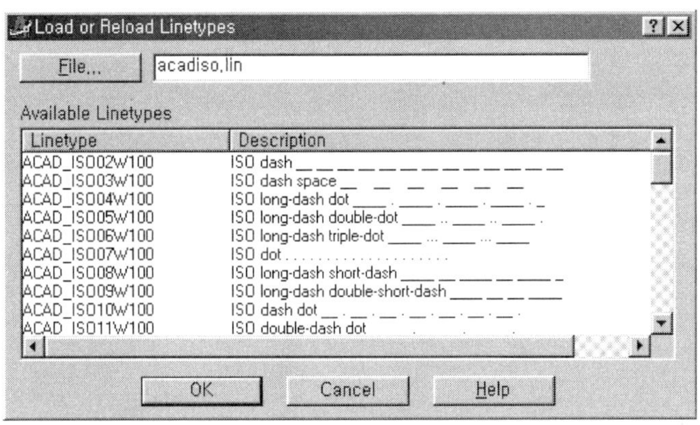

▶ Lineweight : 레이어 선의 굵기를 지정한다.

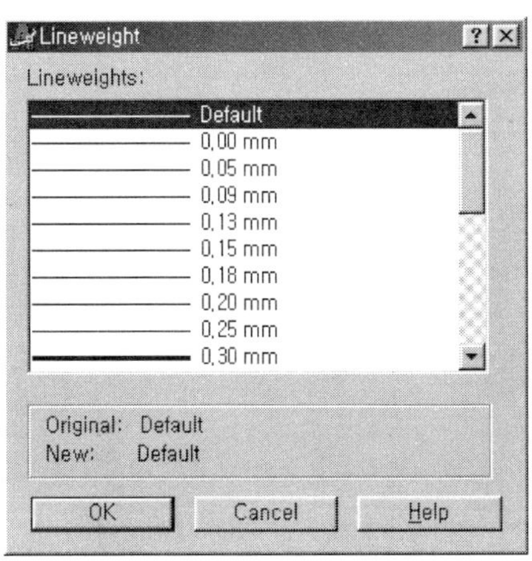

▶ Plot Style : plot 스타일을 지정한다.

▶ Plot : Plot나 Print 출력 여부를 지정한다.

59. DDLMODES

DDLMODES 명령은 대화 상자를 이용하여 도면 층을 관리한다.

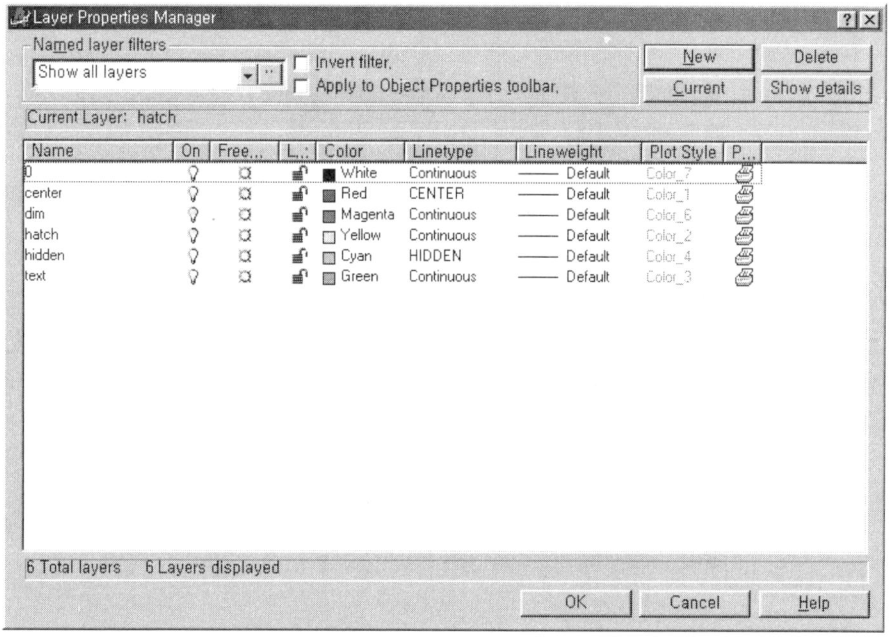

60.  PLOT

도면을 파일이나 출력장치(Plot or Print)로 출력한다.

[Plot 세팅하기]

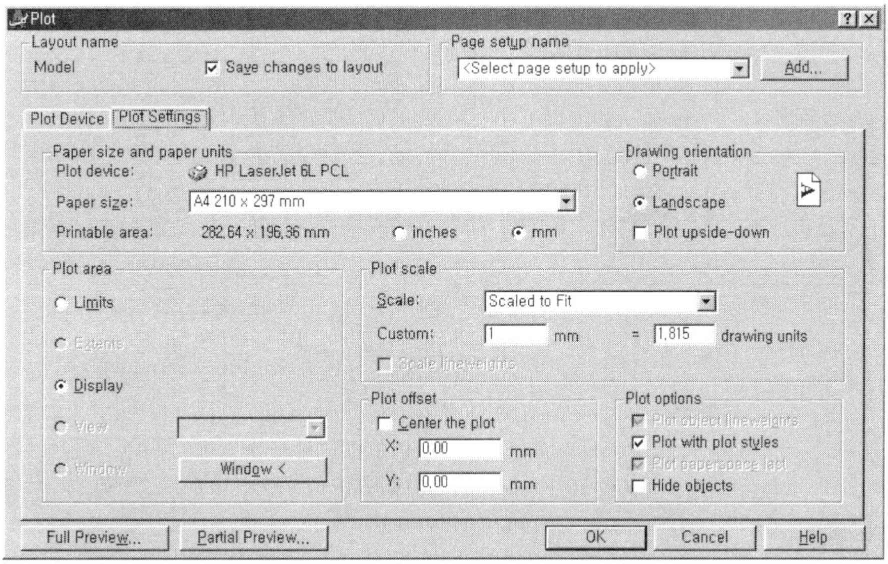

Paper size and paper units : 출력장치 설정

▶ Polt device : 설정된 출력장치의 드라이버를 나타낸다.

▶ Paper size : 출력용지의 사이즈를 설정한다.

▶ Printable area : 출력용지의 단위를 설정한다.

Drawing orientation : 출력용지 방향 설정

▶ Portrait : 가로방향으로 출력한다.

▶ Landscape : 세로방향으로 출력한다.

▶ Plot upside-down : 출력방향을 상/하 바꿔서 출력한다.

Plot area : 출력할 범위 설정

▶ Limits : Limits로 설정한 범위를 그대로 도면에 출력한다.

▶ Extents : 도면을 출력용지 안에 꽉 차게 출력한다.

▶ Display : 브라우저에 보이는 도면을 그대로를 출력한다.

▶ View : View로 저장된 부분을 출력한다.

▶ Window : 마우스로 선택한 부분을 출력용지 안에 꽉 차게 출력한다.

Plot scale : 출력시 도면의 축척을 설정

▶ Scale : 축척을 설정한다.

▶ Custom : mm과 inch의 단위비율을 설정한다.

▶ Scale lineweight : 선 두께의 축척을 설정한다.

Plot offset : 출력시 시작점 설정

▶ Center the plot : 출력용지 중심점과 그려진 도면의 중심을 맞춘다.

▶ X/Y : 시작점의 좌표값을 설정한다.

Plot options : 출력시 선택 옵션 설정

▶ Plot object lineweight : 선 두께의 출력여부를 선택한다.

▶ Plot object plot style : 플롯 스타일의 출력여부를 선택한다.

▶ Plot paperspace last : 종이영역을 적용하는지의 여부를 선택한다.

▶ hide object : 3D 도면시 은선부분의 출력여부를 선택한다.

Memo

[Plot 장치 설정하기]

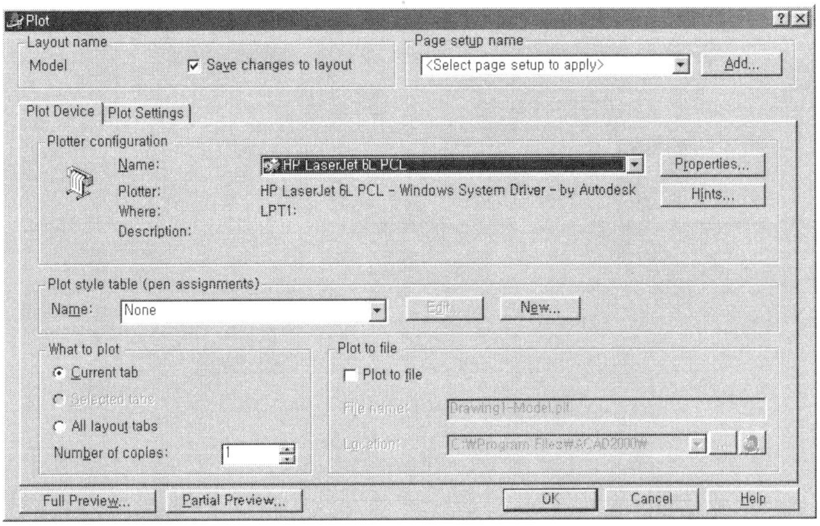

Plotter configuration : 출력장치에 관한 정보

▶ Name : 디바이스 이름을 설정한다.

▶ Plotter : 플롯장치 정보를 '*.PC3' 파일로 저장하여 공유할 수 있다.

▶ where : 프린터 포트 설정을 보여준다.

▶ Properties : 지정한 출력장비(*.PC3)파일을 변경, 생성, 수정할 수 있다.

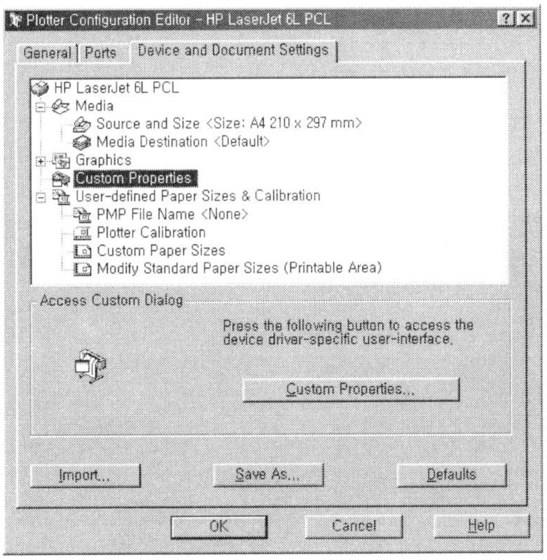

⇒ Custom Properties : 출력장치의 등록정보가 나타나다.

⇒ Import 클릭시 대화상자가 나타난다.

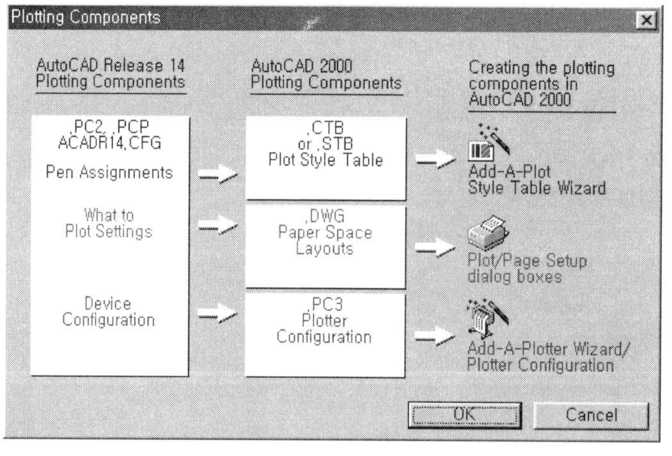

⇒ Save As : 다른 이름으로 저장한다.

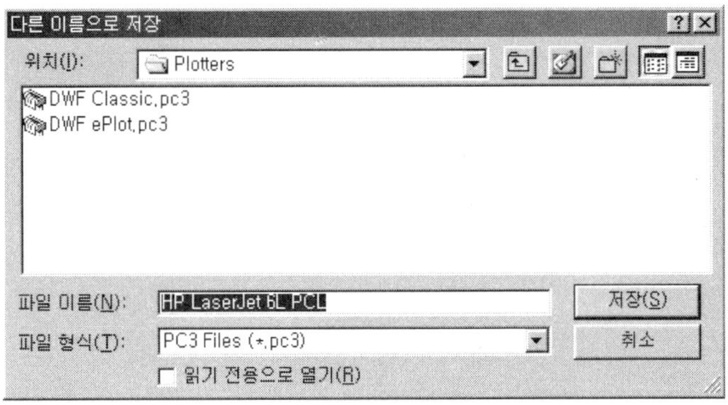

▶ Hints : 도움말 창이 나타난다.

Plot style table (pen assignments) : 플롯 스타일 편집 및 생성

▶ Name : 플롯유형을 선택한다.

▶ Edit : 플롯 스타일을 편집할 수 있는 창이 나타난다.

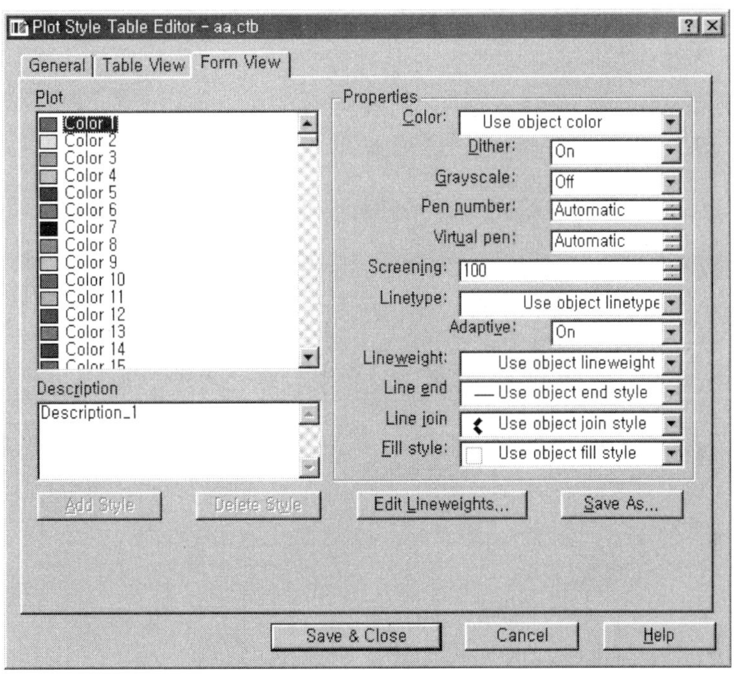

⇒ Edit lineweights : 선의 굵기를 지정한다.

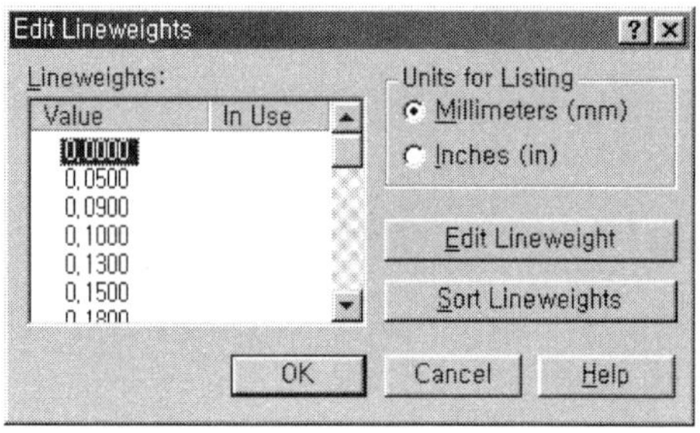

⇒ Save As : 다른 이름으로 저장한다.

▶ New : 새로운 유형 펜정보 설정을 처음부터 할 것인지, cfg, pcp, pc2 파일의 펜정보를 복사할 것인지를 설정하는 마법사가 나타난다.

① **Begin**

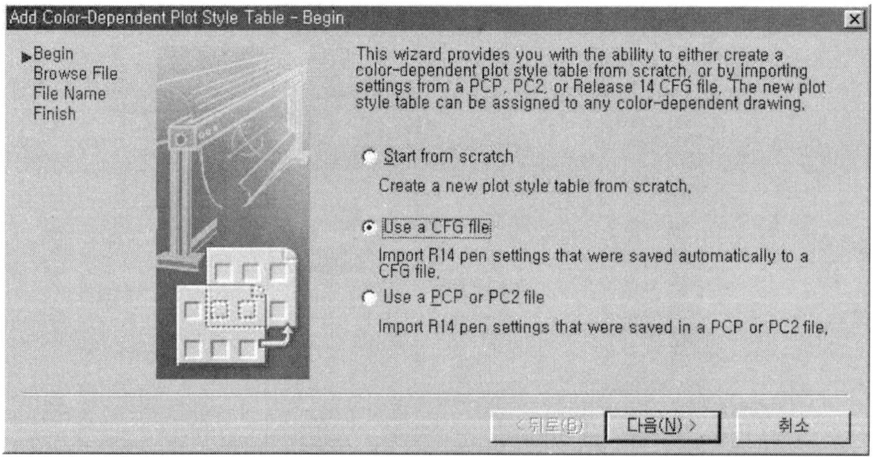

▶ Start from scratch : 새로운 펜유형을 설정한다.

⇒ ③ "File Name" 항목으로 이동한다.

▶ Use a CFG file : R14.CFG 파일 불러온다.

⇒ ② "Browse File" 항목으로 이동한다.

▶ Use a PCP or PC2 file : 기존 유형을 그대로 이용한다.

⇒ ② "Browse File" 항목으로 이동한다.

② Browse File

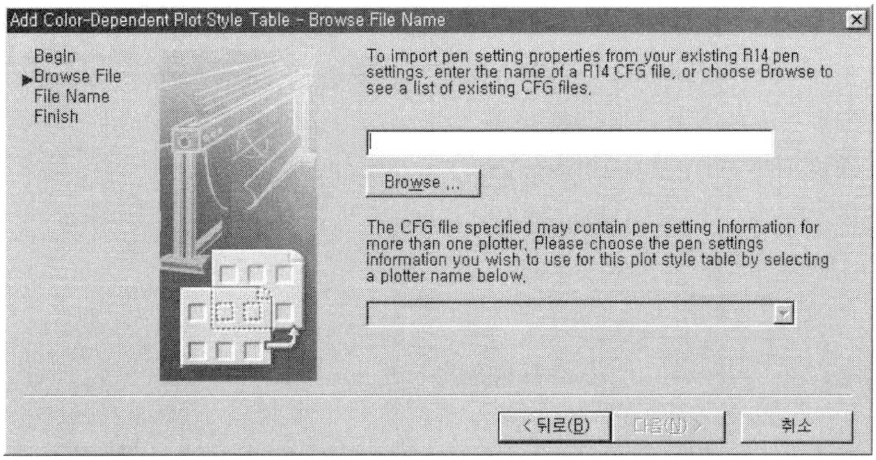

▶ R14 파일이나 기존 유형을 참고 할 경우에만 표시되며, 파일 이름을 지정한다.

⇒ ③ "File Name" 항목으로 이동한다.

③ File Name

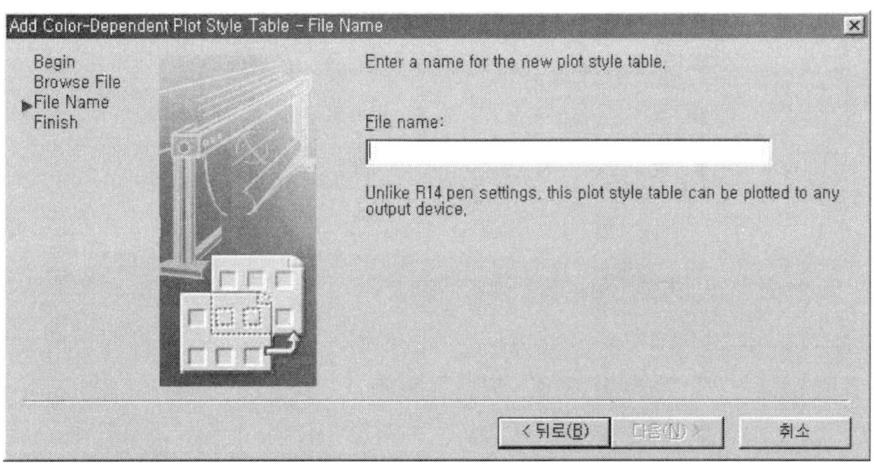

▶ 새로 생성하는 펜 유형의 이름을 입력한다.

⇒ ④ "Finish" 항목으로 이동한다.

④ Finish

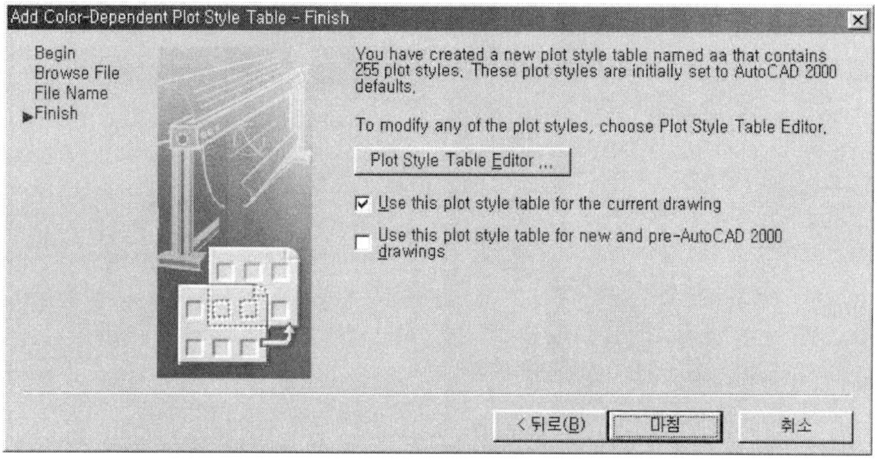

▶ Plot Style Table Editor : 펜 유형 편집기로 편집한다.

What to plot

▶ current tab : 현재 브라우저 화면을 출력한다.

▶ Selected tabs : 선택한 화면을 출력한다.

▶ All layout tabs : 전체 레이아웃을 출력한다.

▶ Number of copies: 출력 매수를 지정한다.

Plot to file : 플롯 파일 관리

▶ plot to file : 플롯 정보 저장파일과 경로를 나타낸다.

▶ File name : 플롯 정보 저장 파일의 이름을 지정한다.

▶ Location : 파일의 저장 폴더를 지정한다.

▶ [...]... : 폴더 찾아보기 창이 뜬다.

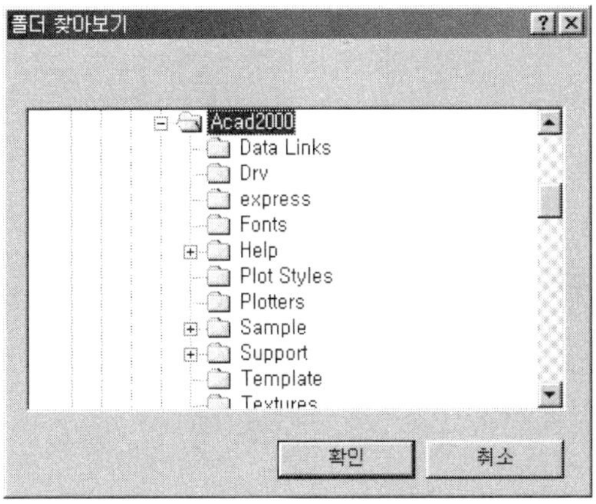

▶ Partial Preview : 미리보기

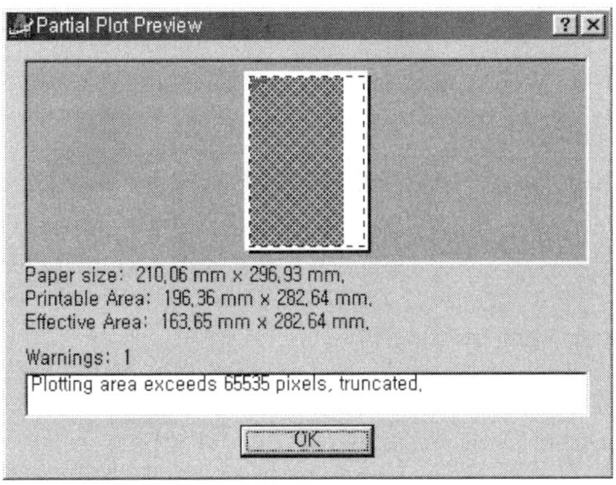

61. PAN

PAN은 MOVE와는 달리 좌표점이 변경되지 않으며 배율변동 없이 초점이동만 된다.

> RTPAN은 화면상에서 신속한 PAN작업을 할 수 있다.
>
> RTPAN을 입력하면 커서 모양이 로 바뀌며 마우스를 드래그한 채 위, 아래, 왼쪽, 오른쪽으로 이동하여 PAN 작업을 할 수 있다.

```
Command: pan
Press ESC or ENTER to exit, or right-click to display shortcut menu.
```

62. TRANSPARENT = ' (apostrophe)

명령어 실행 중에 '(명령어)를 사용하면 단 한번의 다른 명령을 실행할 수 있다. 실행할 수 있는 명령어는 정해져 있다.

〈표〉 사용할 수 있는 명령어

'ABOUT	'DDRMODES	'HELP	'REDRAW	0'TIME
'APERTURE	'DDSELECT	'ID	'REDRAWALL	'UNITS
'APPLOAD	'DDSTYLE	'ISOPLANE	'REGENAUTO	0'VIEW
'ATTDISP	'DDUNITS	'LAYAR	'RESUME	0'ZOOM
'BASE	'DELAY	'LIMITS	'RTPAN	0
'BLIPMODE	'DIST	'LINETYPE	'RTZOOM	0
'CAL	'DRAGMODE	'LTSCALE	'SNAP	0
'COLOR	'ELEV	'MTPROP	'SCRIPT	0
'DDEMODES	'FILES	'ORTHO	'SPELL	0
'DDGRIPS	'GIFIN	'OSNAP	'STATUS	0
'DDLMODES	'FILL	'PAN	'STYLE	0
'DDLTYPE	'GRAPHSCR	'PCXIN	'SETVAR	0
0'DDPTYPE	'GRID	0'QTEXT	0'TEXTSCR	0

63. DIMENSION

치수기입은 도면에 측정값을 기입하는 것으로 대상물의 길이나 거리 또는 대상물 사이의 각도를 나타낸다.

명 령 어	의 미
Horizontal	가로의 수평 치수를 기입한다.
Vertical	세로의 수직 치수를 기입한다.
Aligned	기울기를 갖는 경사 치수를 기입한다.
Rotated	치수를 회전한다.
Baseline	첫 번째 보조 치수선을 기준선으로 계단식 치수를 기입한다.
Continue	두 번째 보조 치수선을 기준선으로 연속 치수를 기입하다.
Angular	두 직선이 이루는 각도 치수를 기입한다.
Diameter	원이나 호의 지름 치수를 기입한다.
Radius	원이나 호의 반지름 치수를 기입한다.
Ordinate	좌표 x,y 의 원점 치수를 기입한다.
Center	원이나 호의 중심점을 표시한다.
Homtext	이동된 치수 문자를 원래 위치로 복귀시킨다.
Newtext	기준 치수 문자를 변경한다.
Oblique	치수 보조선을 경사시켜 구배 치수를 기입한다.
Restore	현재 치수 스타일을 바꾼다.
Override	선택된 요소만 치수 변수의 설정값을 변경한다.
Save	치수 기입 스타일을 저장한다.
Tedit	치수 문자의 위치와 방향을 조절, 편집한다.
Trotate	치수 문자에 각도를 부여한다.
Update	치수 기입 요소를 변경한다.
Variables	치수 기입 형태의 시스템 변수를 본다.
Exit	치수기입 명령을 끝낸다.
Leader	치수 기입 지시선을 만들어 치수를 기입한다.
Status	치수 기입 시스템 변수를 보여준다.
Undo	바로 전의 명령을 취소한다.
Redraw	Dim 프롬프트에서 Redaw 명령을 실행한다.
Style	현재의 문자 스타일을 보여준다.

【명령어의 종류 = 모든 명령어 앞의 Dim 생략하고 설명】

① 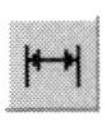 HORIzontal, VERtical : 수평, 수직 치수 기입.

②  Align : 정렬 치수 기입.

③ 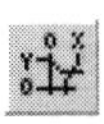 Ordinate : 기준점 치수 기입.

④ Radius: 원의 반지름 치수 기입.

DIAmeter: 원의 지름 치수 기입.

⑤ Angular : (호)각도 치수 기입.

⑥ Qdim : 빠른 치수 기입.

⑦ Baseline : 기준 치수 기입.

⑧ Hor : 연속 치수 기입.

⑨ LEAder : 지시선 치수 기입.

⑩ Update : 기타 편집.

⑪ Center : 중심점 표시.

⑫ Dimedit : 치수 편집.

⑬ Tedit : 치수 문자 편집.

⑭ Tolerence : 도면 작성시 사용되는 공차.

수치 기입 방법

① 풀다운 메뉴의 Draw를 클릭하고 Dimensioning을 클릭 하면 된다.
② 스크린 메뉴에서 Draw 1을 선택하면 된다.
③ 윈도우용에서 아래의 아이콘을 선택하면 된다. 화면상에 없으면 Toolbars를 클릭하고 Dimensioning 을 클릭 한다.

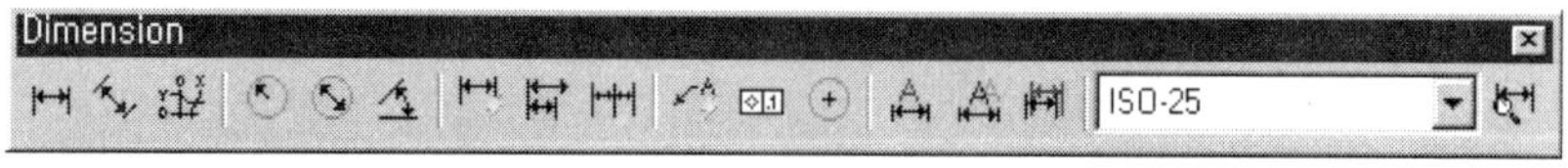

④ Command : 에서 직접 치수 기입 명령을 입력한다.

치수 기입법

1. 치수의 기입

물체의 형상을 투상도로 그린 다음 치수를 기입하여 그 크기를 명시함으로써 완전한 도면이 된다. 형상을 정확하게 그렸다 하더라도 치수기입이 올바르지 못하면 불량품이 만들어지기 때문에 세심한 주의를 기울여 정확하고 보기 쉬운 치수를 기입하여야 한다.

2. 치수기입의 원칙

(1) 물체의 기능, 제작, 조립 등을 고려하여 필요하다고 생각되는 치수를 명료하게 지시한다.
(2) 치수는 물체의 크기, 자세 및 위치를 가장 명확하게 나타내는데 필요하고도 충분한 것을 기입한다.
(3) 도면에 표시하는 치수는 특별하게 명시하지 않는 한 그 도면에 도시한 물체의 마무리 치수로 표시한다.
(4) 치수에는 기능상이나 호환성 상 필요한 경우에 KS A 0180(치수의 허용한계 기입방법)에 따라 치수의 허용한계를 지시한다. 단 이론적으로 정확한 치수는 제외한다.
(5) 치수는 되도록 주 투상도에 집중시킨다.
(6) 치수의 중복 기입을 피한다.
(7) 치수는 되도록 계산하여 구할 필요가 없도록 기입한다.
(8) 치수는 필요에 따라 기준으로 하는 점, 선 또는 면을 기준으로 하여 기입한다.
(9) 관련되는 치수는 되도록 한곳에 모아 기입한다.

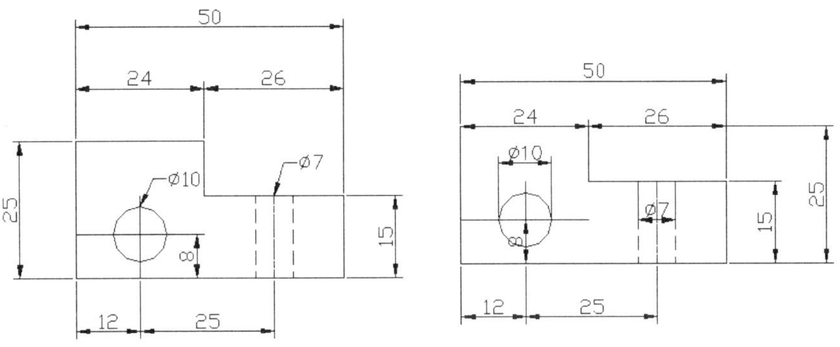

(a) 바름　　　(b) 틀림

3. 치수선

치수기입에 사용되는 치수선은 원칙으로 치수보조선을 사용하여 기입하여야하며 외형선과 뚜렷이 구별되도록 가는 실선을 사용한다.

(1) 치수선은 외형선이나 다른 치수선과 접근되어 있으면 치수기입이나 읽기가 곤란하므로 8~10 mm 떨어진 자리에 그린다.
(2) 치수선은 될 수 있는 대로 다른 치수선, 치수보조선, 외형선 등과 교차되지 않도록 한다.
(3) 외형선, 중심선, 기준선 및 이들의 연장선을 치수선으로 사용하여서는 안 된다.

【Tolerance】

도면 작성시 사용되는 공차 기호와 객체의 특성에 관한 정보를 도면에 기입한다.

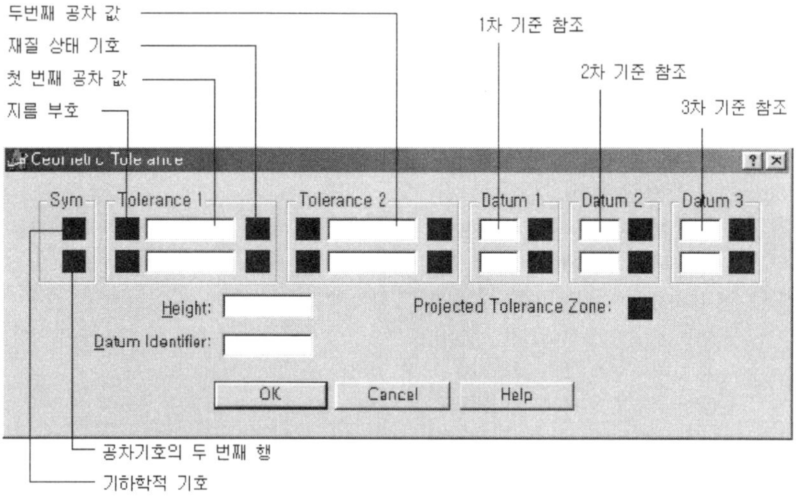

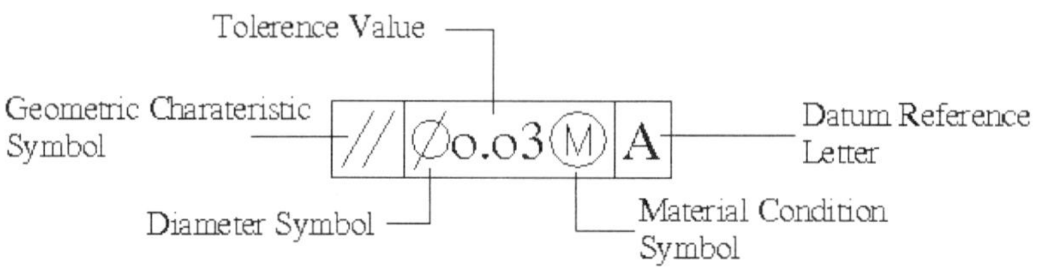

[Tolerance 옵션]

Geometric Characteristic	도면에 사용되는 기하학적 공차 Symbol 기호를 나타낸다.
Diameter Symbol	지름 기호를 공차 앞에 나타낸다.
Tolerance Value	공차 값을 나타낸다.
Material condition	현재의 공차값을 바꾸기 위해 다른 Symbol Meature와 함께 Material Condition을 나타낸다.
Datum Reference Letter	도면에 자료들의 Datum 문자 기호 나타낸다.

▶ Geometric Characteristic Symbol

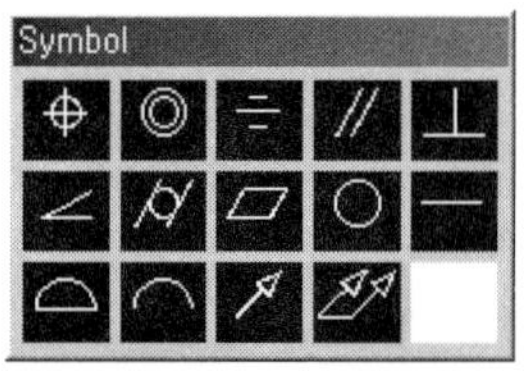

【형상치수 공차의 종류】

	Position(위치도)		Flatness(평면도)
	Concentricity(동심도)		Circularity(진원도)
	Symmetry(대칭도)		Straightness(진직도)
	Parallelism(평행도)		Profile of a Surface(면윤곽도)
	Perpendicularity(직각도)		Profile of a Line(선윤곽도)
	Angularity(경사도)		Circular Runout(원주흔들림)
	Cylindricity(원통도)		Total Runout(온흔들림)

▶ Datum Reference Letter

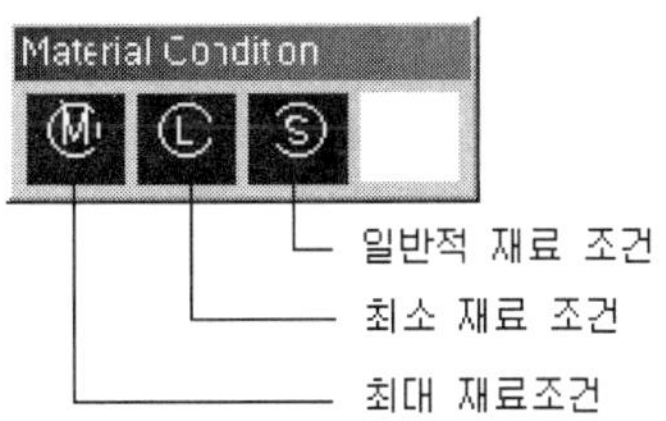

① 치수의 허용오차 (예 :100±0.01)는 dimension의 Annotation의 Tolerance에서 원하는 모양을 설정한다.

② 치수의 형상 치수 오차는 Command : Tolerance Enter↵ 에서 설정한다.

Memo

64. DDIM

DDIM명령은 대화상자를 통하여 치수 스타일과 변수들을 조정한다.

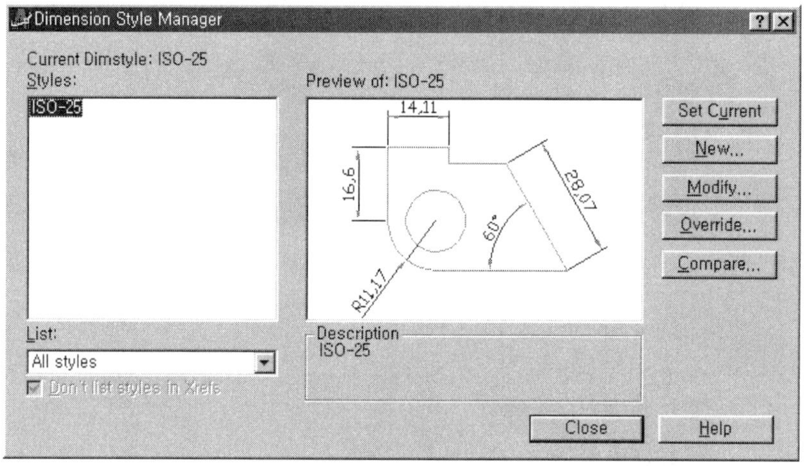

▶ Current Dimstyle : 현재 설정된 Stylc을 표시한다.

▶ Preview of : 설정된 스타일을 미리 보여 준다.

▶ Set Current : 스타일 유형에서 지정한 스타일을 치수 작성 스타일로 지정한다.

▶ New : 새로운 치수 스타일을 만든다.

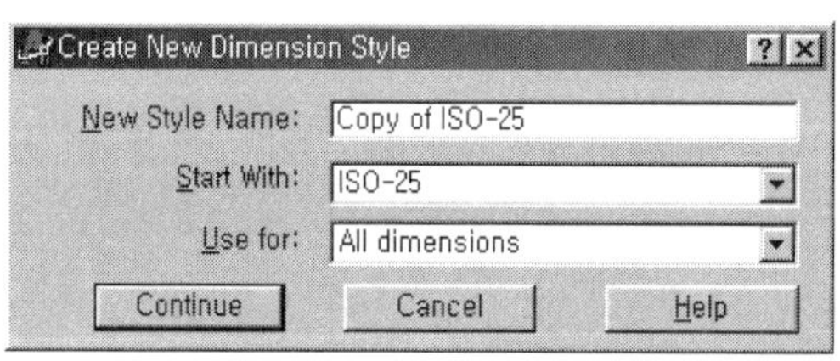

- New Style Name : 새로운 스타일 이름을 입력한다.
- Start With : 새로 만든 스타일과 비슷한 형식을 선택하여 편집을 쉽게 한다.

▶ Modify : 기존 스타일을 편집하기 위한 대화 상자를 표시한다.

【Lines and Arrows】

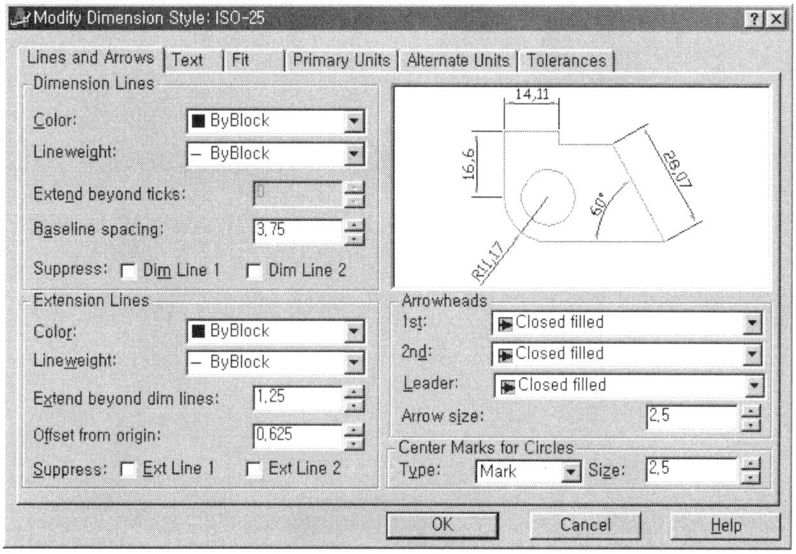

Dimension Line : 치수선 형식을 조정

▶ Color : 치수선의 색상을 설정한다.

▶ Line Weight : 치수선의 가중치를 지정한다.

▶ Extend beyond ticks : 치수선이 치수 보조선을 벗어나는 길이를 지정한다.

▶ Baseline spacing : Baseline과 Continue 치수에서 치수선간의 간격을 조정한다.

▶ Suppress [Dim Line 1] : 첫 번째 치수선 생략여부를 지정한다.
[Dim Line 2] : 두 번째 치수선 생략여부를 지정한다.

Extension Line : 치수 보조선 형식을 조정

▶ Color : 치수 보조선의 색상을 설정한다.

▶ Line Weight : 치수 보조선의 가중치를 지정한다.

▶ Extend beyond dim lines : 치수 보조선이 치수선 밖으로 벗어나는 길이를 지정한다.

▶ Offset from Origin : 도면과 치수 보조선의 간격을 조정한다.

▶ Suppress [Ext Line 1] : 첫 번째 치수 보조선 생략여부를 지정한다.
[Ext Line 2] : 두 번째 치수 보조선 생략여부를 지정한다.

Arrowheads : 화살표 모양을 조정

▶ 1st : 치수보조선의 첫 번째 화살표 모양을 선택한다.

▶ 2nd : 치수보조선의 두 번째 화살표 모양을 선택한다.

▶ Leader : 지시선에 사용하는 화살표를 조정한다.

▶ Arrow size : 화살표 크기를 설정한다.

Center Marks for Circle : 중심 표시를 조정

▶ Type : 센터 표시의 모양을 지정한다.

▶ Size : 센터 표시의 크기를 지정한다.

【Text 탭】

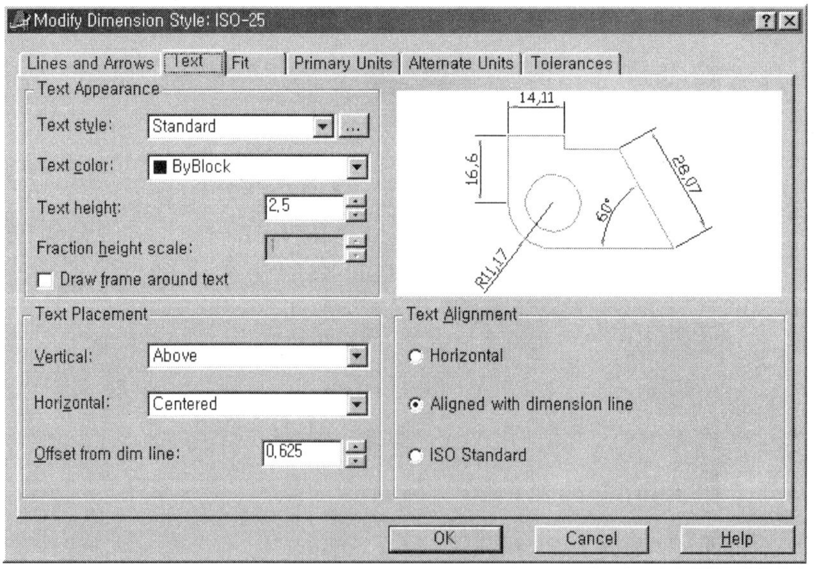

Text Appearance : 치수 문자와 관련된 사항을 조정

▶ Text style : 치수문자의 스타일을 지정한다.

▶ Text color : 치수 문자의 색상을 지정한다.

▶ Text height : 치수 문자의 높이를 지정한다.

▶ Function height scale : 치수 문자에 쓰이는 분수 높이의 축척을 지정한다.

※ 상단의 ▾ ... 를 클릭 했을 때

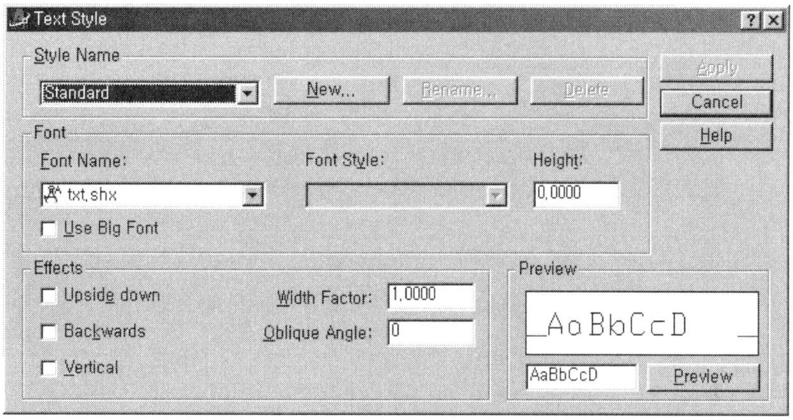

Text Placement : 치수 문자의 위치를 조정

▶ Vertical : 세로쓰기 치수문자의 위치를 조정한다.

▶ Horizontal : 가로쓰기 치수문자의 위치를 조정한다.

▶ Offset from dim line : 치수문자와 치수선의 간격을 조정한다.

Text Alignment : 치수 문자를 정렬

▶ Horizontal : 치수 문자를 가로로 정렬한다.

▶ Aligned with dimension line : 치수문자를 치수선에 정렬한다.

▶ ISO Standard : 치수문자를 ISO 표준에 맞도록 정렬한다.

[Fit 탭]

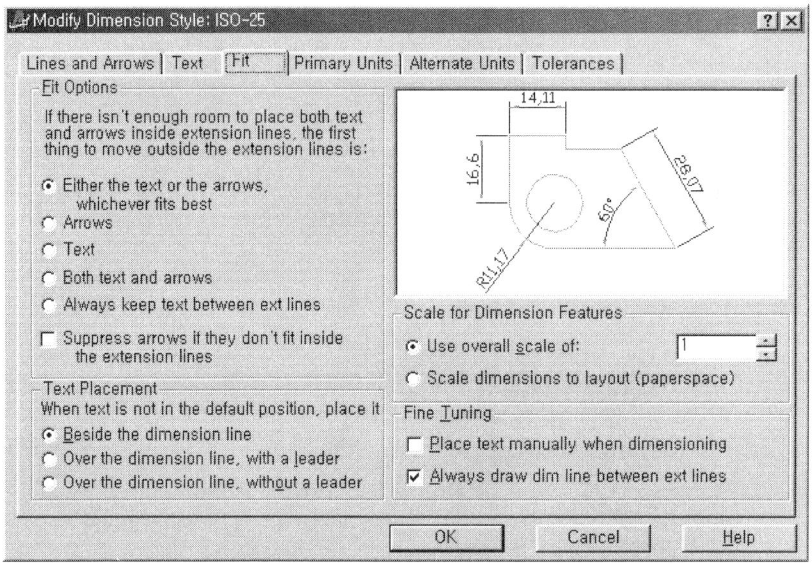

Fit Options : 치수 크기를 도면의 크기에 맞도록 조정

- ▶ Enter the text or the arrow, whichever fit best : 치수기입 형식을 조정한다.
- ▶ Arrow : 화살표를 첫 번째에 맞춘다.
- ▶ Text : 치수문자를 첫 번째에 맞춘다.
- ▶ Both text and arrow : 치수문자와 화살표를 맞춘다.
- ▶ Always keep text between ext lines : 치수문자의 위치를 치수보조선 사이로 조정한다.
- ▶ Suppress arrow if they don't fit inside the extension line : 치수문자를 치수선 내에 위치하도록 조정한다.

Text Placement : 치수문자의 위치를 지정

- ▶ Reside the dimension line
  : 첫 번째 치수선의 옆에 치수문자를 위치시킨다.

▶ Over the dimension line, with a leader

: 치수문자와 위치에 따라 지시선을 추가한다.

▶ Over the dimension line, without a leader

: 지시선 없이 치수문자를 이동한다.

Scale for Dimension Features

▶ Use overall scale of : 도면 전체의 척도를 설정한다.

▶ Scale dimension to layout(paperspace) : 레이아웃의 척도를 사용한다.

Fine Tuning : 최적의 상태로 설정

▶ Place text manually when dimension : 치수문자를 수동으로 입력한다.

▶ Always draw dim line between ext line : 치수문자가 항상 치수보조선 사이에 위치하도록 지정한다.

[Primary Units 탭]

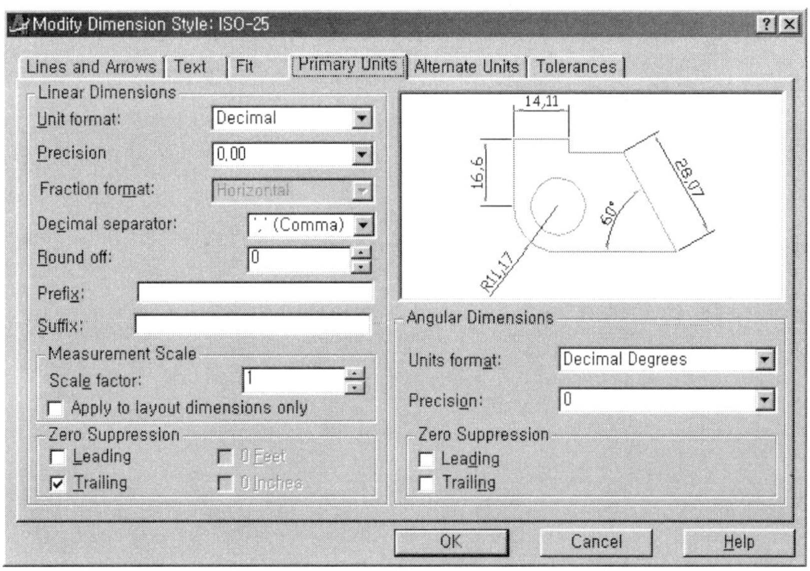

Liner Dimensions : 선형치수 지정

▶ Unit format : 단위의 형식을 지정한다.

▶ Precision : 소수점 아래 자리수를 지정한다.

▶ Fraction format : 분수표시 정렬방식을 지정한다.

▶ Decimal separator : 소수점 표시방법을 지정한다.

▶ Round off : 반올림 방법을 지정한다.

▶ Prefix : 머리말을 지정한다.

▶ Suffix : 꼬리말을 지정한다.

Measurement Scale : 측정 축척을 설정

▶ Scale factor : 척도 급수를 설정한다.

▶ Apply to layout dimension only : 레이아웃 치수에만 적용하도록 설정한다.

Zero Suppression : 소수점을 기준으로 하는0 표시를 지정

▶ Leading : 전수의 0의 값 표시를 생략한다.

▶ Trailing : 소수의 0의 값 표시를 생략한다.

Angular Dimensions : 각도치수를 지정

▶ Units format : 표시 단위 형식을 설정한다.

▶ Precision : 정밀도를 지정한다.

[Alternate Units 탭]

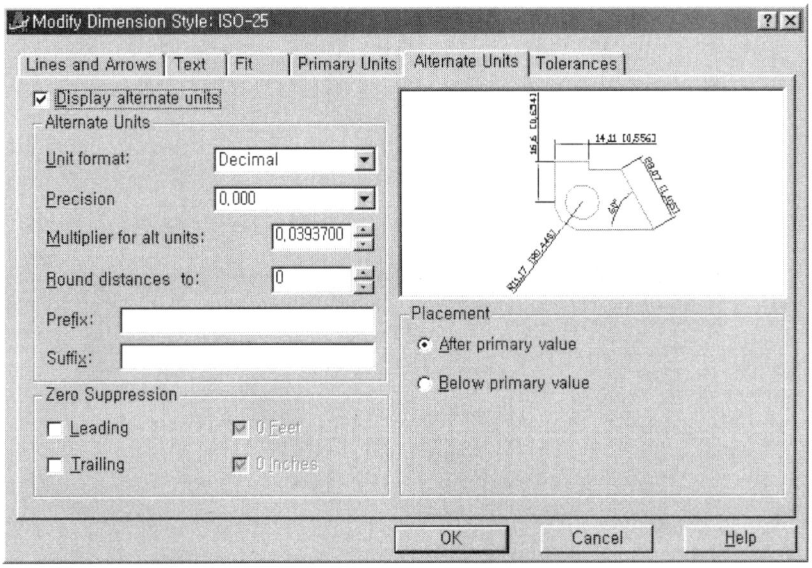

Display alternate unit : 대체 단위 표시 설정

Alternate unit : 대체 단위 설정

▶ Unit format : 형식을 지정한다.

▶ Precision : 소수점 이하 자릿수를 표시하도록 지정한다.

▶ Multiplier for alt unit : 단위의 곱수를 설정한다.

▶ Round distance to : 반지름의 크기를 지정한다.

▶ Prefix : 머리말 지정한다.

▶ Suffix : 꼬리말 지정한다.

Zero Suppression : 소수점 기준의 0를 표시

▶ Leading : 정수의 0값 표시를 생략한다.

▶ Trailing : 소수의 0값 표시를 생략한다.

Placement : 배치 설정

▶ After primary value : 단위치수를 선행 값 후에 입력한다.

▶ Below primary value : 단위치수를 선행 값 아래에 입력한다.

【Tolerances 탭】

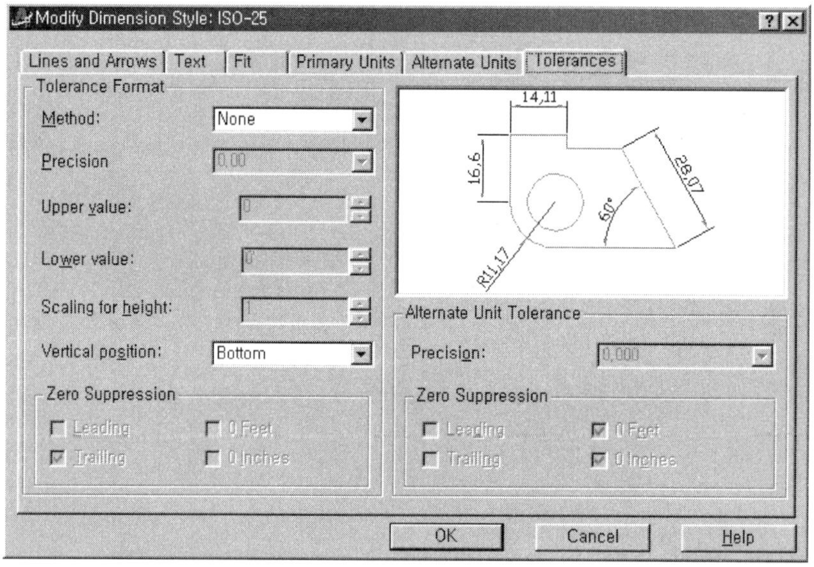

Tolerances Format : 공차 형식 설정

▶ Method : 공차 표시방법을 지정한다.

▶ Precision : 소수의 자리수 표시를 지정한다.

▶ Upper value : 상한 공차 값을 지정한다.

▶ Lower value : 하한 공차 값을 지정한다.

▶ Scaling for height : 높이의 크기를 지정한다.

▶ Vertical position : 세로의 위치를 지정한다.

Zero Suppression : 소수점 기준의 0표시 지정

- ▶ Leading : 정수의 0값 표시를 생략한다.
- ▶ Trailing : 소수의 0값 표시를 생략한다.
- ▶ Override : 치수 기입의 변수를 수정한다.
- ▶ Compare : 치수기입의 형식을 비교한다.

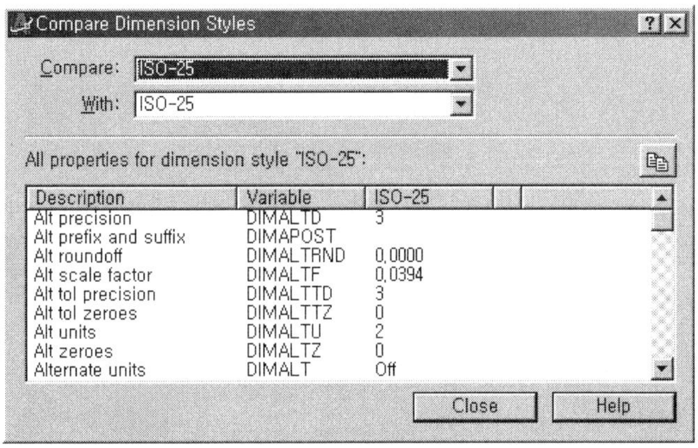

Memo

연 습 문 제 풀 이

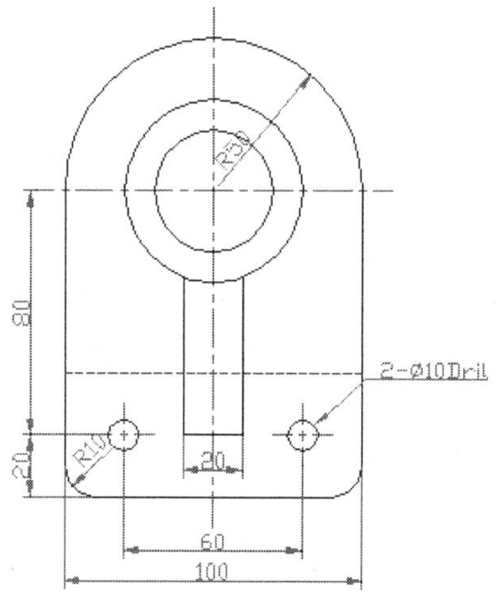

● 다음 도면을 그려보자.

Command : Line or L Enter↵
From point : 임의 점을 지정한다.
to point : F8(기능키)을 이용하여 가로로 임의의 점을 지정한다.<P1>

Command : Enter↵
From point : 임의 점을 지정한다.
to point : F8(기능키)을 이용하여 세로로 임의의 점을 지정한다.<P2>

Command : Offset Enter↵
offset distance or Through<30> : 100 Enter↵
select object to offset : p1
side to offset : 위쪽 지정(A1)

Command : Enter↵

offset distance or Through<30> : 100 Enter↵

select object to offset : p2

side to offset : 오른쪽 지정(P3)

Command : Enter↵

offset distance or Through<30> : 50 Enter↵

select object to offset : p2

side to offset : 오른쪽 지정(C3)

Command : Enter↵

offset distance or Through<30> : 20 Enter↵

select object to offset : p1

side to offset : 위쪽 지정 (A1)

select object to offset : p2

side to offset : 오른쪽 지정(C1)

select object to offset : p3

side to offset : 왼쪽 지정(C5)

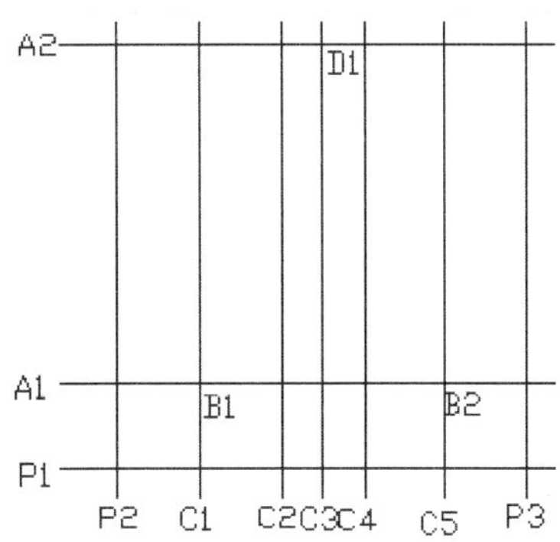

Command : Enter↵

offset distance or Through<30> : 10 Enter↵

select object to offset : C3

side to offset : 오른쪽 지정(C4)

select object to offset : C3

side to offset : 왼쪽 지정(C2)

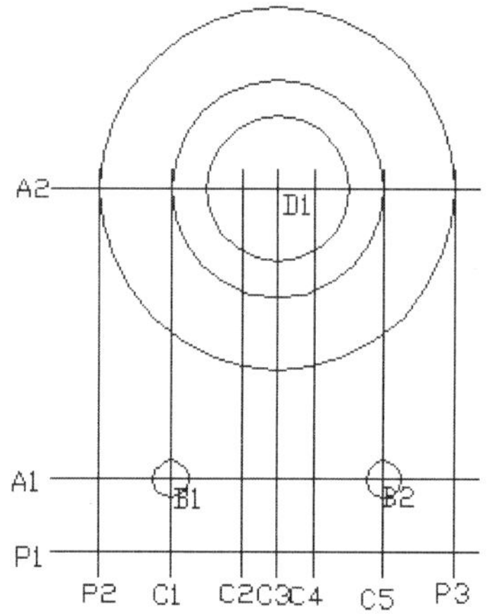

Command : circle Enter↵

3P/2P/TTR<Center Point> : Osnap(int p)을 이용하여 B1, B2의 교차점을 정한다.

Diameter/<Radius> : 5 Enter↵ (반지름 값을 지정한다)

Command : circle Enter↵

3P/2P/TTR<Center Point> : Osnap(int p)을 이용하여 D1의 교차점을 정한다.

Diameter/<Radius> : 50 Enter↵ (반지름 값을 지정한다)

● 같은 방법으로 ϕ40, ϕ60의 원을 그린다.

Command : trim Enter↵

Select cutting edges : (Projmode = UCS, Edgemode = No extend)

Select objects : Crossing을 이용하여 전체를 선택한다.

<Select object to trim>/Project/Edge/Undo : 필요 없다고 생각되는 부분을 선택한다.

Command : Fillet [Enter↵]

(TRIM mode) Current fillet radius = 1.0000 [Enter↵]

Polyline/Radius/Trim/<Select first object> : r (반지름 선택) [Enter↵]

Enter fillet radius<10.0000> : 10 [Enter↵]

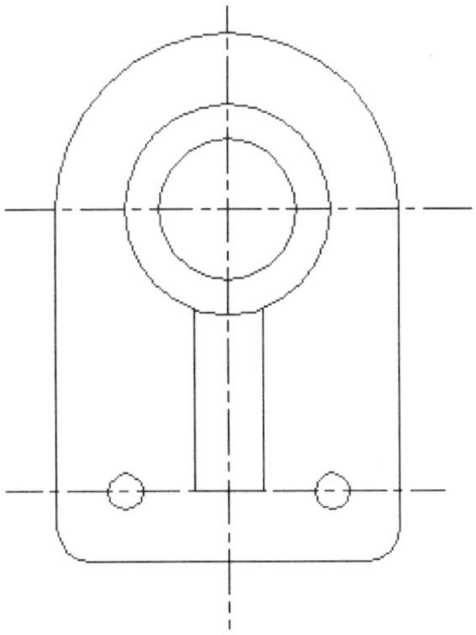

Command : Change [Enter↵]

Select objects : 3found

Properties/<Change point> : p [Enter↵]

Change what property (Color/Elev/LType/ltScale/Thickness) : LT [Enter↵]

New linetype<BYLAYER> : center [Enter↵]

Change what property (Color/Elev/LType/ltScale/Thickness) :

● 명령어 Dim, DDim을 이용하여 주어진 도면을 완성시킨다.

※ DIM 변수 설정하기 ※

기입되는 치수의 변수 값을 설정한다. 치수의 변수 설정 값을 개별적으로 변경하여 기입되는 치수에 적용할 수 있다. DIM 변수를 모두 습득하기는 어렵다. 그래서 도면 작업에 많이 사용되는 DIM 변수들을 선택하여 습득하기 바란다.

DIM변수	기본값	내 용
DIMADEC -1		각도 치수에 대한 소수점 자릿수
DIMALT	OFF	대체 단위의 치수기입 여부
DIMALTD	2	대체 단위의 소수점 자릿수
DIMALTF	25.4000	대체 단위의 축척
DIMALTTD	2	대체 공차의 소수점 자릿수
DIMALTTZ	0	대체 공차의 0을 억제
DIMALTU	2	대체 단위 설정
DIMALTZ	0	대체 단위의 0을 억제
DIMAPOST		대체 치수문자 뒤에 문자 삽입
DIMASO	ON	단일 치수문자와 개별치수 문지의 기입여부
DIMASZ	0.1800	화살표의 크기 설정
DIMAUNIT	0	각도 단위 유형
DIMBLK		치수선의 화살표 블록 이름 입력
DIMBLK1		첫 번째 화살표 블록 이름 입력
DIMBLK2		두 번째 화살표 블록 이름 입력
DIMCEN	0.0900	중심 표시의 크기
DIMCLRD	BYBLOCK	치수선의 색상
DIMCLRE	BYBLOCK	치수 보조선의 색상
DIMCLRT	BYBLOCK	치수문자의 색상
DIMDEC	4	치수의 소수점의 자릿수
DIMDLE	0.0000	화살표가 아닌 Tick 를 사용할 경우 치수선의 길이값
DIMDLI	0.3800	치수선과 치수선 간의 간격
DIMEXE	0.18	치수 보조선의 길이 값
DIMEXO	0.0625	원점과 치수 보조선과의 간격
DIMFIT	3	치수보조선의 간격이 좁을 경우 치수기입 방법

DIMGAP	0.0900	치수선과 문자 사이의 간격
DIMJUST	0	기입되는 치수문자의 위치
DIMLFAC	1.0000	치수의 축척 단위
DIMLIM	OFF	치수와 입력된 공차값을 더하여 치수 한계를 생성
DIMPOST		치수문자 뒤에 문자 삽입
DIMRND	0.000	치수의 반올림값을 설정
DIMSAH	OFF	지정된 블록의 사용 여부
DIMSCALE	1.0000	DIM 전체의 축척 단위
DIMSD1	OFF	첫 번째 치수선의 억제 여부
DIMSD2	OFF	두 번째 치수선의 억제 여부
DIMSE1	OFF	첫 번째 치수보조선의 억제 여부
DIMSE2	OFF	두 번째 치수보조선의 억제 여부
DIMSHO	ON	치수선을 커서를 이용하여 기입
DIMSOXD	OFF	지시선을 나타낼 것인지의 여부
DIMSTYLE	STANDARD	현재 사용 중인 dimstyle이름
DIMTAD	0	치수선 위에 치수문자 기입
DIMTDEC	4	공차의 소수점 자릿수
DIMTFAC	1.0000	공차의 문자 크기
DIMTIH	ON	치수보조선 내부의 치수문자 출력 방향
DIMTIX	OFF	치수보조선 내부에 치수문자 위치
DIMTM	0.0000	공차의 (-)값을 입력
DIMTOFL	OFF	치수선을 치수보조선 내부에 강제 삽입
DIMTOH	ON	치수문자의 수평, 수직 기입 여부
DIMTOL	OFF	공차의 표기 여부
DIMTOLJ	1	공차의 위치 설정
DIMTP	0.0000	공차의 (+)값을 입력
DIMTSZ	0.0000	Tick의 길이값을 설정
DIMTVP	0.0000	치수문자의 수직 위치값
DIMTXSTY	STANDARD	치수문자의 유형 설정
DIMTXT	0.1800	치수문자의 크기 설정
DIMTZIN	0	공차의 0값을 억제
DIMUNIT	2	치수의 단위 형식을 설정
DIMUPT	OFF	치수문자의 위치를 마우스를 이용기입
DIMZIN	0	치수의 0을 억제

3D SURFACE MODELING

Chapter 5

지금까지 우리는 X축과 Y축에 관련된 X-Y 평면에서만 모든 도면 작성이 이루어졌다. 이장에서는 X-Y 평면에 수직방향인 Z축을 고려한 X, Y, Z 평면상에서 작업하는 3차원 도면을 작성하고 편집하는 명령을 설명한다.

3D Surface Modeling에는 3가지 형태가 있다. 와이어 프레임, 표면 및 솔리드 모형이 있다.

① Wire Frame Modeling

표면이 없고 객체의 모서리를 묘사하기 위한 점, 선 및 곡선만으로 구성되어 있다. 구성된 각 객체는 독립적으로 그려지기 때문에 많은 시간이 소요된다.

② Surface Modeling

3D 객체의 모서리 뿐만 아니라 그 표면도 정의한다는 점에서 와이어 프레임 모형보다는 더욱 세련되고 표면 모형은 다각형 메쉬로 사용하여 표면을 정의한다.

③ Solid Modeling

사용하기에 가장 편리한 형태의 3D모형 만들기이며 Boolean(연산작업)을 이용하여 서로 결합하거나 빼거나 교차하는 체적을 구할 수 있다.

다음은 3차원 설계를 하는 기본적인 4가지 방법이다.

① 3차원 좌표 값을 이용하는 방법
② 2차원 도형에 높이를 주는 방법
③ Surface를 이용하는 방법
④ AME(Advanced Modeling Extension)를 이용하는 방법

1. 3D 명령어(Surface Modeling)

1)  UCS

기본적인 좌표계를 WCS라하고 WCS는 도면을 어떠한 방법으로 관찰하더라도 변함이 없고 인위적으로 변화시킬 수 없는 절대적좌표이므로 이러한 한계성을 보완하기 위해 UCS를 사용한다. UCS는 3차원 공간의 임의의 면에서 작업할 수 있도록 하기 때문에 손쉽게 3차원 공간에서 2차원 개념으로 도면을 작성할 수 있으며, 정의할 수 있는 UCS의 수는 제한이 없다.

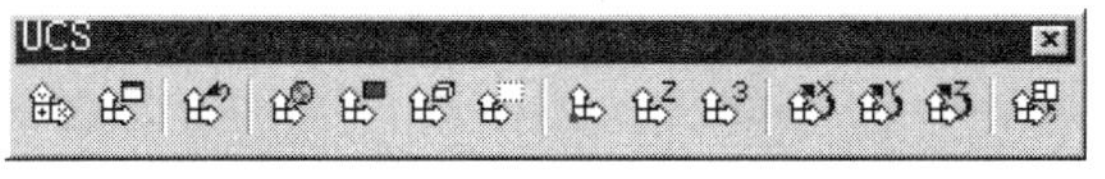

 Ucs : USER COORDINATE SYSTEM(사용자 정의 좌표계)

 Display : 사용자가 정의한 좌표계를 관리한다.

 Prev : 이전의 UCS를 회복시킨다.

 World : 현 UCS를 WCS와 같도록 set한다.

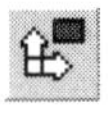 Object : 객체가 사용된 평면에 XY평면을 일치시켜 새로운 좌표계를 설정한다. 객체선택시 UCS 설정 규칙은 다음과 같다.

Line	선에서 가장 가까운 끝점이 원점, 다른 끝점이 X축이 된다.
Circle	원의 중심점이 원점, 선택점이 X축이 된다.
Arc	호의 중심점이 원점, 선택점에서 가까운 끝점이 X축이 된다.
Point	Point의 위치가 원점, X축은 현 좌표계의 3시방향이다.
Dimension	치수문자의 중심이 원점, 해당치수가 생성될 때 좌표계의 X축이 X축으로 된다.
Text/Shape	객체의 시작점이 원점, 문자가 생성될 때 좌표계의 X축이 X축으로 된다.
2D Pline	폴리건의 시그먼트의 시작점이 원점, 다른 끝점이 X축이 된다.
Solid/3DFace	솔리드나 다각형면의 시작점이 원점, 두 번째 점의 방향이 X축이 된다.
Trace	두께선의 시그먼트의 시작점이 원점, 다른 끝점이 X축이 된다.

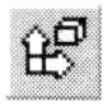 Face : 선택된 솔리드의 모서리에 가까운 두 개의 면중 하나와 평행한 좌표계를 설정한다.

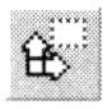 View : 관측 방향에 수직인 X, Y평면을 가진 새로운 좌표계를 설정한다.

 Origin : 원점을 이동시켜 새로운 UCS정의한다.

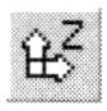 Zaxis : 원점과 Z축의 방향을 지정하여 x축과 y축을 근거로 x, y축을 정의한다.

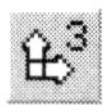 3point : 원점을 지정하여 x축과 y축 방향을 정의, z축은 오른손 법칙을 따른다.

 X/Y/Z : 현재의 좌표계에서 사용자가 지정한 축(xyz)을 기준으로 UCS를 회전시킴.

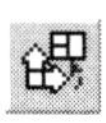 Apply : Vport로 나눈 화면에 UCS 좌표를 적용여부를 지정.

Memo

※ WCS(실세계 좌표계)와 UCS(사용자 정의 좌표계)

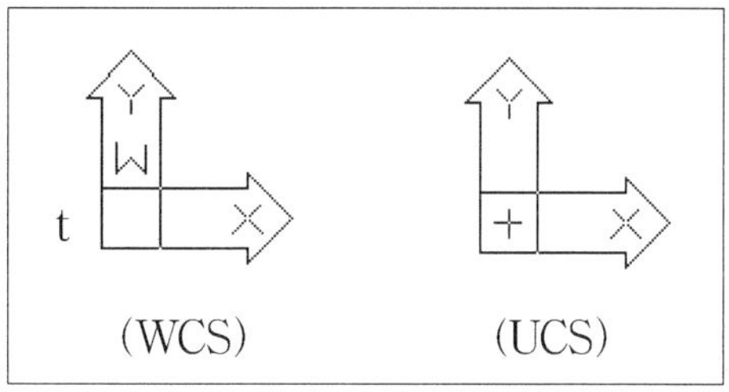

· WCS : WORLD COORDINATE SYSTEM(실세계 좌표계)

모든 2차원 도면 작업은 WCS 좌표계의 규칙에 의해 처리된다.
X, Y, Z축이 고정되어 있어 사용자가 임의로 조정 할 수 없는 좌표계이다.

· UCS : USER COORDINATE SYSTEM(사용자 정의 좌표계)

원점을 비롯 X, Y, Z축 방향을 사용자가 임의로 조정 가능한 좌표계이다.

· Enter an opitin [New/Move/orthoGraphic/Prev/Restore/Save/Del/Apply/?/World] <World> :

▶ New : 새로운 UCS를 작성. 즉 원점을 새로 정의한다.

```
Command: ucs
Current ucs name:  *WORLD*
Enter an option [New/Move/orthoGraphic/Prev/Restore/Save/Del/Apply/?/World]
<World>: n
Specify origin of new UCS or [ZAxis/3point/OBject/Face/View/X/Y/Z] <0,0,0>:
```

▶ Move : 현재 위치에서 방향은 바꾸지 않고 위치만 이동.

```
UCS
Current ucs name:  *WORLD*
Enter an option [New/Move/orthoGraphic/Prev/Restore/Save/Del/Apply/?/World]
<World>: m
Specify new origin point or [Zdepth]<0,0,0>:
```

▶ orthoGraphic : UCS를 지정한 방향으로 움직인다.

```
UCS
Current ucs name:  *WORLD*
Enter an option [New/Move/orthoGraphic/Prev/Restore/Save/Del/Apply/?/World]
<World>: g
Enter an option [Top/Bottom/Front/BAck/Left/Right]<Top>:
```

▶ Prev : 이전의 UCS를 회복시킨다.

```
Current ucs name:  *WORLD*
Enter an option [New/Move/orthoGraphic/Prev/Restore/Save/Del/Apply/?/World]
<World>: p
```

▶ Restore : 저장된 UCS가 현 UCS로 복원시킨다.

```
UCS
Current ucs name:  *WORLD*
Enter an option [New/Move/orthoGraphic/Prev/Restore/Save/Del/Apply/?/World]
<World>: r
Enter name of UCS to restore or [?]:
```

▶ Save : 현 UCS를 명명하고 저장한다.

```
UCS
Current ucs name:  *WORLD*
Enter an option [New/Move/orthoGraphic/Prev/Restore/Save/Del/Apply/?/World]
<World>: s
Enter name to save current UCS or [?]:
```

▶ Del : 저장옵션으로 불필요하게 저장된 UCS를 삭제한다.

```
UCS
Current ucs name:  *WORLD*
Enter an option [New/Move/orthoGraphic/Prev/Restore/Save/Del/Apply/?/World]
<World>: d
Enter UCS name(s) to delete <none>:
```

▶ Apply : Vport로 나눈 화면에 UCS 좌표를 적용여부를 지정한다.

```
UCS
Current ucs name:  *WORLD*
Enter an option [New/Move/orthoGraphic/Prev/Restore/Save/Del/Apply/?/World]
<World>: a
Pick viewport to apply current UCS or [All]<current>:
```

▶ ? : 저장된 UCS의 목록을 나열하고 저장된 좌표계 각각에 대한 현재 UCS와 관련하여 X, Y, Z축을 제공한다.

```
UCS
Current ucs name:  *WORLD*
Enter an option [New/Move/orthoGraphic/Prev/Restore/Save/Del/Apply/?/World]
<World>: ?
Enter UCS name(s) to list <*>:
```

▶ World : 현 UCS를 WCS와 같도록 set한다.

```
UCS
Current ucs name:  *WORLD*
Enter an option [New/Move/orthoGraphic/Prev/Restore/Save/Del/Apply/?/World]
<World>: w
Command:
```

다음은 일반적인 UCS사용 방법이다.

① 도면의 물체가 이루는 3 점을 사용하여 정의
② 현재의 원점과 X, Y, Z 축을 사용하여 정의
③ 현재의 UCS 상태에서 축 방향으로 회전시켜 정의
④ 현재의 관측 방향을 UCS 평면으로 정의
⑤ 저장된 UCS를 이용하여 정의

2) UCSICON

화면 좌측하단에 X축, Y축, Z축의 방향을 표시하는 좌표계 모양을 UCSICON이라 하며, 이것에 배치와 가시성을 조정한다.

Enter an option [On/OFF/All/Noorigin/ORigin] <N> :

▶ ON : 좌표계 ICON을 화면상에 표시한다.

```
Command:
UCSICON
Enter an option [ON/OFF/All/Noorigin/ORigin] <ON>: on
```

▶ OFF : 좌표계 ICON을 화면상에 표시하지 않는다.

```
Command:
UCSICON
Enter an option [ON/OFF/All/Noorigin/ORigin] <ON>: off
```

▶ All : Vports명령으로 분할된 모든 뷰포트의 UCS아이콘을 조절한다.

```
UCSICON
Enter an option [ON/OFF/All/Noorigin/ORigin] <ON>: a
Enter an option [ON/OFF/Noorigin/ORigin] <ON>:
```

▶ Noorigin : 좌표의 원점 위치와 관계없이 UCS아이콘을 화면 좌측 하단에 위치시킨다.

```
Command:
UCSICON
Enter an option [ON/OFF/All/Noorigin/ORigin] <ON>: n
```

▶ ORigin : UCS아이콘을 좌표의 원점에 위치시킨다.

```
Command:
UCSICON
Enter an option [ON/OFF/All/Noorigin/ORigin] <ON>: OR
```

3)  Display UCS Dialog(DDUCS, UCSMAN)

사용자가 필요에 의해 UCS위치를 설정하고 설정한 사용자 좌표계를 관리한다.

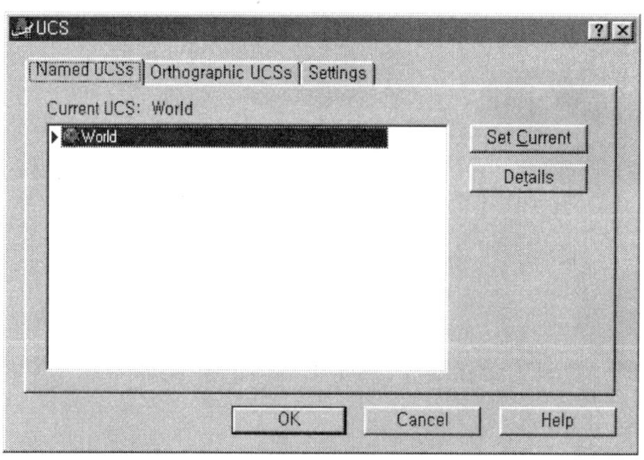

Named UCSs

▶ Current UCS (이름) : 현재 정의된 UCS 이름을 표시한다.

▶ Set Current : 선택된 이름의 좌표계를 사용 좌표계로 설정한다.

▶ Details : 좌표값을 자세히 표시한다.

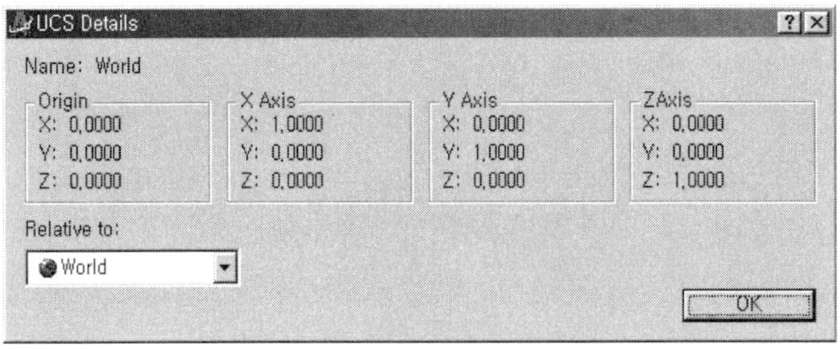

- Origin : 원점 좌표를 표시한다.
- X Axis : X축 좌표를 표시한다.
- Y Axis : Y축 좌표를 표시한다.
- Z Axis : Z축 좌표를 표시한다.

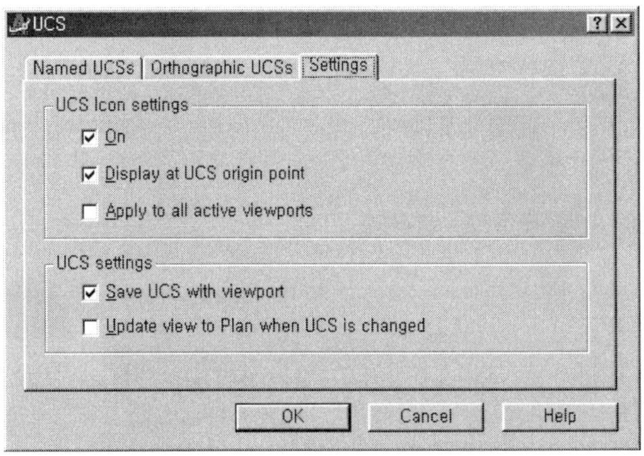

Settings

UCS 아이콘 설정 세팅하기

▶ UCS Icon settings

- On : 화면에 UCS 아이콘을 보이게 한다.
- Display at UCS origin point : 좌표계의 원점에 UCS 좌표계를 위치시킨다.
- Apply to all active viewports : 설정값을 모든 뷰포트에 적용한다.

▶ UCS settings

- Save UCS with wiewport : 활성화된 뷰포트에 좌표계를 저장하여 각각의 뷰포트마다 다른 좌표계를 사용할 수 있게 한다.
- Upadte view to plan when UCS is changed : 좌표계가 변경되면 활성화된 뷰포트의 관측 방향을 평면 뷰로 설정한다.

4)  DDUCSP

사용자 자표계는 객체의 편리한 배치를 위한 이동 가능 사용자 정의 좌표계이다.

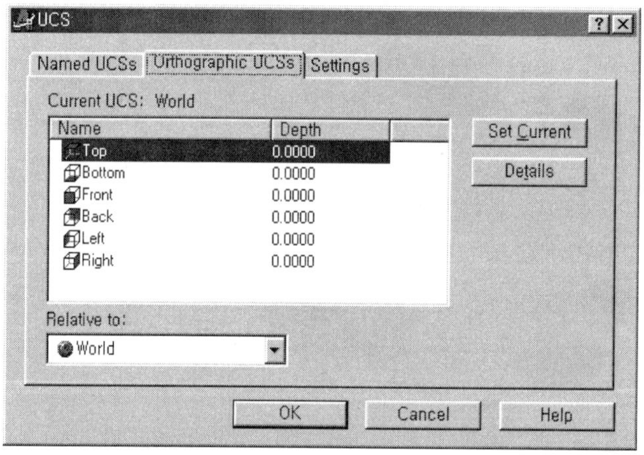

Orthographic UCSs

규격화된 여섯 개의 좌표계 목록 중 선택적으로 좌표계를 설정한다.

5) PLAN

사용자가 설정한 특정한 좌표계를 기준으로 객체를 평면화한다.
좌표계의 평면 View(관찰 점 0, 0, 1) 상태로 나타낸다.

Enter an option [Current ucs/Ucs/World] <Current> :

▶ Current ucs : 현재 설정된 UCS를 기준으로 평면 View를 만든다.

```
Command: plan
Enter an option [Current ucs/Ucs/World] <Current>:
Regenerating model.
Command:
```

▶ Ucs : 저장된 UCS를 불러들여 기준으로 삼고 평면 View를 만든다.

```
Command:
PLAN
Enter an option [Current ucs/Ucs/World] <Current>: U
Enter name of UCS or [?]:
```

▶ World : 기본(0,0,1) View를 만든다.

```
PLAN
Enter an option [Current ucs/Ucs/World] <Current>: W
Regenerating model.
Command:
```

6) ELEV

ELEV명령은 새로운 객체의 고도와 돌출두께를 설정하여 3차원 좌표를 지정하는 명령이다.

```
Command:
ELEV Specify new default elevation <0.0000>: 10
Specify new default thickness <0.0000>: 20
```

▶ Specify new default elevation <0.000> : 고도 지정

▶ Specify new default thickness <0.000> : 돌출두께 지정

> ELEV에 의해 설정된 고도와 돌출두께를 변경하려면 Change나 chprop 명령어의 elev/Thickness 옵션을 이용하여야 한다.

① Elev(고도)를 변경하고자 할 경우

```
Command:
CHANGE
Select objects: 1 found
Select objects:
Specify change point or [Properties]: p
Enter property to change [Color/Elev/LAyer/LType/ltScale/LWeight/Thickness]: E
Specify new elevation <0.0000>:
```

② Thickness(돌출두께)를 변경하고자 할 경우

```
Command:
CHANGE
Select objects: 1 found
Select objects:
Specify change point or [Properties]: p
Enter property to change [Color/Elev/LAyer/LType/ltScale/LWeight/Thickness]: T
Specify new thickness <0.0000>:
```

7)  VPOINT

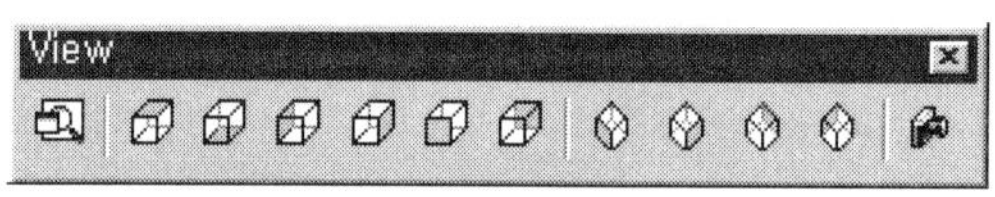

사용자가 입체적 물체를 바라보는 관측점의 위치를 지정한다. 현재 사용자가 보고 있는 평면의 관측점은 [0, 0, 1]이다.

정 면 도	0, -1, 0	평 면 도	0, 0, 1
우측면도	1, 0, 0	좌측면도	-1, 0, 0
저 면 도	0, 1, 0	배 면 도	0, 0, -1

```
Command:
VPOINT
Current view direction:  VIEWDIR=0.0000,0.0000,1.0000
Specify a view point or [Rotate] <display compass and tripod>:
```

▶ Current view direction : 현재 관측점

▶ Specify a view point or [Rotate] <display compass and tripod> :

① 직접 입력 : X, Y, Z 값을 콤마(,)로 구분하여 입력한다.

② 콤파스와 삼각축 사용 : Enter↵를 친 다음 화면에 보이는 콤파스와 삼각축을 이용하여 특정위치를 지정하여 새로운 View를 설정한다.

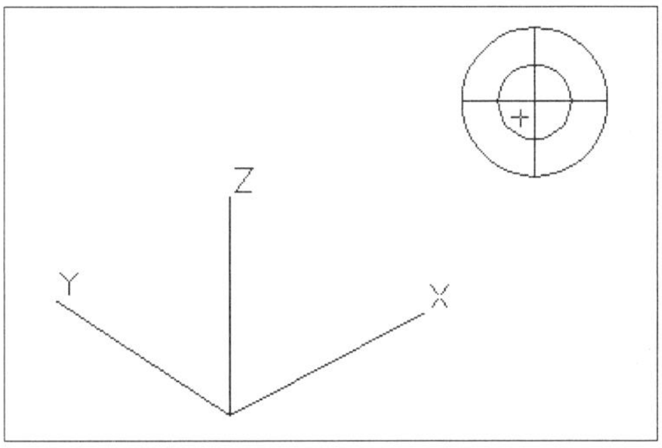

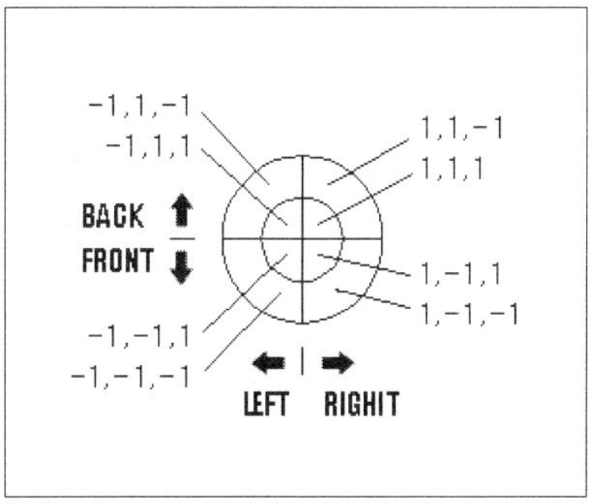

(삼각축과 콤파스)

8) DDVPOINT

대화상자를 이용하여 3차원 관측 방향을 설정한다.

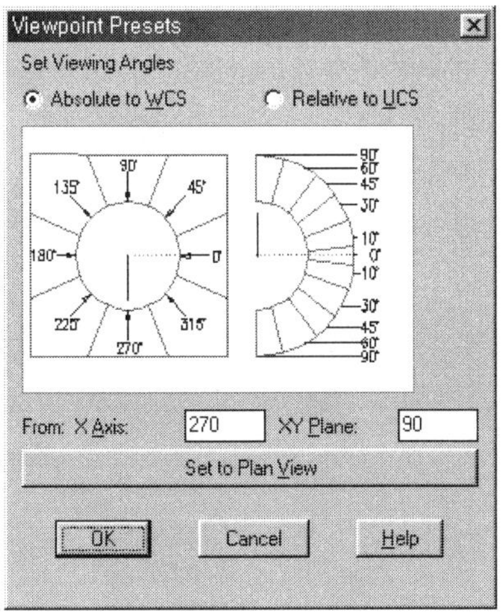

▶ Set Viewing Angles(관측각도설정)

Absolute WCS : WCS를 기준으로 관측방향을 설정한다.

Relative to UCS : 현재 UCS를 기준으로 관측방향을 설정한다.

▶ From(관측각도 지정)

X Axis : X축에서의 각도를 지정.

Plan : XY 평면에서의 각도를 지정.

▶ Set to Plan View(평면 뷰로 설정)

평면뷰를 만든다. 평면 뷰를 표시하기 위해 관측 각도를 선택된 좌표계를 기준으로 설정한다.

9) VIEW(DDVIEW)

뷰를 작성하고 복원한다.

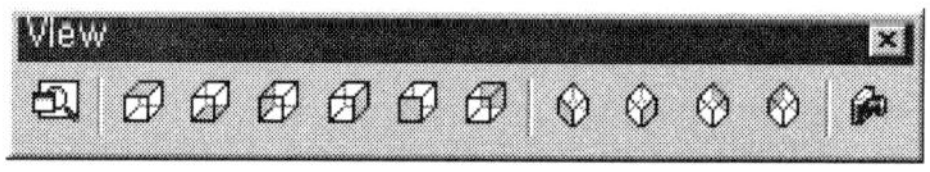

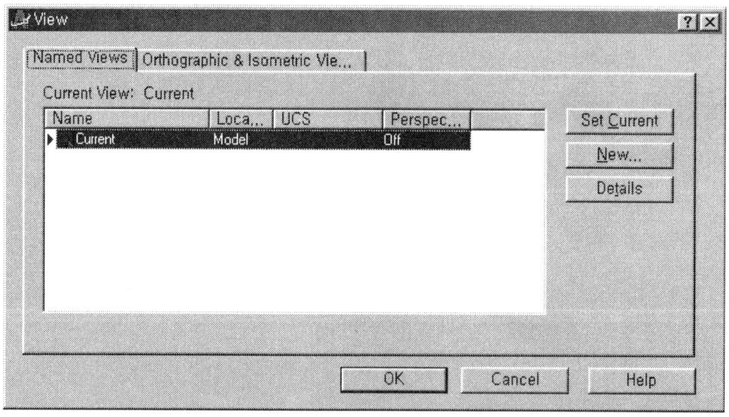

Named Views

▶ Current Views : 뷰 이름과 사용자가 명명한 모든 뷰를 표시한다.

▶ Set Current : 선택한 뷰를 현재 뷰로 설정한다.

▶ New(신규) : 새로운 뷰를 정의하는 새 뷰 정의 대화상자를 표시한다.

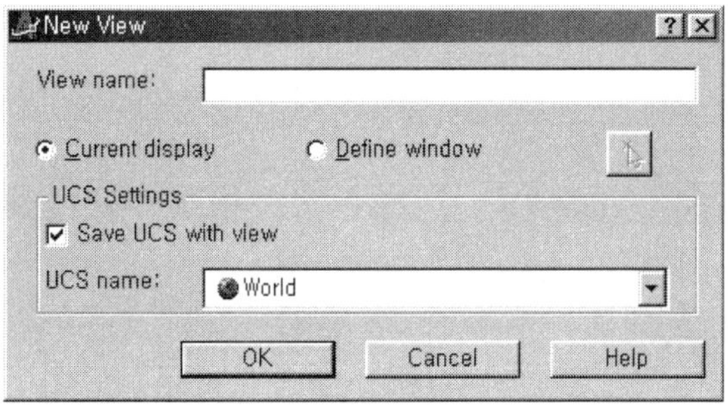

- New Name : 뷰의 이름을 지정한다.
- Current Display : 현재 화면표시를 새 뷰로써 사용한다.
- Define Window : 첫 번째 구석과 반대 구석의 값을 뷰 윈도우로 사용한다.

  Window : 그래픽 영역에서 두 구석점을 지정하여 뷰윈도우를 지정한다. 윈도우 지정좌표가 First Corner(첫 번째 구석)와 Other Corner(반대 구석)에 나타난다.

- Save UCS with View : 새 뷰를 저장한 후, 새 뷰가 나열되는 뷰 조정 대화상자로 돌아간다.
- UCS name : 저장되어 있는 좌표계를 뷰와 함께 저장한다.

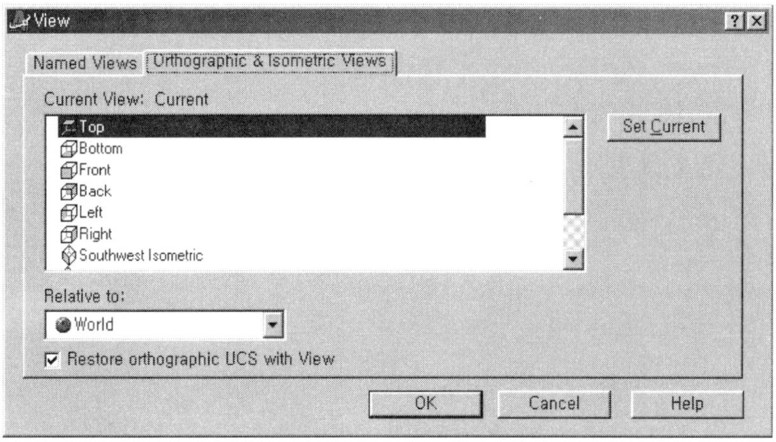

Orthographic & Isometric Views

▶ Current View : 현재 뷰를 표시한다.

▶ Set Current : 선택한 뷰를 현재 뷰로 설정한다.

▶ Relative to : 관측점의 기준이 될 좌표계 형태를 설정한다.

▶ Restore orthographic UCS with View : 좌표계를 평면 뷰로 전환한다.

10)  HIDE

입체적인 물체에 대하여 은선(Hidden line)을 제거시킨다.

11)  SHADE

객체의 은선을 제거하고 도면의 음영 처리된 그림을 표시한다.

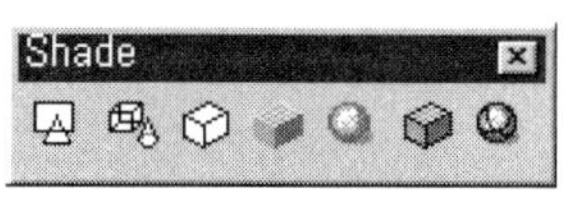

① 2D Wireframe : 음영처리, 은선 제거 상태의 객체를 선의 두께 형태로 윤곽만 표현한다.

② 3D wireframe : 3차원 객체를 윤곽만으로 표현하고, 인터렉티브 3차원 뷰를 유지한다.

③ Hidden : 은선을 제거한다.

④ Flat shaded : 3차원 모델의 메쉬 밀도 그대로 음영처리 한다.

⑤ Gouraud Shaded, Edges On : 객체의 윤곽선을 나타내고, Gouraud 옵션처럼 음영처리 한다.

⑥ Flat Shaded, Edges On : 객체의 윤곽선을 나타내고, Flat 옵션처럼 음영처리 한다.

⑦ Gouraud Shaded : 메쉬를 부드럽게 하여 음영처리 한다.

12)  VPORTS(화면분할)

하나로 구성되어 있는 작업화면을 여러 개의 타일 모양으로 화면을 분할하여 다중 뷰포트로 사용한다.
화면을 사용자가 원하는 배치로 여러 개의 View 영역으로 나누어서 서로 다른 Vpoint를 준다(Tilemode).

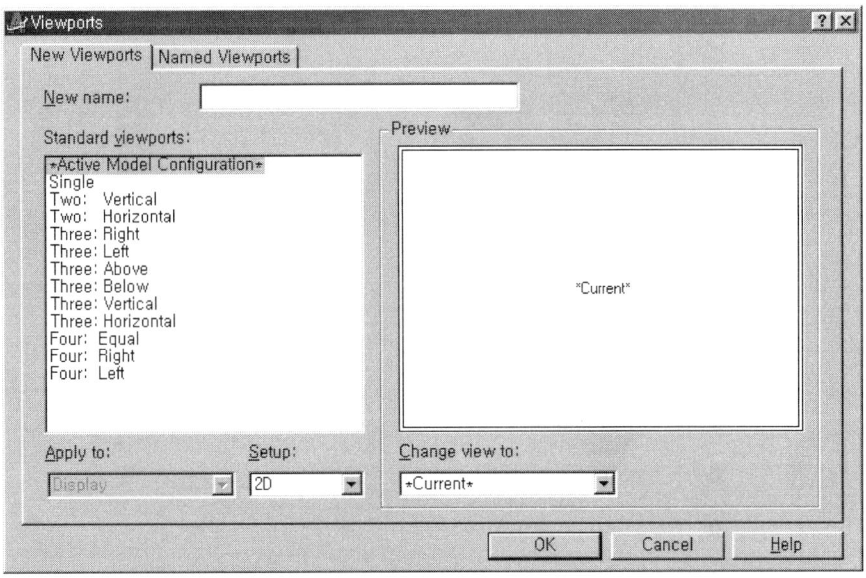

New Viewports : 새로운 Viewport를 지정한다.

- ▶ New name : 분할된 뷰포트의 정보를 저장한다.
- ▶ Standard viewports : 표준 뷰포트들을 나열한다.
- ▶ Apply to : 분할할 윈도우를 설정한다.
- ▶ Setup : 각 뷰포트의 관측방향을 2, 3차원으로 설정한다.
- ▶ Preview : 뷰포트를 선택하면 화면형태를 보여준다.

▶ Change view to : Setup이 3D로 설정되어 있을 때 각 뷰포트에 설정할 관측 방향을 선택한다.

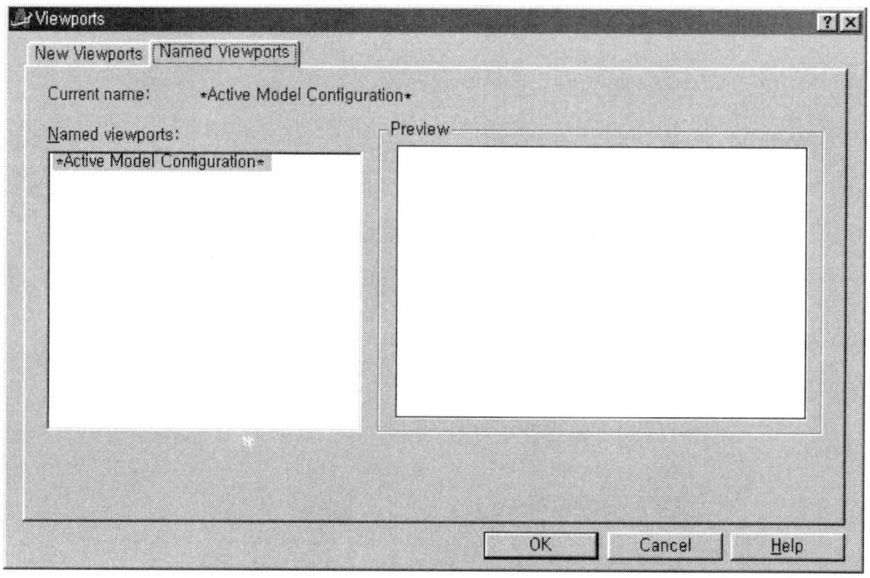

Namde Viewports : 저장된 viewport를 표시한다.

▶ Current name : 현재 뷰포트를 표시한다.

▶ Named viewports : 저장된 뷰포트의 이름을 나열한다.

▶ Preview : 저장된 뷰포트의 화면상태를 보여준다.

13)  3DFACE

3차원 공간상에서 4점을 지정하여 사각형 면(FACE)을 만든다. 객체가 음영 처리되거나 랜더될 때 면이 채워진다. 입력순서는 시계방향이나 반시계 방향으로 입력한다.

한 번에 사각형이나 삼각형 형태의 면 처리를 할 수 있고, 오각형 이상의 면 형태는 분할하여 처리한다.

Invisible 옵션을 선택할 경우 생성될 면의 특정 테두리를 제거할 수 있다.

예 제

Command: vpoint Enter↵

Current view direction: VIEWDIR= 0.0000, 0.0000, 1.0000

Specify a view point or [Rotate]<display compass and tripod>:1,-1,1 Enter↵

Command: 3DFACE Enter↵

Specify first point or [invisible] : pt1

Specify second point or [invisible] : pt2

Specify third point or [invisible] <exit> : pt3

Specify fourth point or [invisible] <create three-sided face> : pt4

Specify third point or [invisible] <exit> : pt5

Specify fourth point or [invisible] <create three-sided face> : pt6

Specify third point or [invisible] <exit> : pt1 Enter↵ Enter↵

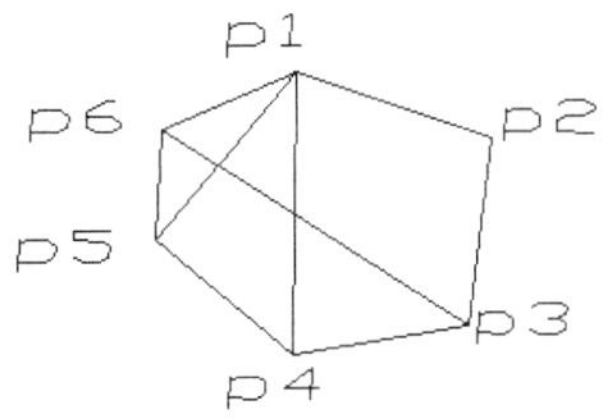

Memo

14) 3DMESH

3DFACE를 도형의 표면에 붙인 것이며 행(M)과 열(N)로 구성된다.
그물모양으로 생긴 메시의 각 장점의 위치를 사용자가 지정하고, 그 정점을 자동적으로 연결되어 메시를 형성한다. 행과 열의 개수를 입력하여 결정한다

> 3DMESH 다각형 메시는 항상 M과 N의 양방향으로 열려 있다.
> 메시는 PEDIT명령을 이용하여 닫을 수 있다.
> SURFTAB 1(=N), SURFTAB 2(=M)
> 3DMESH 표면의 M(가로방향의 선분)과 N(세로방향의 선분)을 조절하기 위해서는 SURFU와 SURFV의 변수를 사용 : Default는 6
> 이 때 명령어는 SETVAR이다. M과 N값은 2~156 변수 값을 적용하기 위해 Pedit의 Smooth Curve 옵션을 사용한다.
>
> Command : SETVAR Enter↵
> Enter Variable name or [?] : SURFU Enter↵
> Enter New value for SURFU<6> : 10 Enter↵
> Command : Enter↵
> SETVAR Enter variable name or [?]<SURFU> : SURFV Enter↵
> Enter New value for SURFV<6> : 15 Enter↵

예 제

Command: 3d
Initializing... 3D Objects loaded.
Enter an option
[Box/Cone/DIsh/DOme/Mesh/Pyramid/Sphere/Torus/Wedge]: m
Specify first corner point of mesh: 점1 지정
Specify second corner point of mesh: 점2 지정
Specify third corner point of mesh: 점3 지정
Specify fourth corner point of mesh: 점4 지정
Enter mesh size in the M direction: 2~256 사이의 값을 지정(8) (가로)
Enter mesh size in the N direction: 2~256 사이의 값을 지정(12) (세로)

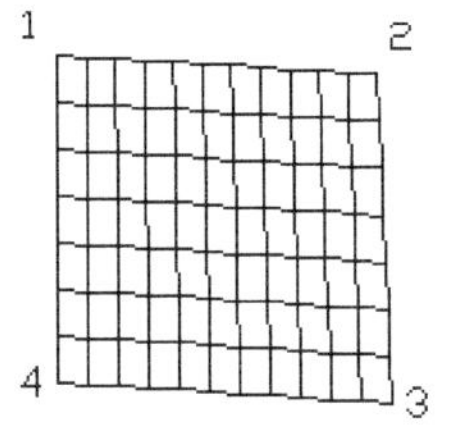

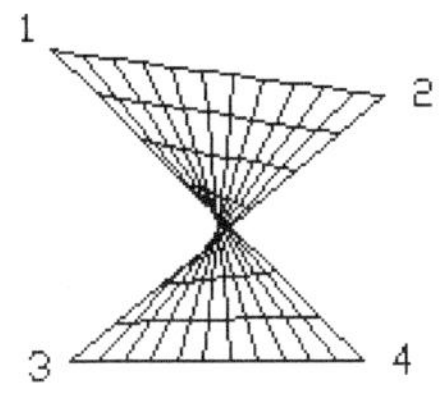

※ Command에 다음과 같이 명령어를 사용하면 M×N의 정점으로 구성된 다각형 그물을 정의한다.

```
3DMESH
Enter size of mesh in M direction: 8
Enter size of mesh in N direction: 12
Specify location for vertex (0, 0):
```

Vertex(0, 0)(0, 1)....(0, 4)(1, 0)...에서 Vertex(12, 4)까지 좌표(X, Y, Z)를 정해주어야 한다.

Memo

15) PFACE

Pface 명령은 임의의 위상을 가진 일반적인 다각형 그물인 다면 망사(Poly-face mesh)를 만드는 명령으로 각각의 정점을 지정한 후 그물 내의 각 면을 지정하여 3차원 다각형 그물을 생성한다. 면마다 레이어와 색상을 다르게 지정할 수 있다.

예 제

Command: Pface
Specify location for vertex 1:
Specify location for vertex 2 or <define faces>:
Specify location for vertex 3 or <define faces>:
　　″
　　″
Facel 1, vertex 1:
Enter a vertex number or [Color/Layer]:
　　″
　　″

Memo

16)  →  3DPOLY

직선 시그먼트로 된 폴리선을 작성한다.

PEDIT명령을 이용하여 SPLINE CURVE를 만들 수 있다.

예 제

Command: Vpoint Enter↵

Current view direction: VIEWDIR= 0.0000, 0.0000, 1.0000

Specify a view point or[Rotate]<display compass and tripod>:2,-2.3,2 Enter↵

Command : 3DPoly Enter↵

Specify start point of polyline : 30, 30, 0 Enter↵

Specify endpoint of line or [Undo] : 60, 30, 10 Enter↵ 60, 60, 10 Enter↵
30, 60, 10 Enter↵ 30, 30, 10 Enter↵ 60, 30, 20 Enter↵
60, 60, 20 Enter↵ 30, 60, 20 Enter↵ 30, 30, 20 Enter↵

3DPOLY를 PEDIT로 수정하여 보자

```
Command:
PEDIT Select polyline:
Enter an option [Open/Edit vertex/Spline curve/Decurve/Undo]:
```

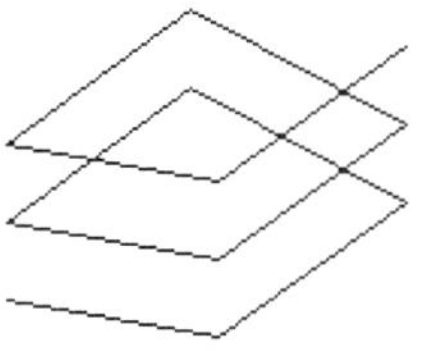

(3DPOLY)

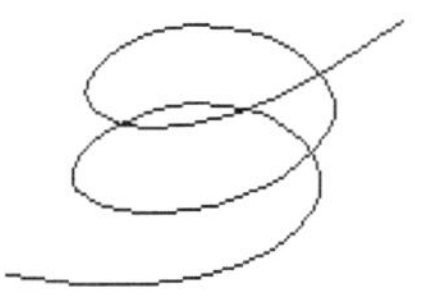

(PEDIT SPLINE)

- open : 닫힌 폴리선을 열어준다.
- Edit vertex : 폴리선의 정점을 추가, 삭제, 이동시킨다.
- Spline curve : 선택된 폴리선을 Spline 곡선으로 변경한다.
- Decurve : Fit 곡선이나 Spline 곡선을 직선화된 폴리선을 변경한다.
- Undo : 바로 전의 설정으로 돌아간다.

17) RULESURF

두 곡선, 두 직선 사이, 직선과 곡선사이, 점과 다각형사이의 그물 면을 만들어 준다. 반드시 두 개의 객체가 존재해야 한다.

예 제

Command : RULESURF [Enter↵]

Current wire frame density : SURFTAB1=6

select first defining curve : P1을 선택 [Enter↵]

select second defining curve : P2를 선택 [Enter↵]

> RULESURF명령은 지정한 점의 위치에 따라 전혀 다른 형태를 창출하기 때문에 선택점의 위치를 잘 정해야 한다.

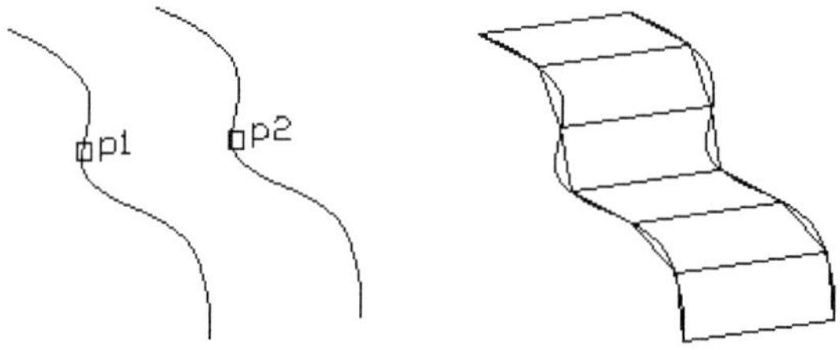

(실행전) (실행후)

18) TABSURF

곡선 경로와 방향 벡터로부터 방향 벡터표면을 작성한다.
방향벡터는 LINE이나 PLINE으로 그려진 객체이어야 한다.

예 제

Command : TABSURF Enter↵
Select object for path curve : P1을 선택 Enter↵
Select object for direction vector : P2를 선택 Enter↵

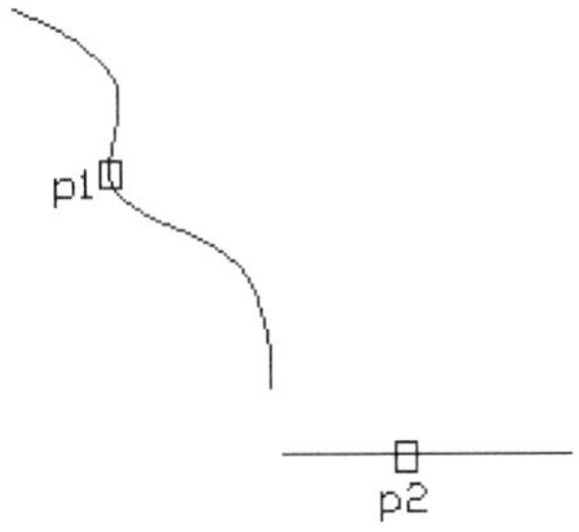

(실행전)

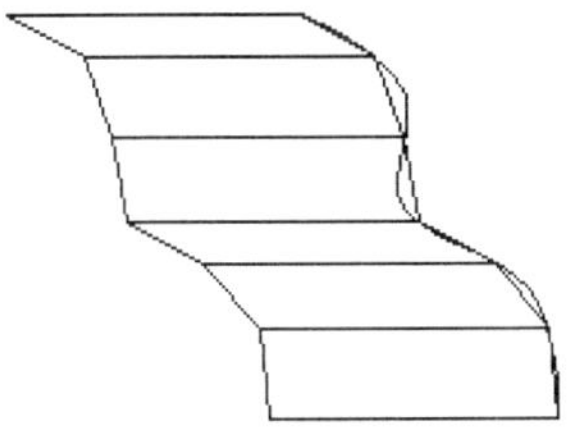

(실행후)

Memo

19)  REVSURF

선택된 축에 대한 회전될 표면을 작성한다.
하나의 곡선 커브 객체를 회전축 객체를 중심으로 지정한 각도만큼 회전시켜 회전 표면을 형성한다.

예 제

Command : REVSURF [Enter↵]
Current wire frame density: SURFTAB1=6 SURFTAB2=6
Select object to revolve : P1을 선택 [Enter↵]
Select object that defines the axis of revolution : P2를 선택 [Enter↵]
Specify start angle <0> : [Enter↵]
Specify included angle (+=ccw, -=cw) <360> : [Enter↵]

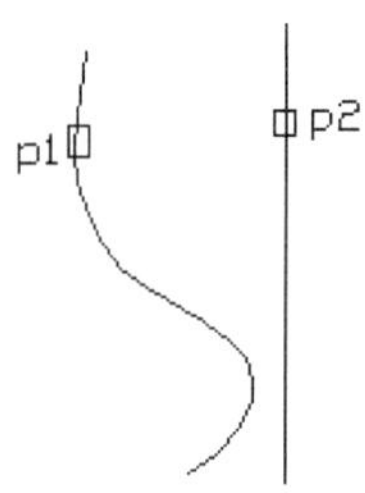

(실행전)

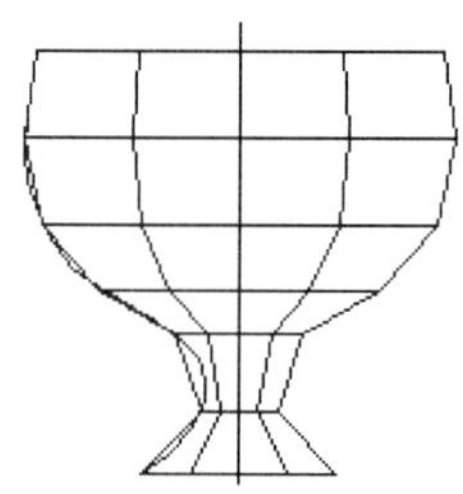
(실행후)

Memo

20) EDGESURF

LINE, PLINE에 의해 만들어진 서로 4개의 변을 이용하여 M × N의 Polygon Mesh를 생성한다.

메쉬의 밀도 조절은 M = SURFTAB1, N = SURFTAB2로 조정한다.

SURFTYPE ⑤ QUADRATIC ⑥ CUBIC ⑧ BEZIER

예 제

Command : EDGESURF

Current wire frame density : SURFTAB1=6 SURFTAB2=6

Select object 1 for surface edge : P1을 선택 Enter↵

Select object 2 for surface edge : P2를 선택 Enter↵

Select object 3 for surface edge : P3를 선택 Enter↵

Select object 4 for surface edge : P4를 선택 Enter↵

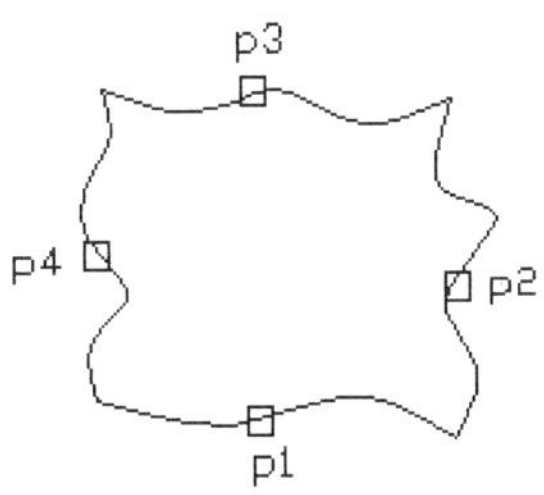

(실행전)

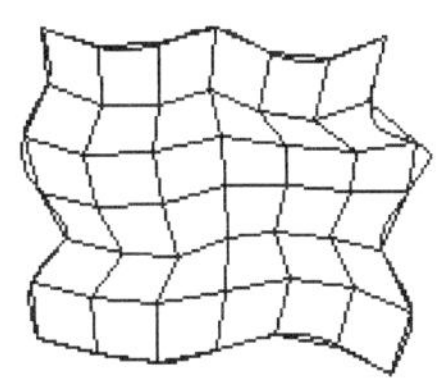

(실행후)

EDGESURF는 네 개의 변이 서로 연결된 상태에서 그물을 생성하기 때문에 한 개의 변이라도 연결되어 있지 않으면 다음과 같은 메시지가 나타난다.

- Edge 1 does not tough another edge. -

21) 3D(Surface Modeling)

3차원의 다각형 메시 객체를 작성한다.

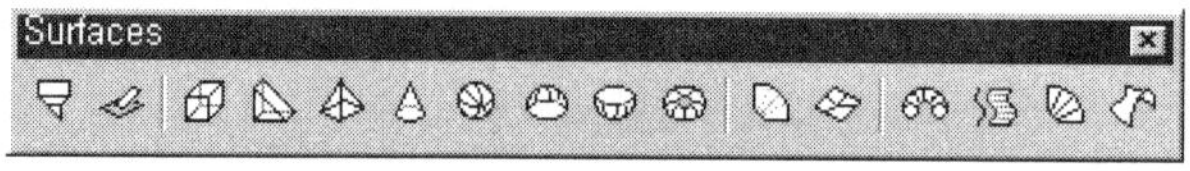

① 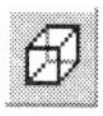 Box

현 좌표를 기준으로 너비, 두께, 높이를 주어 3차원 정육면체를 그린다.

```
Command: 3d
Enter an option
[Box/Cone/DIsh/DOme/Mesh/Pyramid/Sphere/Torus/Wedge]: b
Specify corner point of box:
Specify length of box:
Specify width of box or [Cube]:
Specify height of box:
Specify rotation angle of box about the Z axis or [Reference]:
```

- corner point of box : 정육면체의 모서리 점 지정
- length of box : 너비 지정
- width of box or [Cube] : 두께 지정
  - [Cube] : 지정된 너비(length)로 정육면체를 만든다.
- rotation angle of box about the Z axis or [Reference] : 회전각도지정

②  Wedge

너비, 두께, 높이를 입력하여 3차원 쐐기 형태를 만든다.

```
Command: 3D
Enter an option
[Box/Cone/DIsh/DOme/Mesh/Pyramid/Sphere/Torus/Wedge]: W
Specify corner point of wedge:
Specify length of wedge:
Specify width of wedge:
Specify height of wedge:
Specify rotation angle of wedge about the Z axis:
```

- corner point of wedge : 쐐기의 모서리 점 지정
- length of wedge : 너비 지정
- width of wedge : 두께 지정
- height of wedge : 높이 지정
- rotation angle of wedge about the Z axis : 회전각도 지정

③ Pyramid

Base의 4점 또는 3점의 위치와 높이를 입력하여 4각, 3각 뿔을 그린다.

```
Command: 3D
Enter an option
[Box/Cone/DIsh/DOme/Mesh/Pyramid/Sphere/Torus/Wedge]: P
Specify first corner point for base of pyramid:
Specify second corner point for base of pyramid:
Specify third corner point for base of pyramid:
Specify fourth corner point for base of pyramid or [Tetrahedron]:
Specify apex point of pyramid or [Ridge/Top]:
```

- first corner point for base of pyramid : 밑변 첫 번째 모서리 점 지정
- second corner point for base of pyramid : 밑변 두 번째 모서리 점 지정
- third corner point for base of pyramid : 밑변 세 번째 모서리 점 지정
- fourth corner point for base of pyramid or [Tetrahedron]
  : 밑변 네 번째 모서리 지정
  · [Tetrahedron] : 밑변을 삼각형으로 삼각뿔을 생성
- apex point of pyramid or [Ridge/Top] : 꼭지점 지정
  · [Ridge] : 밑변이 사각형일 때 A형 모양의 사각뿔을 생성
  · [Top] : 상부가 잘린 삼각뿔 또는 사각뿔을 생성

④ Cone

중심점, 반지름, 지름, 높이를 주어 원뿔을 그린다.

```
Command: 3d
Enter an option
[Box/Cone/DIsh/DOme/Mesh/Pyramid/Sphere/Torus/Wedge]: C
Specify center point for base of cone:
Specify radius for base of cone or [Diameter]:
Specify radius for top of cone or [Diameter] <0>:
Specify height of cone:
Enter number of segments for surface of cone <16>:
```

- center point for base of cone : 밑변 원의 중심점 지정
- radius for base of cone or [Diameter] : 밑변 원의 반지름/지름 지정
- radius for top of cone or [Diameter] : 윗변 원의 반지름/지름 지정
- height of cone : 원뿔의 높이 지정
- number of segments for surface of cone : 면의 개수 지정

⑤  Sphere

중심점과 반경 또는 직경을 입력하여 구를 그린다.

```
Command:
3D
Enter an option
[Box/Cone/DIsh/DOme/Mesh/Pyramid/Sphere/Torus/Wedge]: S
Specify center point of sphere:
Specify radius of sphere or [Diameter]:
Enter number of longitudinal segments for surface of sphere <16>: 10
Enter number of latitudinal segments for surface of sphere <16>: 10
```

- center point of sphere : 구의 중심점 지정
- radius of sphere or [Diameter] : 구의 반지름/지름 지정
- Enter number of longitudinal segments for surface of sphere <16>
  : 경도방향의 면의 개수
- Enter number of latitudinal segments for surface of sphere <16>
  : 위도방향의 면의 개수

⑥  Dome

중심점과 반경을 입력하여 3차원상의 윗 부분 반구를 그린다.

```
Command:
3D
Enter an option
[Box/Cone/DIsh/DOme/Mesh/Pyramid/Sphere/Torus/Wedge]: DO
Specify center point of dome:
Specify radius of dome or [Diameter]:
Enter number of longitudinal segments for surface of dome <16>:
Enter number of latitudinal segments for surface of dome <8>:
```

- center point of dome : 돔의 중심점 지정
- radius of dome or [Diameter] : 돔의 반지름/지름 지정
- number of longitudinal segments for surface of dome <16>
  : 경도방향으로 만들어질 면의 개수
- number of latitudinal segments for surface of dome <8>
  : 위도방향으로 만들어질 면의 개수

⑦  Dish

중심점과 반경을 입력하여 3차원상의 아래 부분 반구를 그린다.

```
Command:
3D
Enter an option
[Box/Cone/DIsh/DOme/Mesh/Pyramid/Sphere/Torus/Wedge]: DI
Specify center point of dish:
Specify radius of dish or [Diameter]:
Enter number of longitudinal segments for surface of dish <16>:
Enter number of latitudinal segments for surface of dish <8>:
```

- center point of dish : 반구의 중심점을 지정
- radius of dish or [Diameter] : 반구의 반지름/지름 지정
- number of longitudinal segments for surface of dish <16>
  : 경도방향으로 만들어질 면의 개수
- number of latitudinal segments for surface of dish <8>
  : 위도 방향으로 만들어질 면의 개수

⑧ Torus

중심점과 회전시키는 tube의 반지름과 외접원을 반지름으로 입력하여 3차원 도넛을 그린다.

```
Command: 3D
Enter an option
[Box/Cone/DIsh/DOme/Mesh/Pyramid/Sphere/Torus/Wedge]: T
Specify center point of torus:
Specify radius of torus or [Diameter]:
Specify radius of tube or [Diameter]:
Enter number of segments around tube circumference <16>:
Enter number of segments around torus circumference <16>:
```

- center point of torus : Torus의 중심점 지정
- radius of torus or [Diameter] : Torus의 반지름/지름 지정
- radius of tube or [Diameter] : Tube의 반지름/지름 지정
- Enter number of segments around tube circumference <16>
  : Tube 둘레의 면의 개수
- Enter number of segments around torus circumference <16>
  : Torus 둘레의 면의 개수

⑨ Mesh

M과 N 크기에 따라 메시의 각 방향으로 그려지는 선의 수가 결정되는 다각형 메시를 작성한다.

```
Command:
3D
Enter an option
[Box/Cone/DIsh/DOme/Mesh/Pyramid/Sphere/Torus/Wedge]: M
Specify first corner point of mesh:
Specify second corner point of mesh:
Specify third corner point of mesh:
Specify fourth corner point of mesh:
Enter mesh size in the M direction: 4
Enter mesh size in the N direction: 4
```

- first corner point of mesh : 첫 번째 모서리 점 지정

- second corner point of mesh : 두 번째 모서리 점 지정
- third corner point of mesh : 세 번째 모서리 점 지정
- fourth corner point of mesh : 네 번째 모서리 점 지정
- Enter mesh size in the M direction : M방향의 시그먼트 수 지정
- Enter mesh size in the N direction : N방향의 시그먼트 수 지정

22) 3DARRAY

Z축 방향에 대해 배열을 정의하여 다중 복사할 수 있다는 것을 제외하고는 ARRAY 명령과 같다.

23) ROTATE3D

객체를 3차원 축을 따라 이동시키는 명령이다. 2차원의 ROTATE명령과 유사하다.

```
Command: ROTATE3D
Current positive angle:  ANGDIR=counterclockwise  ANGBASE=0
Select objects: 1 found
Select objects:
Specify first point on axis or define axis by
[Object/Last/View/Xaxis/Yaxis/Zaxis/2points]:
```

- Object : 2차원 선분을 회전축으로 이용한다.
- Last : 이전에 사용된 회전축을 복귀한다.
- View : 현재 뷰의 방향을 회전축으로 설정한다.
- Xaxis/Yaxis/Zaxis : 현 좌표계의 X/Y/Z축에서 선택된 축으로 한다.
- 2points : 두 점을 지정하여 회전축으로 설정한다.

24) MIRROR3D

평면에 대해 객체의 대칭 이미지 사본을 만든다. 2차원 대칭은 선에 대한 이미지

사본을 만든다.

```
Command:
MIRROR3D
Select objects: 1 found
Select objects:
Specify first point of mirror plane (3 points) or
[Object/Last/Zaxis/View/XY/YZ/ZX/3points] <3points>:
```

- Object : 2차원 객체의 좌표계상의 XY 평면을 대칭면을 설정한다.
- Last : 이전에 사용한 대칭면으로 복귀한다.
- Zaxis : 축의 원점과 방향을 지정하여 원점에 있고, 축의 방향에 수직평면을 대칭면으로 설정한다.
- view : 현재 뷰의 평면을 대칭면으로 설정한다.
- XY/YZ/ZX : 현 좌표계의 XY/YZ/ZX 평면을 대칭면으로 설정한다.
- 3points : 세 개의 점을 지정하여 대칭면으로 만든다.

25) TILEMODE

TILEMODE 시스템 변수는 AutoCAD 뷰포트의 동작뿐 아니라 도면 공간에 대한 접근을 조정한다.

1(켜기) : 모델영역으로 현재까지 작업한 드로잉 영역 즉, 도면작성 공간을 말함. VPORTS 명령을 이용하여 타일식 뷰포트를 만들고 조정한다.
0(끄기) : 종이영역으로 종이 한 장에 여러 개의 화면을 출력하기 위한 출력 도면 편집 공간.

도면공간과 뷰포트 객체를 작동 가능하게 한다.
MVIEW명령을 이용하여 뷰포트를 작성하고 조정할 수 있다.

26) PSPACE(도면공간)

Paper Space는 TILEMODE가 0인 상태를 말하며 MVIEW, PSPACE, MSPACE 및 VPLAYER 명령을 사용할 수 있다. 그리고 VPORTS명령 대신에 MVIEW 명령으로 규격 배열은 물론 임의 배열과 배열 편집도 가능하다.

PSPACE는 Paper space의 MSPACE VPORTS에서 도면 공간 VPORTS로 전환시킨다.

종이영역, 즉 Tilemode<0>에서만 사용해야 하는 명령어들
- Mview, Mspace, Pspace, Vplayer -

예 제

Command : TILEMODE

Enter new value for TILEMODE <1>: 0

Regenerating layout.

Regenerating model.

모형공간에서 작업을 하기 위해 TILEMODE를 0으로 바뀐다. 바뀐 상태는 좌표계의 UCSICON이 아래와 같이 바뀐다.

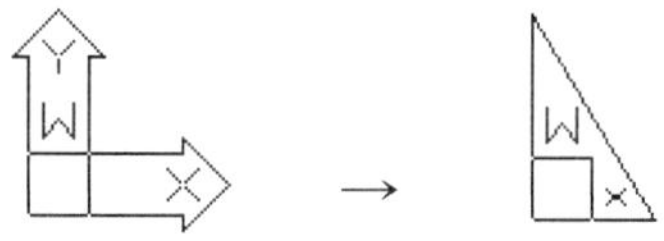

Memo

예 제

```
TILEMODE
Enter new value for TILEMODE <0>: 1
Regenerating model.
Command:
```

```
Command:
BOX
Specify corner of box or [CEnter] <0,0,0>: 10,10
Specify corner or [Cube/Length]: 110,80
Specify height: 10
```

```
SPHERE
Current wire frame density:  ISOLINES=4
Specify center of sphere <0,0,0>: 30,40,20
Specify radius of sphere or [Diameter]: 10
```

```
CYLINDER
Current wire frame density:  ISOLINES=4
Specify center point for base of cylinder or [Elliptical] <0,0,0>: 80,60,10
Specify radius for base of cylinder or [Diameter]: 10
Specify height of cylinder or [Center of other end]: 10
```

```
CYLINDER
Current wire frame density:  ISOLINES=4
Specify center point for base of cylinder or [Elliptical] <0,0,0>: 80,25,10
Specify radius for base of cylinder or [Diameter]: 10
Specify height of cylinder or [Center of other end]: 10
```

```
Command: box
Specify corner of box or [CEnter] <0,0,0>: 65,10,20
Specify corner or [Cube/Length]: 95,75,20
Specify height: 10
```

```
Command: vpoint
Current view direction:  VIEWDIR=0.0000,0.0000,1.0000
Specify a view point or [Rotate] <display compass and tripod>: 1,-1,1
```

```
Command: tilemode
Enter new value for TILEMODE <1>: 0
Regenerating layout.
Regenerating model.
Command:
```

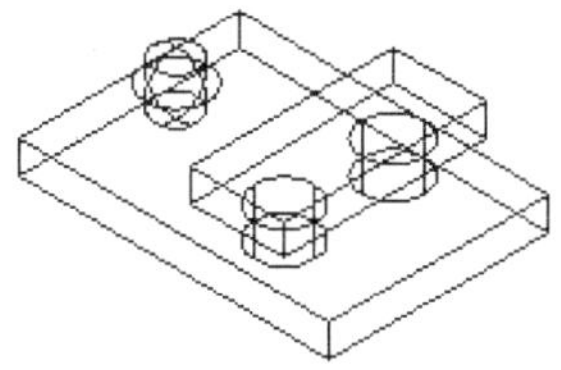

Tilemode를 0으로 하는 순간 위에서 그린 도형이 사라지고 Mview를 실행하면 다시 살아난다.

27) MVIEW

종이영역에서 모델영역 안의 도면을 여러 개 불러들이기.

TILEMODE가 0으로 설정되어 있을 때 사용할 수 있다. 도면 공간의 뷰포트 수와 배치를 조정한다.

예 제

```
MVIEW
Specify corner of viewport or
[ON/OFF/Fit/Hideplot/Lock/Object/Polygonal/Restore/2/3/4] <Fit>:
Specify opposite corner: Regenerating model.
Command:
```

- ON : 윈도우에서 제거된 뷰포트를 다시 나타낸다.
- OFF : 윈도우에서 뷰포트를 제거한다.
- Fit : 윈도우에 맞게 뷰포트 한 개를 만든다.
- Hideplot : 종이공간에서 출력할 때 3차원 모델의 은선을 제거한다.
- Lock : 모델공간에서 ZOOM, PAN, VPOINT와 같은 명령어로 시점을 변경할 수 없도록 한다.
- Object : 뷰포트의 모양 2차원 객체의 윤곽으로 만든다.
- Polygonal : 다각형으로 다양한 뷰포트의 윤곽을 만든다.
- Restore : 저장된 뷰포트를 불러와 만든다.

- 2/3/4/ : 2/3/4개로 뷰포트를 나눈다.

First point와 Other conner는 window방법을 사용한다.

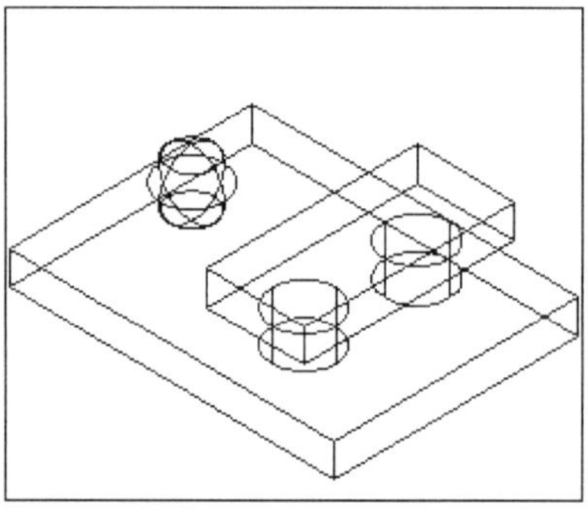

(Pspace 상태)

28) MSPACE(모형공간)

MSPACE는 Paper space에서 Model space 뷰포트로 전환시킨다.

예 제

```
MVIEW
Specify corner of viewport or
[ON/OFF/Fit/Hideplot/Lock/Object/Polygonal/Restore/2/3/4] <Fit>: 3
Enter viewport arrangement
[Horizontal/Vertical/Above/Below/Left/Right] <Right>:
```

```
Already in model space.
Command: mspace
```

커서가 각 뷰포트에 들어간 것을 볼 수 있으며 이 때 대상물을 편집하거나 선택할 수 있으며 Plot하면 현재 뷰포트의 그림이 출력된다.

커서가 보이는 화면의 경우 Vpoint를 이용할 수 있다.

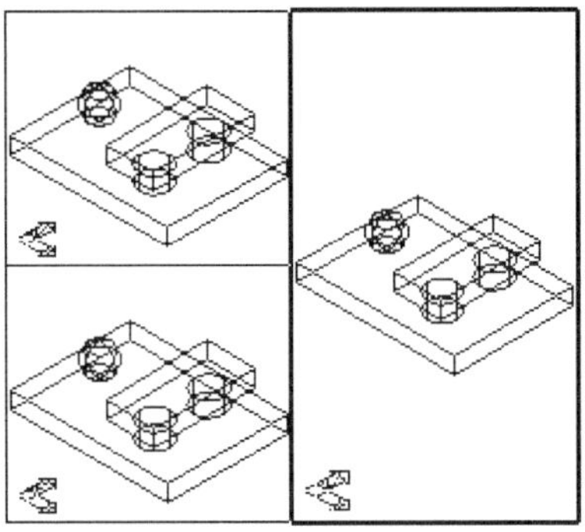

(Mspace 상태)

Pspace와 Mspace의 차이점은 커서와 UCS의 유무에 있다.

29) VPLAYER(뷰포트 도면 층)

종이영역에서 레이어 사용

Vplayer는 Freeze/Thaw와 On/Off로 가시도를 조정한다.

Tilemode변수가 0일 때 사용하며 한 뷰에서는 도면층을 보이게 하나 다른 뷰에서는 보고 싶지 않을 때 Vplayer를 사용한다.

```
Command: vplayer
Enter an option [?/Freeze/Thaw/Reset/Newfrz/Vpvisdflt]:
```

Memo

AME=Solid Modeling

Chapter 6

AME에서는 Boolean 함수를 이용하여 2개 이상의 솔리드 물체를 서로 결합, 제거하는 과정을 통해 기존의 모델링과 전혀 다른 입체 모양을 만들 수 있다. 결합된 솔리드 물체를 만들기 위해 Boolean을 적용시킬 때 선택되는 솔리드 물체의 개수에는 제한이 없다.

1. SOLID PRIMITIVES

상자, 원뿔, 원기둥, 구, 원환, 쐐기 등으로 내부가 가득찬 도형들을 작성한다. 사용법은 3D면 처리(Surface Modeling)의 명령들과 거의 동일하다.

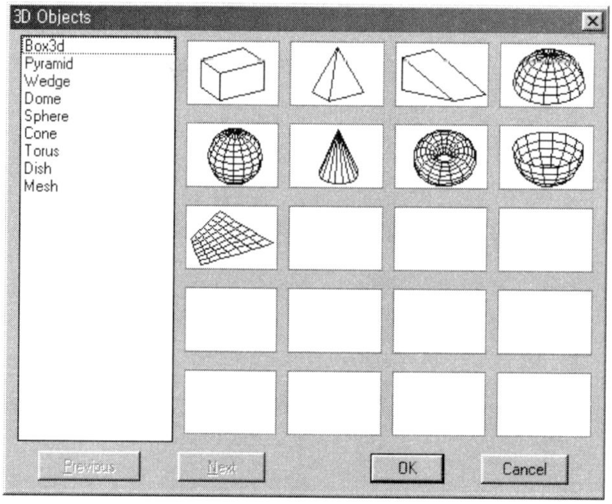

① BOX

길이, 높이, 폭을 입력하여 3차원의 사각형을 만든다.

예 제

```
Command: vpoint
Current view direction:  VIEWDIR=0.0000,0.0000,1.0000
Specify a view point or [Rotate] <display compass and tripod>: 1,-1,1
```

```
BOX
Specify corner of box or [CEnter] <0,0,0>:
Specify corner or [Cube/Length]:
Specify height:  Specify second point:
```

- Conner of box : 상자의 구석점과 Height(높이)값을 준다.
- Cube : 변의 길이가 같은 상자를 그릴 때 Length(길이)값만을 준다.
- Length : 지정된 길이, Width(폭), Height(높이)로 상자를 만든다.

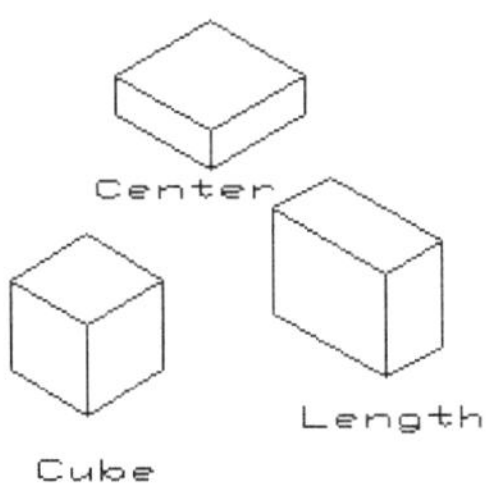

Memo

② SPHERE

지름과 반지름을 값을 입력하여 구를 만든다.

예 제

```
Command: vpoint
Current view direction:  VIEWDIR=0.0000,0.0000,1.0000
Specify a view point or [Rotate] <display compass and tripod>: 1,-1,1
```

```
Command: sphere
Current wire frame density:  ISOLINES=4
Specify center of sphere <0,0,0>:
Specify radius of sphere or [Diameter]: 30
```

- center of sphere : 중심점을 지정한다.
- radius of sphere of [Diameter] : 반지름/지름을 지정한다.

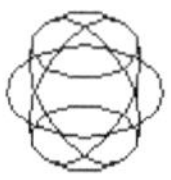

(등각뷰)

(HIDE)

3D의 Sphere 옵션은 표면 메시 구를 만든다.
ISOLINES Enter↵ 에서 변수 값을 조정해서 화면에 나타내는 선 개수를 변경할 수 있다.
값을 변경하고 REGEN을 해야 한다.

Memo

③ CYLINDER

반지름과 지름을 입력하여 원통을 만든다.

예 제

```
Command: vpoint
Current view direction:  VIEWDIR=0.0000,0.0000,1.0000
Specify a view point or [Rotate] <display compass and tripod>: 1,-1,1
```

```
CYLINDER
Current wire frame density:  ISOLINES=4
Specify center point for base of cylinder or [Elliptical] <0,0,0>:
Specify radius for base of cylinder or [Diameter]: 20
Specify height of cylinder or [Center of other end]: 40
```

- center point for base of cylinder or [Elliptical] : 원의 중심점 지정한다.
  [Elliptical] → 타원으로 밑변을 만든다.
- radius for base of cylinder or [Diameter] : 원의 반지름/지름 지정한다.
- height of cylinder or [Center of other end] : 높이를 지정한다.
  [Center of other end] → 중심축을 지정한다.

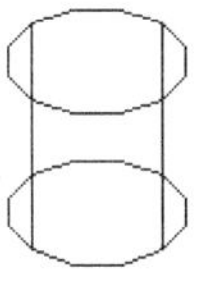

(Cylinder)

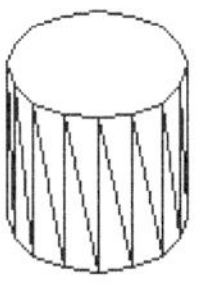

(Hide)

> Cylinder의 높이 값을 입력할 때 (+)는 Z축의 양의 방향, (-)는 Z축의 음의 방향이다

④ CONE

윗면과 바닥면의 반지름 값을 입력하여 원뿔을 만든다.

예 제

```
Command: vpoint
Current view direction:  VIEWDIR=0.0000,0.0000,1.0000
Specify a view point or [Rotate] <display compass and tripod>: 1,-1,1
```

```
Command: cone
Current wire frame density:  ISOLINES=4
Specify center point for base of cone or [Elliptical] <0,0,0>:
Specify radius for base of cone or [Diameter]: 20
Specify height of cone or [Apex]: 40
```

- center point for base of cone or [Elliptical] : 원의 중심점을 지정한다.
  [Elliptical] → 타원으로 밑변을 만든다.
- radius for base of cone or [Diameter] : 원의 반지름/지름 지정한다.
- height of cone or [Apex] : 원뿔의 높이를 지정한다.
  [Apex] → 꼭지점을 지정한다.

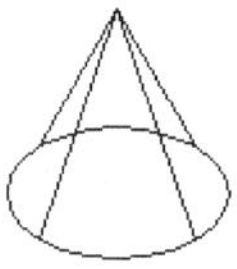
(Cone)

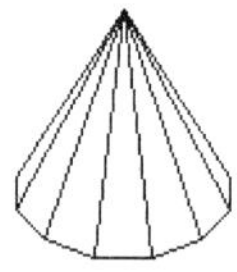
(Hide)

Memo

⑤ WEDGE

길이, 폭, 높이를 입력하여 쐐기 모양을 만든다.

예 제

```
Command: vpoint
Current view direction:  VIEWDIR=0.0000,0.0000,1.0000
Specify a view point or [Rotate] <display compass and tripod>: 1,-1,1
```

```
Command: wedge
Specify first corner of wedge or [CEnter]  <0,0,0>:
Specify corner or [Cube/Length]: 80
Specify height: 50
```

- firs corner of wedge or [CEnter] : 밑변사각형의 모서리 점을 지정한다.
  [CEnter] → 중심점, 길이, 두께, 높이를 지정한다.
- corner or [Cube/length] : 대각선 방향 모서리 점을 지정한다.
  [Cube] → 길이가 동일한 Wedge를 만든다.
  [Length] → 길이, 두께, 높이를 지정한다.
- Height : 높이를 지정한다.

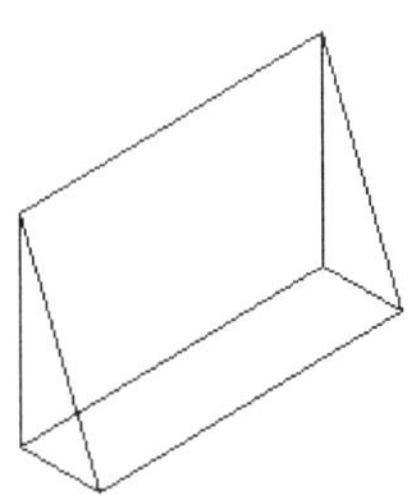
(Wedge)

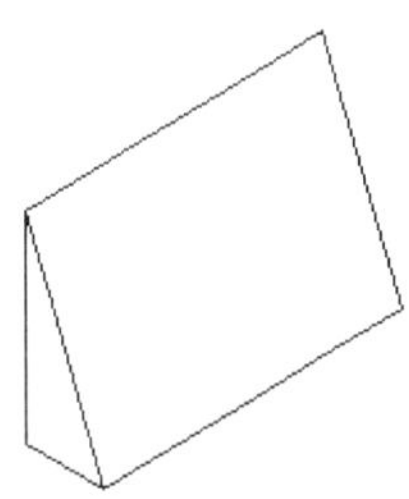
(Hide)

⑥ TORUS

지름이나 반지름 값을 입력하여 튜브 모양을 만든다.

예 제

```
Command: vpoint
Current view direction:  VIEWDIR=0.0000,0.0000,1.0000
Specify a view point or [Rotate] <display compass and tripod>: 1,-1,1
```

```
Command: torus
Current wire frame density:  ISOLINES=4
Specify center of torus <0,0,0>:
Specify radius of torus or [Diameter]: 20
Specify radius of tube or [Diameter]: 10
```

- center of torus : Torus의 중심점을 지정한다.
- radius of torus or [Diameter] : Torus의 반지름/지름을 지정한다.
- radius of tube or [Diameter] : Tube의 반지름/지름을 지정한다.

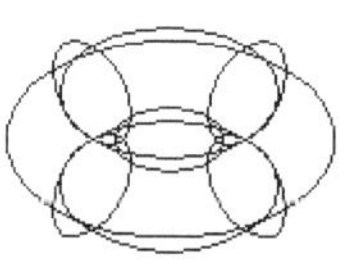

(Torus)

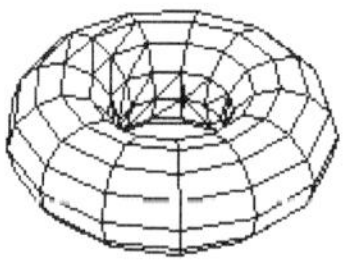

(Hide)

BOOLEAN 연산 :

3차원 솔리드 도형을 UNION(합집합), SUBTRACT(차집합), LNTERSECT(교집합) 를 추출해 내는 작업이다.

Memo

2. UNION

합집합 : 둘 또는 그 이상의 물체를 하나로 합쳐 복합 솔리드 물체를 만드는 명령.

예 제

```
Command: vpoint
Current view direction:  VIEWDIR=0.0000,0.0000,1.0000
Specify a view point or [Rotate] <display compass and tripod>: 1,-1,1
```

```
BOX
Specify corner of box or [CEnter] <0,0,0>:
Specify corner or [Cube/Length]: l
Specify length: 20
Specify width: 10
Specify height: 10
```

```
BOX
Specify corner of box or [CEnter] <0,0,0>:
Specify corner or [Cube/Length]: l
Specify length: 20
Specify width: 5
Specify height: 5
```

```
MOVE
Select objects: 1 found
Select objects:
Specify base point or displacement: Specify second point of displacement or
<use first point as displacement>:
Command:
```

```
Command: UNION
Select objects: 1 found
Select objects: 1 found, 2 total
Select objects:
```

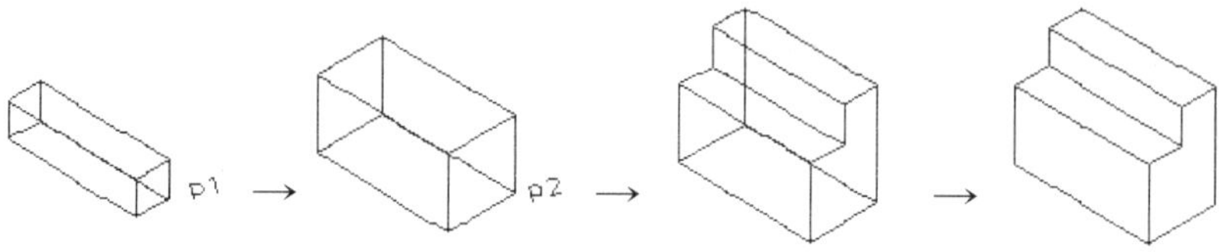

(Box 1) (Box 2) (Union) (Hide)

3. SUBTRACT

차집합 : 어떤 솔리드 대상에서 다른 솔리드를 제거함으로써 원하는 복합 솔리드를 만드는 명령

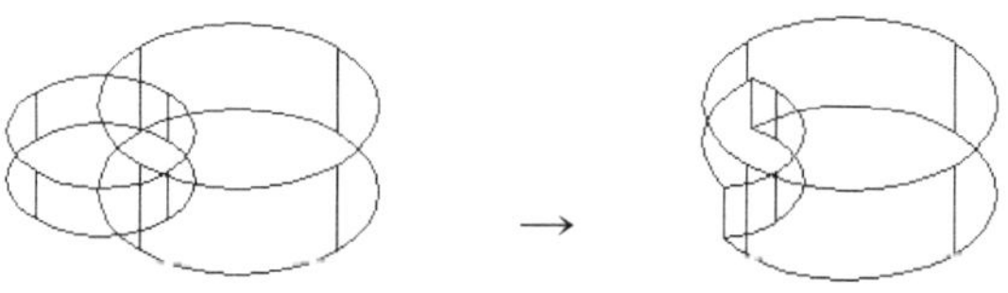

예 제

```
Command: vpoint
Current view direction:  VIEWDIR=0.0000,0.0000,1.0000
Specify a view point or [Rotate] <display compass and tripod>: 1,-1,1
```

```
Command: box
Specify corner of box or [CEnter] <0,0,0>:
Specify corner or [Cube/Length]: l
Specify length: 40
Specify width: 30
Specify height: 60
```

```
BOX
Specify corner of box or [CEnter] <0,0,0>:
Specify corner or [Cube/Length]: l
Specify length: 20
Specify width: 30
Specify height: 20
```

```
Command: l
LINE Specify first point:
Specify next point or [Undo]: @-10,0,0
```

```
Command: move
Select objects: 1 found
Select objects:
Specify base point or displacement: Specify second point of displacement or
<use first point as displacement>:
Command: subtract
```

```
Command: subtract
Select solids and regions to subtract from ..
Select objects: 1 found
Select objects:
Select solids and regions to subtract ..
Select objects: 1 found
Select objects:
```

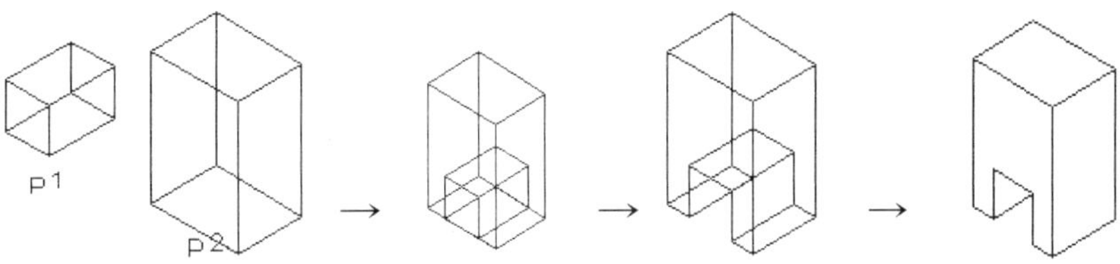

(Box 1) (Box 2) (Move) (Subtract) (Hide)

Memo

4. INTERSECT

교집합(INTERFERE도 동일한 명령어) : 교차하는 두 개 이상의 솔리드의 공통된 부분만 남기도 없어진다.

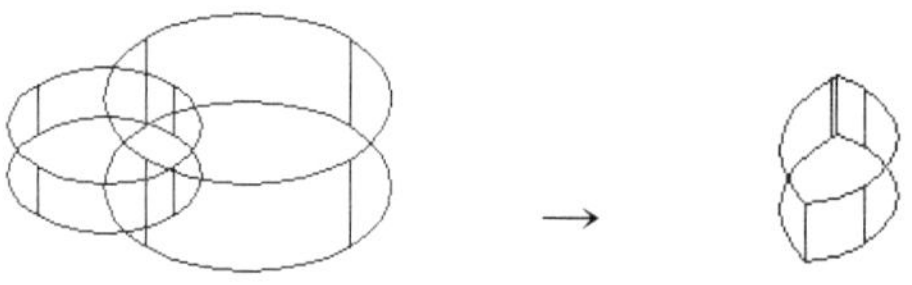

5. INTERFERE

교집합 : 둘 이상의 솔리드가 서로 교차하는 부분을 독립된 솔리드로 만드는 명령어

INTERSECT : 교집합 후 두 개의 솔리드는 없어진다.
INTERFERE : 교집합 후 두 개의 솔리드는 겹쳐 있다.

Memo

6. FILLET

2차원 명령과 거의 동일하며 이 명령이 수행되면 Boolean연산이 수행된 다. 솔리드 물체의 여러 모서리를 동시에 선택할 수 있다.

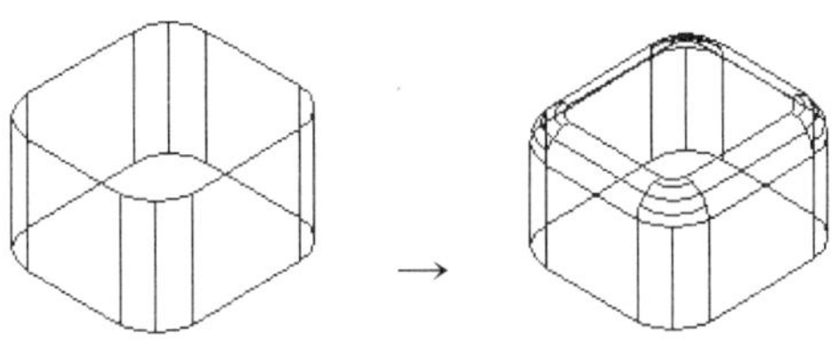

```
Command:
FILLET
Current settings: Mode = TRIM, Radius = 10.0000
Select first object or [Polyline/Radius/Trim]:
Enter fillet radius <10.0000>:
Select an edge or [Chain/Radius]:
Select an edge or [Chain/Radius]:
Select an edge or [Chain/Radius]:
```

- select first object or [Polyline/Radius/Trim] : 모서리 선택.
- Enter fillet radius : 반지름을 지정.
- Select an edge or [Chain/Radius] : 솔리드의 모서리 선택.
  [Chain] → 선택한 모서리와 같은 면에 있는 모서리를 한번의 라운딩 한다.

Memo

7. CHAMFER

위의 Fillet 명령과 비슷한 내용으로 모따기를 한다. Boolean 연산이 가능하다. 솔리드 물체의 여러 모서리를 동시에 선택할 수 있다.

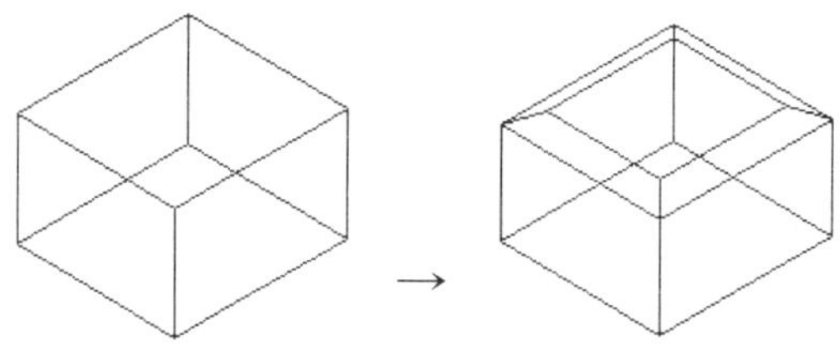

```
CHAMFER
(TRIM mode) Current chamfer Dist1 = 10.0000, Dist2 = 10.0000
Select first line or [Polyline/Distance/Angle/Trim/Method]:
Base surface selection...
Enter surface selection option [Next/OK (current)] <OK>: n
Enter surface selection option [Next/OK (current)] <OK>:
Specify base surface chamfer distance <10.0000>:
Specify other surface chamfer distance <10.0000>:
Select an edge or [Loop]: Select an edge or [Loop]: Select an edge or [Loop]:
Select an edge or [Loop]: Select an edge or [Loop]:
Command:
```

- Select first line or [Polyline/distance/Angle/Trim/Method]
  : 모따기 할 기준면의 모서리를 선택한다.
- Surface selection option [Next/OK (current)] <OK> : 기준면 선택한다.
  [Loop] → 기준면의 모서리를 모두 선택하여 한번에 모따기 한다.

Memo

8. SOLIDEDIT

효율적인 솔리드 편집을 위한 전용 편집 툴바이며 명령어

```
Command: solidedit
Solids editing automatic checking:  SOLIDCHECK=1
Enter a solids editing option [Face/Edge/Body/Undo/eXit] <eXit>:
```

▶ Face : 솔리드 면을 편집

```
SOLIDEDIT
Solids editing automatic checking:  SOLIDCHECK=1
Enter a solids editing option [Face/Edge/Body/Undo/eXit] <eXit>: F
Enter a face editing option
[Extrude/Move/Rotate/Offset/Taper/Delete/Copy/coLor/Undo/eXit] <eXit>:
```

①  EXTRUDE

2차원의 평면에 높이를 주어 3차원으로 돌출 시켜 솔리드를 만든다.

```
Command:
SOLIDEDIT
Solids editing automatic checking:  SOLIDCHECK=1
Enter a solids editing option [Face/Edge/Body/Undo/eXit] <eXit>: F
Enter a face editing option
[Extrude/Move/Rotate/Offset/Taper/Delete/Copy/coLor/Undo/eXit] <eXit>: E
Select faces or [Undo/Remove]: 2 faces found.
Select faces or [Undo/Remove/ALL]:
Specify height of extrusion or [Path]:  Specify second point:
Specify angle of taper for extrusion <0>:
```

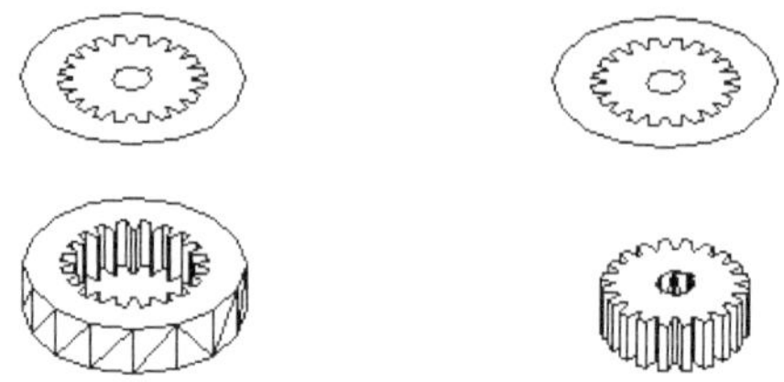

(EXTRUDE)

② Move

선택 면을 이동시켜 솔리드를 늘리거나 줄인다.

```
Command:
SOLIDEDIT
Solids editing automatic checking:  SOLIDCHECK=1
Enter a solids editing option [Face/Edge/Body/Undo/eXit] <eXit>: F
Enter a face editing option
[Extrude/Move/Rotate/Offset/Taper/Delete/Copy/coLor/Undo/eXit] <eXit>: M
Select faces or [Undo/Remove]: 2 faces found.
Select faces or [Undo/Remove/ALL]:
Specify a base point or displacement:
Specify a second point of displacement:
```

③ Rotate

선택 면을 회전시킨다.

```
Command:
SOLIDEDIT
Solids editing automatic checking:  SOLIDCHECK=1
Enter a solids editing option [Face/Edge/Body/Undo/eXit] <eXit>: F
Enter a face editing option
[Extrude/Move/Rotate/Offset/Taper/Delete/Copy/coLor/Undo/eXit] <eXit>: R
Select faces or [Undo/Remove]: 2 faces found.
Select faces or [Undo/Remove/ALL]:
Specify an axis point or [Axis by object/View/Xaxis/Yaxis/Zaxis] <2points>:
```

- object : 회전축을 2차원 선으로 한다.
- View : 회전축을 현재 뷰로 한다.
- Xaxis/Yaxis/Zaxis : 회전축을 좌표계의 x/y/x축으로 한다.
- 2points : 회전축의 방향으로 두 점을 지정하여 설정한다.

④ Offset

선택 면을 평행이동하여 새로운 솔리드를 만든다.

```
Command:
SOLIDEDIT
Solids editing automatic checking:  SOLIDCHECK=1
Enter a solids editing option [Face/Edge/Body/Undo/eXit] <eXit>: F
Enter a face editing option
[Extrude/Move/Rotate/Offset/Taper/Delete/Copy/coLor/Undo/eXit] <eXit>: O
Select faces or [Undo/Remove]: 2 faces found.
Select faces or [Undo/Remove/ALL]:
Specify the offset distance:
```

⑤ Taper

선택 면에 테이퍼를 준다.

```
SOLIDEDIT
Solids editing automatic checking:  SOLIDCHECK=1
Enter a solids editing option [Face/Edge/Body/Undo/eXit] <eXit>: F
Enter a face editing option
[Extrude/Move/Rotate/Offset/Taper/Delete/Copy/coLor/Undo/eXit] <eXit>: T
Select faces or [Undo/Remove]: 2 faces found.
Select faces or [Undo/Remove/ALL]:
Specify the base point:
Specify another point along the axis of tapering:
Specify the taper angle:
```

⑥ Delete

라운딩, 모따기가 이루어진 면을 원래의 상태로 복귀시킨다.

```
Command:
SOLIDEDIT
Solids editing automatic checking:  SOLIDCHECK=1
Enter a solids editing option [Face/Edge/Body/Undo/eXit] <eXit>: F
Enter a face editing option
[Extrude/Move/Rotate/Offset/Taper/Delete/Copy/coLor/Undo/eXit] <eXit>: D
Select faces or [Undo/Remove]: 2 faces found.
Select faces or [Undo/Remove/ALL]:
```

⑦ Copy

선택 면을 새로운 객체로 복사한다.

```
Command:
SOLIDEDIT
Solids editing automatic checking:  SOLIDCHECK=1
Enter a solids editing option [Face/Edge/Body/Undo/eXit] <eXit>: F
Enter a face editing option
[Extrude/Move/Rotate/Offset/Taper/Delete/Copy/coLor/Undo/eXit] <eXit>: C
Select faces or [Undo/Remove]: 2 faces found.
Select faces or [Undo/Remove/ALL]:
Specify a base point or displacement:
Specify a second point of displacement:
```

⑧ coLor

선택 면에 새로운 색상을 지정한다.

```
SOLIDEDIT
Solids editing automatic checking:  SOLIDCHECK=1
Enter a solids editing option [Face/Edge/Body/Undo/eXit] <eXit>: F
Enter a face editing option
[Extrude/Move/Rotate/Offset/Taper/Delete/Copy/coLor/Undo/eXit] <eXit>: L
Select faces or [Undo/Remove]: 2 faces found.
Select faces or [Undo/Remove/ALL]:
```

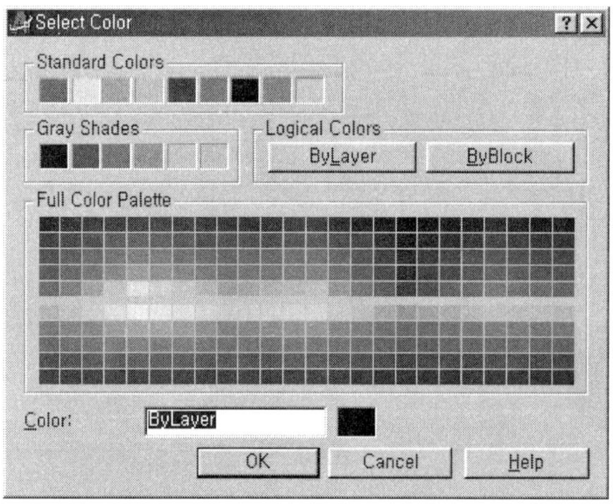

⑨ Undo

이전에 실행한 편집을 취소한다.

⑩ eXit

<Face> 모드를 종료한다.

▶ Edge : 솔리드 모서리를 편집

```
Command:
SOLIDEDIT
Solids editing automatic checking:  SOLIDCHECK=1
Enter a solids editing option [Face/Edge/Body/Undo/eXit] <eXit>: E
Enter an edge editing option [Copy/coLor/Undo/eXit] <eXit>:
```

①  Copy

선택 모서리를 새로운 객체로 복사한다.

```
SOLIDEDIT
Solids editing automatic checking:  SOLIDCHECK=1
Enter a solids editing option [Face/Edge/Body/Undo/eXit] <eXit>: E
Enter an edge editing option [Copy/coLor/Undo/eXit] <eXit>: C
Select edges or [Undo/Remove]:
Select edges or [Undo/Remove]:
Specify a base point or displacement:
Specify a second point of displacement:
```

②  coLor

선택 모서리에 새로운 색상을 지정한다.

```
Command:
SOLIDEDIT
Solids editing automatic checking:  SOLIDCHECK=1
Enter a solids editing option [Face/Edge/Body/Undo/eXit] <eXit>: E
Enter an edge editing option [Copy/coLor/Undo/eXit] <eXit>: L
Select edges or [Undo/Remove]:
Select edges or [Undo/Remove]:
```

Memo

▶ Body : 솔리드 몸체를 편집

```
SOLIDEDIT
Solids editing automatic checking:  SOLIDCHECK=1
Enter a solids editing option [Face/Edge/Body/Undo/eXit] <eXit>: B
Enter a body editing option
[Imprint/seParate solids/Shell/cLean/Check/Undo/eXit] <eXit>:
```

① Imprint

2차원 객체의 윤곽을 솔리드의 선택 면에 인쇄한다.

```
SOLIDEDIT
Solids editing automatic checking:  SOLIDCHECK=1
Enter a solids editing option [Face/Edge/Body/Undo/eXit] <eXit>: B
Enter a body editing option
[Imprint/seParate solids/Shell/cLean/Check/Undo/eXit] <eXit>: I
Select a 3D solid:
Select an object to imprint:
Delete the source object <N>:
Select an object to imprint:
```

② seParate solids

서로 연관관계가 없는 상태에서 결합된 솔리드를 분리한다.

```
SOLIDEDIT
Solids editing automatic checking:  SOLIDCHECK=1
Enter a solids editing option [Face/Edge/Body/Undo/eXit] <eXit>: B
Enter a body editing option
[Imprint/seParate solids/Shell/cLean/Check/Undo/eXit] <eXit>: P
Select a 3D solid:
```

③ Shell

솔리드를 평행복사하여 원본 솔리드에서 뺀다.

```
SOLIDEDIT
Solids editing automatic checking:  SOLIDCHECK=1
Enter a solids editing option [Face/Edge/Body/Undo/eXit] <eXit>: B
Enter a body editing option
[Imprint/seParate solids/Shell/cLean/Check/Undo/eXit] <eXit>: S
Select a 3D solid:
Remove faces or [Undo/Add/ALL]:
Enter the shell offset distance:
```

④ cLean

면에 인쇄된 객체를 제거한다.

```
SOLIDEDIT
Solids editing automatic checking:  SOLIDCHECK=1
Enter a solids editing option [Face/Edge/Body/Undo/eXit] <eXit>: B
Enter a body editing option
[Imprint/seParate solids/Shell/cLean/Check/Undo/eXit] <eXit>: L
Select a 3D solid:
```

⑤ Check

ACIS 솔리드 모델이을 확인한다.

```
SOLIDEDIT
Solids editing automatic checking:  SOLIDCHECK=1
Enter a solids editing option [Face/Edge/Body/Undo/eXit] <eXit>: B
Enter a body editing option
[Imprint/seParate solids/Shell/cLean/Check/Undo/eXit] <eXit>: C
Select a 3D solid:
```

⑥ Undo

이전에 실행한 편집을 취소한다.

⑦ eXit

<Body> 모드를 종료한다.

Memo

9. REVOLVE

2차원의 평면에 임의의 축을 기준으로 회전시켜 3차원으로 돌출시켜 솔리드를 만든다.

예 제

```
Command: revolve
Current wire frame density:  ISOLINES=4
Select objects: 1 found
Select objects:
Specify start point for axis of revolution or
define axis by [Object/X (axis)/Y (axis)]: _endp of
Specify endpoint of axis: _endp of
Specify angle of revolution <360>: 180
Command: hide
```

- Select objects : 2차원 객체가 단일객체로 닫혀 있어야 한다.
- start point for axis of revolution or define axis by [Object/X (axis)/Y (axis)] : 회전축의 끝점을 지정한다.

  [object] → 2차원 선분을 선택하여 회전축으로 지정한다.

  [X (axis)] → 현 좌표계의 X축을 회전축으로 지정한다.

  [Y (axis)] → 현 좌표계의 Y축을 회전축으로 지정한다.
- endpoint of axis : 회전축의 나머지 끝점을 지정한다.
- angle of revolution <360> : 회전각도를 지정한다.

(REVOLVE)

10.  SLICE

만들어진 솔리드를 특정 면을 기준으로 이등분하듯 나누거나 원하는 축을 기준으로 일부분을 잘라 낼 수 있다.

```
Command:
SLICE
Select objects: 1 found
Select objects:
Specify first point on slicing plane by [Object/Zaxis/View/XY/YZ/ZX/3points] <3points>:
```

- Object : 2차원 객체의 좌표계로 솔리드를 자른다.
- Zaxis : 축의 원점과 축방향을 지정하여 축의 원점에서 축방향에 수직수평으로 솔리드를 자른다.
- View : 현재 설정되어 있는 뷰와 수평으로 솔리드를 자른다.
- XY/YZ/ZX : 현재 좌표계의 XY/YZ/ZX 평면으로 솔리드를 자른다.
- 3points : 세 점을 선택하여 자를 면을 지정한다.

예 제

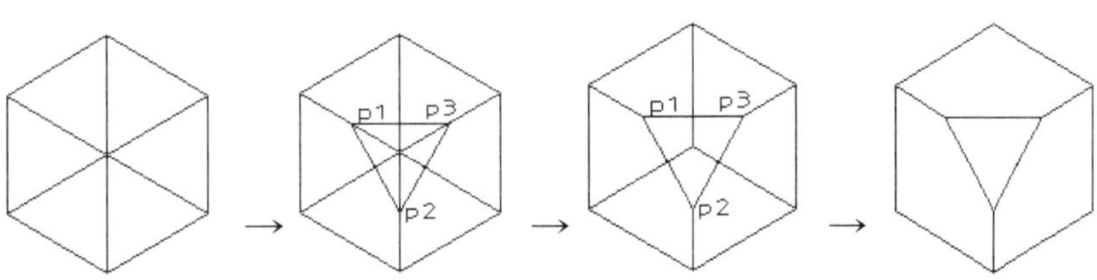

(Box) (자를 면 지정) (잘라진 면) (Hide)

```
Command: vpoint
Current view direction:  VIEWDIR=0.0000,0.0000,1.0000
Specify a view point or [Rotate] <display compass and tripod>: 1,-1,1
```

```
Command:
BOX
Specify corner of box or [CEnter] <0,0,0>:
Specify corner or [Cube/Length]: c
Specify length: 17
```

```
Command:
SLICE
Select objects: 1 found
Select objects:
Specify first point on slicing plane by [Object/Zaxis/View/XY/YZ/ZX/3points]
<3points>: 3
Specify first point on plane: _mid of
Specify second point on plane: _mid of
Specify third point on plane: _mid of
Specify a point on desired side of the plane or [keep Both sides]:
```

11. SECTION

3차원의 솔리드 물체로부터 2차원 도면(단면도 모양)을 만든다.

```
Command:
SECTION
Select objects: 1 found
Select objects:
Specify first point on Section plane by [Object/Zaxis/View/XY/YZ/ZX/3points]
<3points>:
Specify first point on plane:
Specify second point on plane:
Specify third point on plane:
```

- Object : 2차원 객체의 XY평면으로 단면을 생성하는 것으로 XY 평면이 솔리드와 반드시 겹쳐 있어야 한다.
- Zaxias : 축의 원점과 축의 방향을 지정하여 축의 원점에 있고 축방향의 수직인 단면을 생성한다.
- View : 현재 설정되어 있는 뷰의 평면으로 단면을 생성한다.
- XY/YZ/ZX : 현재 좌표계의 XY/YZ/ZX평면과 수평인 단면을 생성한다.
- 3points : 3 점을 지정하여 단면할 평면을 생성한다.

12. RENDER

RENDER는 3D 와이어 프레임이나 솔리드 모델을 사실적으로 음영 처리한 이미지를 만든다.

13. REGION

2차원 도형을 솔리드로 간주하여 연산한다.
Boolean연산도 가능하다. Extrude로 돌출해야 한다.

예 제

```
Command: region
Select objects: 1 found
Select objects: 1 found
Select objects:
1 loop extracted.
1 Region created.
```

객체 선택을 P1, P2를 하면 점선으로 활성화 되며 Region명령이 실행된 것이다.
이 후에는 Extrude 명령을 실행할 수 있다.

14. ALIGN

공간에서의 위치 재조정(Move와 Rotate 명령의 기능을 합한 내용)

예 제 1

>Surface Modeling 방법<

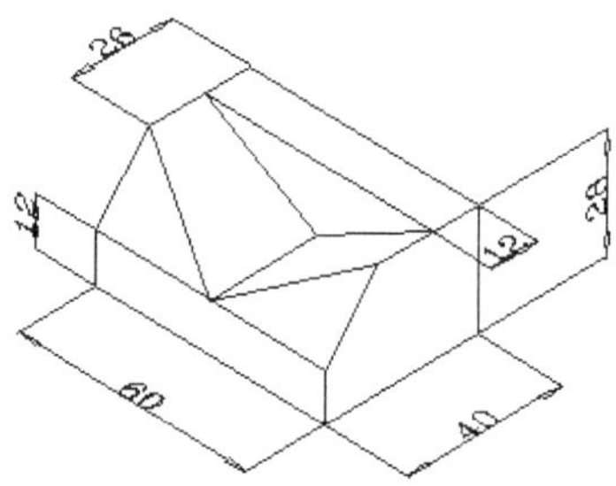

Command : Vpoint [Enter↵] 1,-1,1 [Enter↵]

Command : Limits [Enter↵] 420,297 [Enter↵]

Command : Zoom [Enter↵] all [Enter↵]

Command : Line [Enter↵]
마우스로 임의의 점을 잡는다. [Enter↵]
@60,0,0 [Enter↵]
@0,40,0 [Enter↵]
@-60,0,0 [Enter↵]
close [Enter↵]

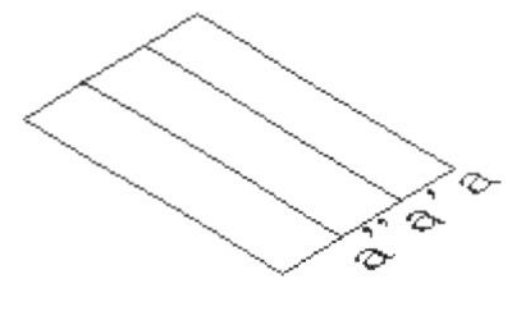

Command : offset Enter↵

Through: 12로 a에서 a′로 offset한다.

같은 방법으로 Through: 26으로 a에서 a′′로 Offset한다.

Command : Line Enter↵

@0, 0, 12 Enter↵ (Osnap를 이용하여 a 그린다)

@0, 0, 28 Enter↵ (Osnap을 이용하여 b 그린다)

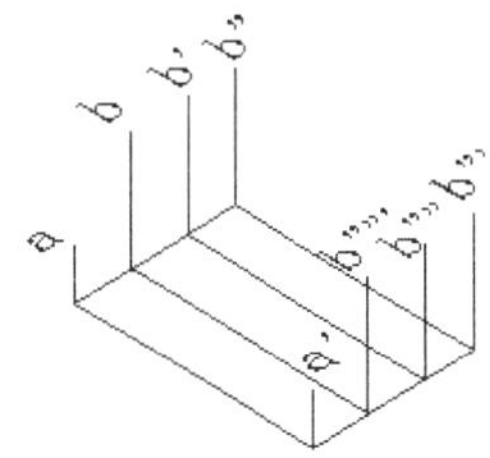

Command : Copy Enter↵

a를 a′로, b를 b′로, b″, b′″, b″″, b″″′로 Copy 한다.

Command : Copy Enter↵

b″′를 c로, b″″를 c′로 Copy한다.

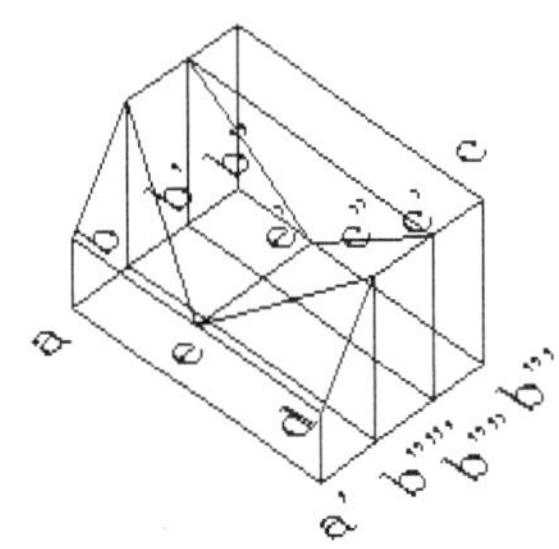

Command : Line Enter↵

c와 c′, 그리고 c″를 Line으로 연결한다.

Command : Copy Enter↵

a a′를 d로 Copy한다.

Command : Line Enter↵

c″와 d 그리고 반대쪽도 line으로 연결한다.

Command : Offset Enter↵

b″″에서 d′로 Through 12로 offset한다.

Command : Line Enter↵

mid of로 'd를 잡고 다시 mid of로 d'를 잡고 line으로 연결한다.

c″와 e, c'와 e'를 Line으로 연결한다.

Command : Dim Enter↵

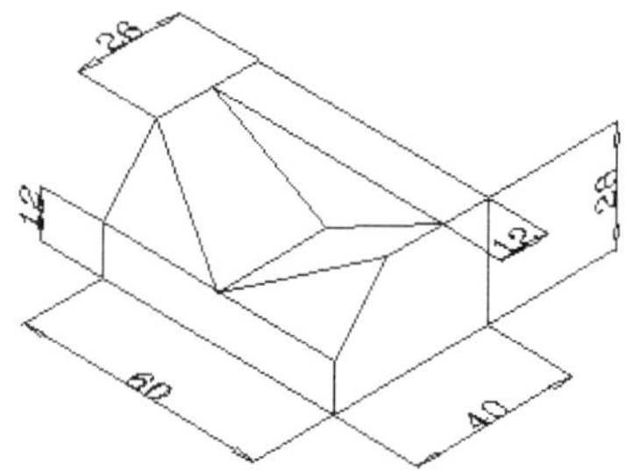

Command : UCS Enter↵

Dim Vars를 설정하고 UCS를 바꿔가며 치수 기입

Command : 3D FACE Enter↵

면 처리를 한다.

예 제 2

>Solid Modeling 방법<

```
Command: box
Specify corner of box or [CEnter] <0,0,0>:
Specify corner or [Cube/Length]: l
Specify length: 60
Specify width: 40
Specify height: 12
```

```
BOX
Specify corner of box or [CEnter] <0,0,0>:
Specify corner or [Cube/Length]: l
Specify length: 60
Specify width: 12
Specify height: 28
```

```
Command: box
Specify corner of box or [CEnter] <0,0,0>:
Specify corner or [Cube/Length]: l
Specify length: 30
Specify width: 28
Specify height: 16
```

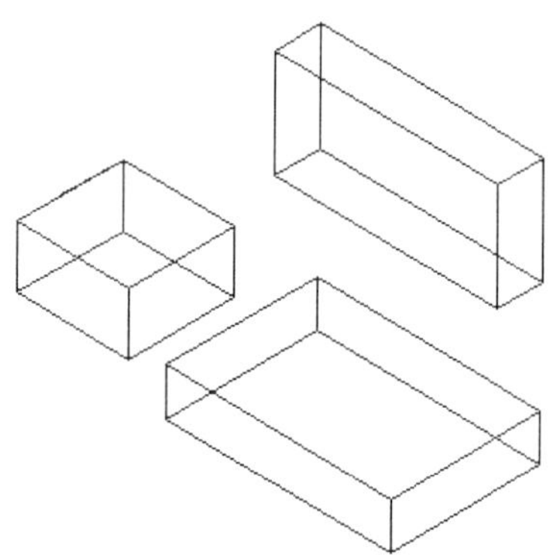

⇒ Box 3개를 위의 치수대로 그린다.

```
SLICE
Select objects: 1 found
Select objects:
Specify first point on slicing plane by [Object/Zaxis/View/XY/YZ/ZX/3points]
<3points>: 3
Specify first point on plane:
Specify second point on plane:
Specify third point on plane:
Specify a point on desired side of the plane or [keep Both sides]:
```

⇒ 제일 작은 Box에서 측면, 정면을 Slice한다.

```
MIRROR
Select objects: 1 found
Select objects:
Specify first point of mirror line: Specify second point of mirror line:
Delete source objects? [Yes/No] <N>:
```

⇒ Slice하여 만들어진 삼각형을 Mirror 한다.

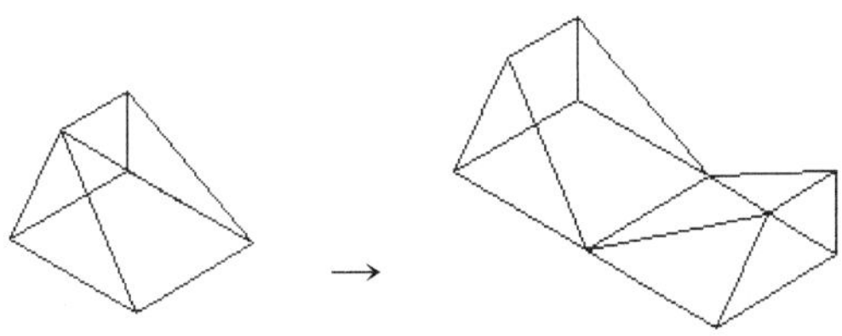

(Slice) (mirror)

```
Command: move
Select objects: 1 found
Select objects: 1 found, 2 total
Select objects: 1 found, 3 total
Select objects:
Specify base point or displacement: Specify second point of displacement or
<use first point as displacement>:
Command:
```

⇒ 직사각형 2개와 Slice한 삼각사각형 2개와 삼각형 2개를 Move한다.

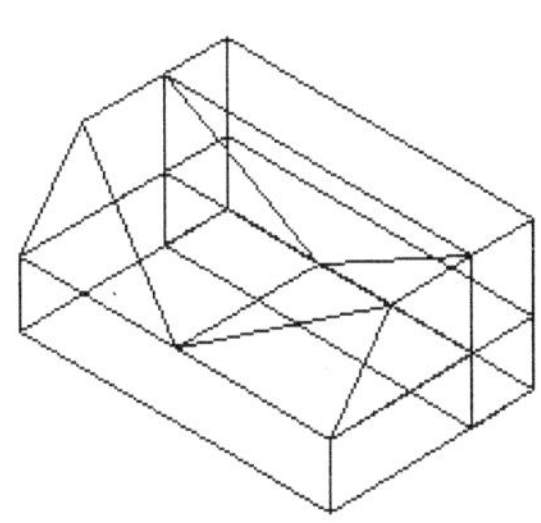

```
Command:
UNION
Select objects: Specify opposite corner: 4 found
Select objects:
```

⇒ Move하여 모아진 도형 4개를 Union 한다.

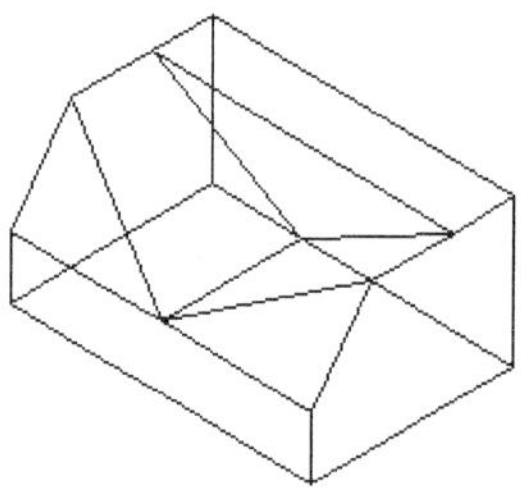

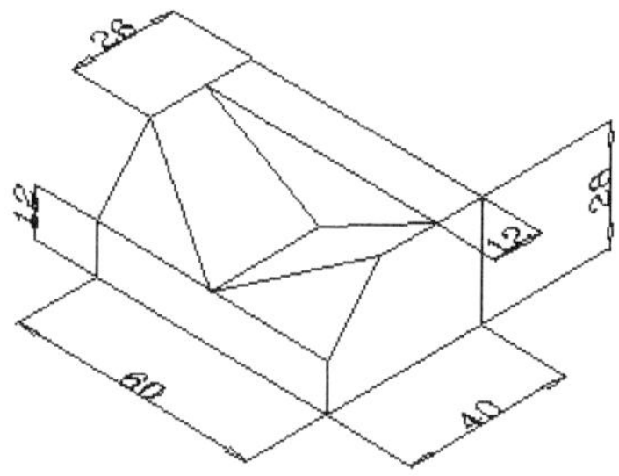

UCS(3 point)를 바꾸어 가며 DIM을 실행한다.

예 제 3

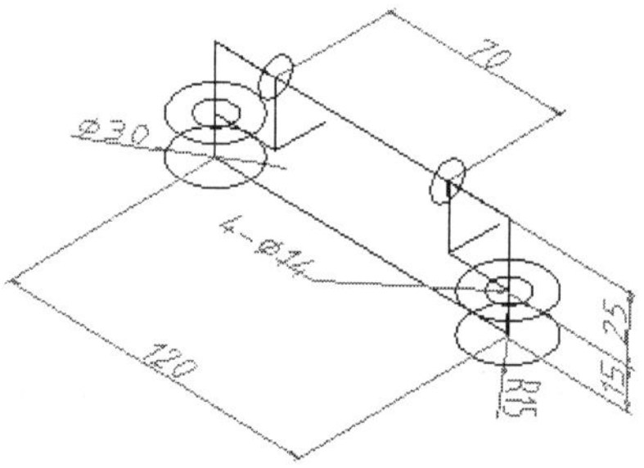

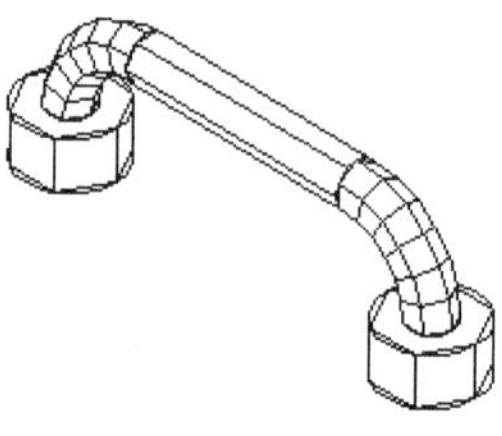

```
Command: vpoint
Current view direction:  VIEWDIR=0.0000,0.0000,1.0000
Specify a view point or [Rotate] <display compass and tripod>: 1,-1,1
```

```
Command: c
CIRCLE Specify center point for circle or [3P/2P/Ttr (tan tan radius)]:
Specify radius of circle or [Diameter]: 15
```

```
Command: l
LINE Specify first point: _cen of
Specify next point or [Undo]: @120,0,0
Specify next point or [Undo]:
```

```
Command: copy
Select objects: 1 found
Select objects:
Specify base point or displacement, or [Multiple]: Specify second point of
displacement or <use first point as displacement>:
Command: copy
```

```
COPY
Select objects: 1 found
Select objects:
Specify base point or displacement, or [Multiple]: _cen of Specify second point
of displacement or <use first point as displacement>: @0,0,15
Command: c
```

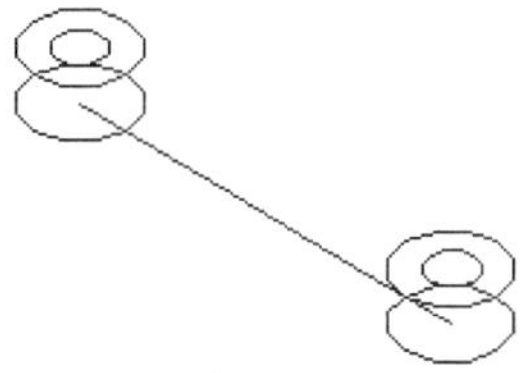

```
Command: c
CIRCLE Specify center point for circle or [3P/2P/Ttr (tan tan radius)]: _cen of
Specify radius of circle or [Diameter] <15.0000>: 7
```

```
Command: l
LINE Specify first point:
Specify next point or [Undo]: @0,0,40
Specify next point or [Undo]: @120,0,0
Specify next point or [Close/Undo]: @0,0,-40
```

```
Command: ucs
Current ucs name:  *WORLD*
Enter an option [New/Move/orthoGraphic/Prev/Restore/Save/Del/Apply/?/World]
<World>: y
Specify rotation angle about Y axis <90>: -90
```

```
Command: c
CIRCLE Specify center point for circle or [3P/2P/Ttr (tan tan radius)]:
Specify radius of circle or [Diameter] <7.0000>: 7
```

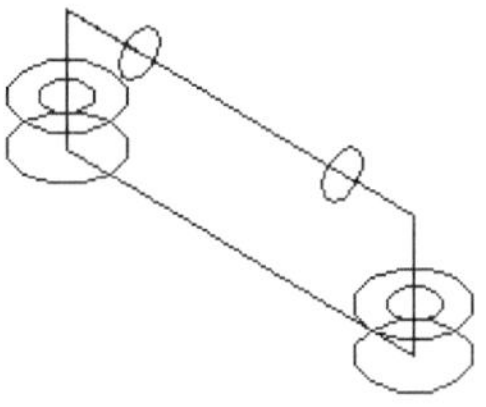

```
RULESURF
Current wire frame density:  SURFTAB1=6
Select first defining curve:
Select second defining curve:
```

```
REVSURF
Current wire frame density:  SURFTAB1=6  SURFTAB2=6
Select object to revolve:
Select object that defines the axis of revolution:
Specify start angle <0>: 0
Specify included angle (+=ccw, -=cw) <360>: 90
```

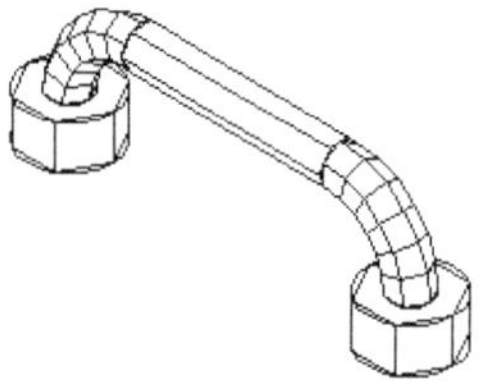

연습도면

Ubiquitous 설계를 위한 AutoCAD

Chapter 7

[2D-5] LINE-선그리기

- LIMIT - 도면 용지 설정
- (40, 210) 등의 절대좌표로 지정된 공간은 절대좌표로 적용시킨다.

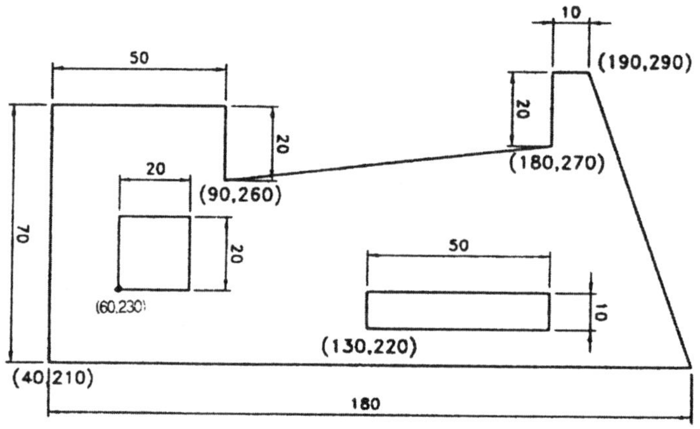

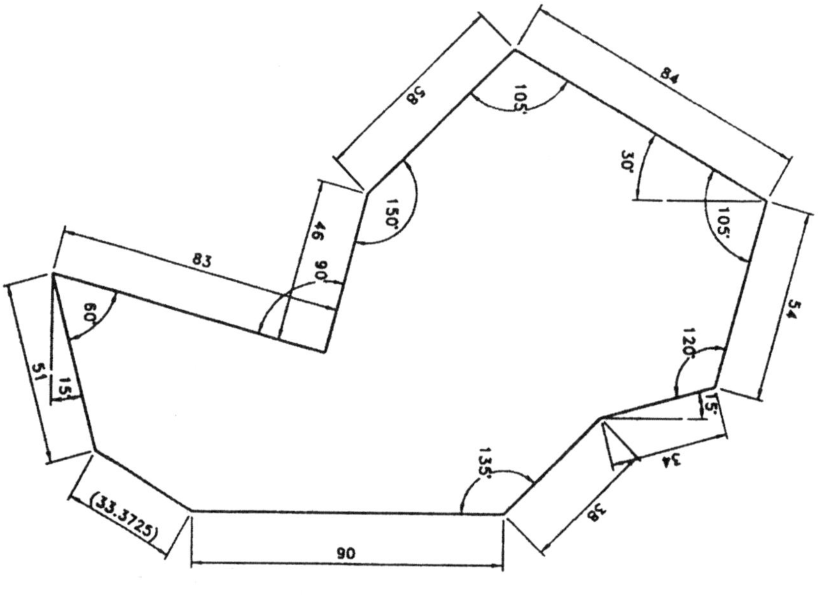

[2D-19] TRIM 사용하기

• TRIM – 지정된 경계요소로 잘래내기

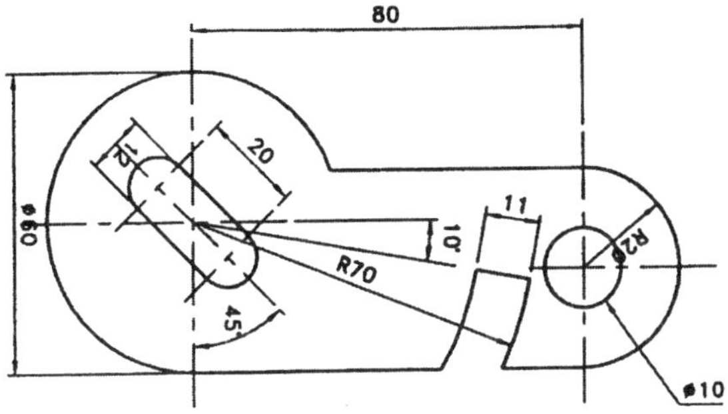

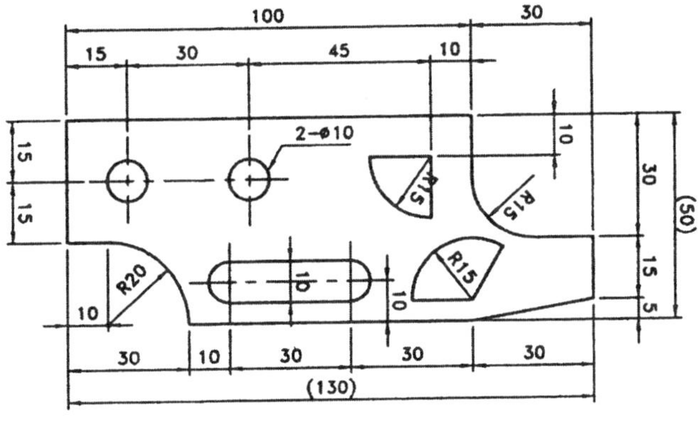

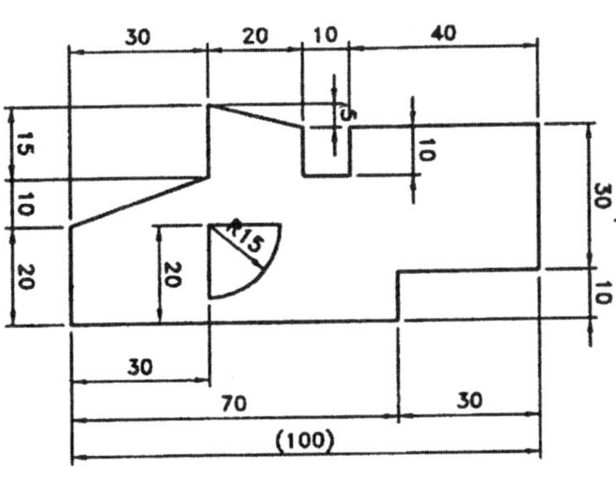

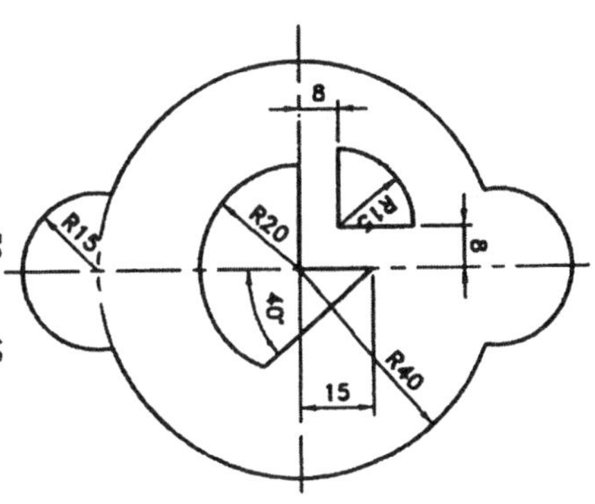

[2D-22] OFFSET 사용하기

- OFFSET – 일정 간격 평행 복사
- TRIM – 지정된 경계요소로 잘라내기

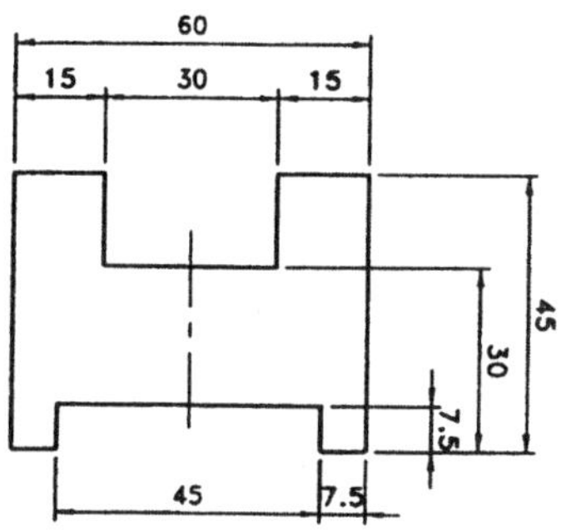

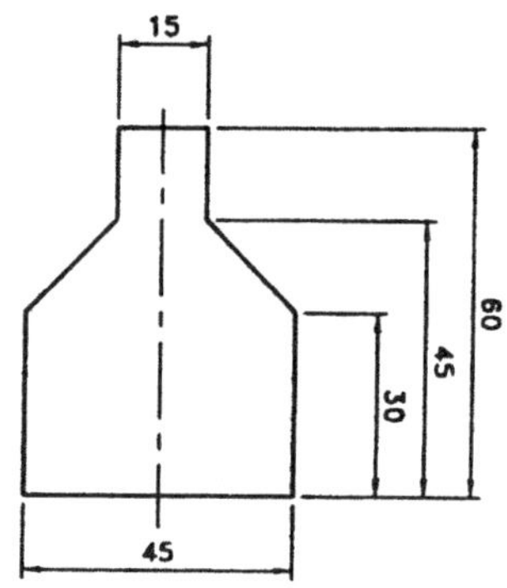

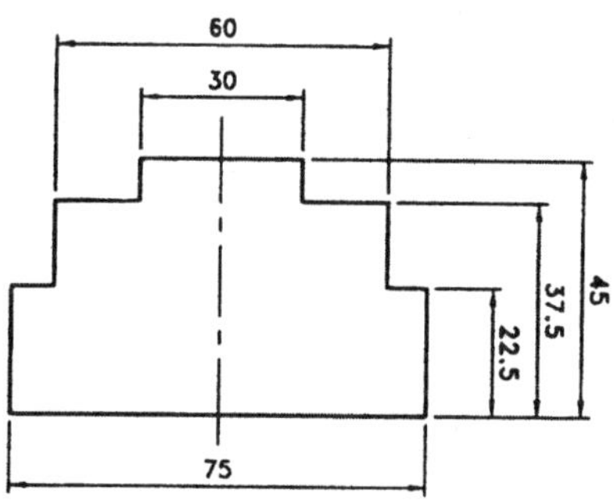

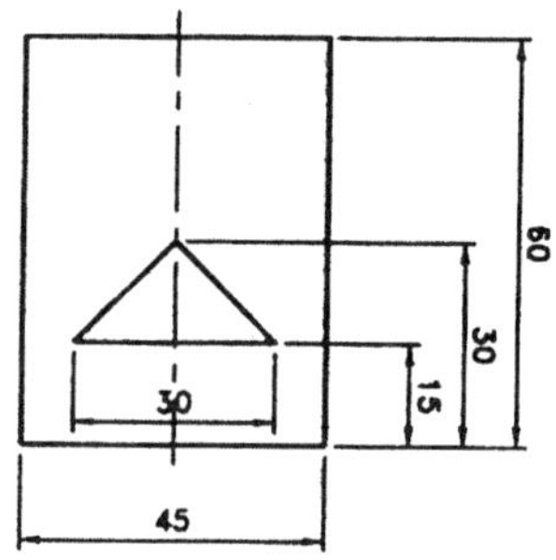

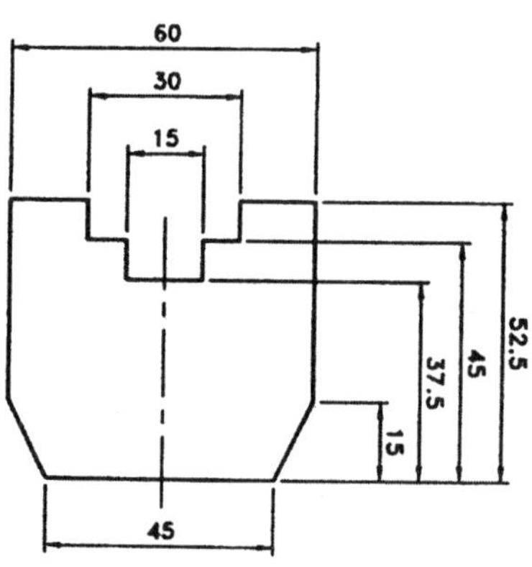

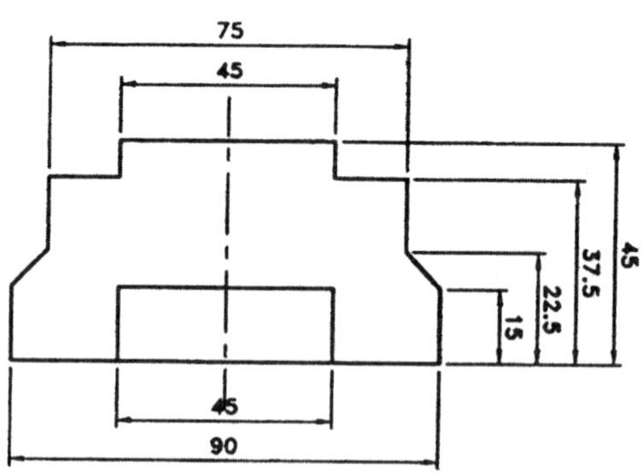

[2D-29] CIRCLE, TRIM 응용 1

- CIRCLE – 원그리기
- CIRCLE/TTR – 접점, 반지름 설정
- CIRCLE/2P – 두점을 이용한 원
- CIRCLE/3P – 세점을 이용한 원
- CIRCLE/RAD – 반지름 지정한 원
- CIRCLE/D – 지름을 지정한 원
- TRIM – 지정된 경계요소로 잘라내기

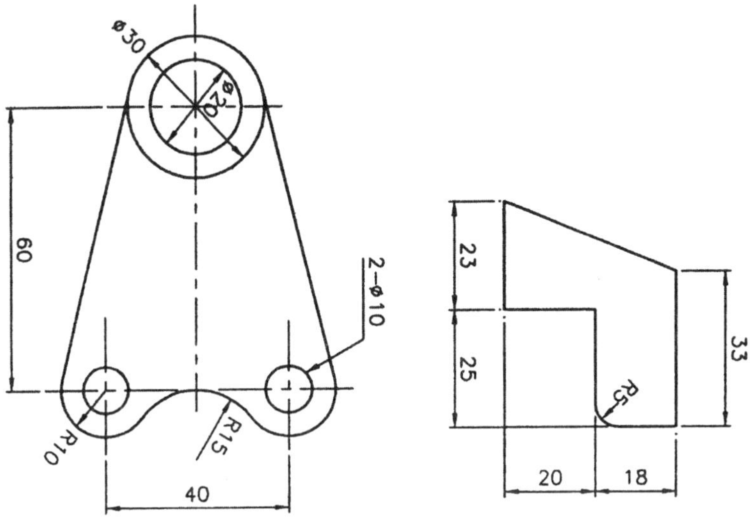

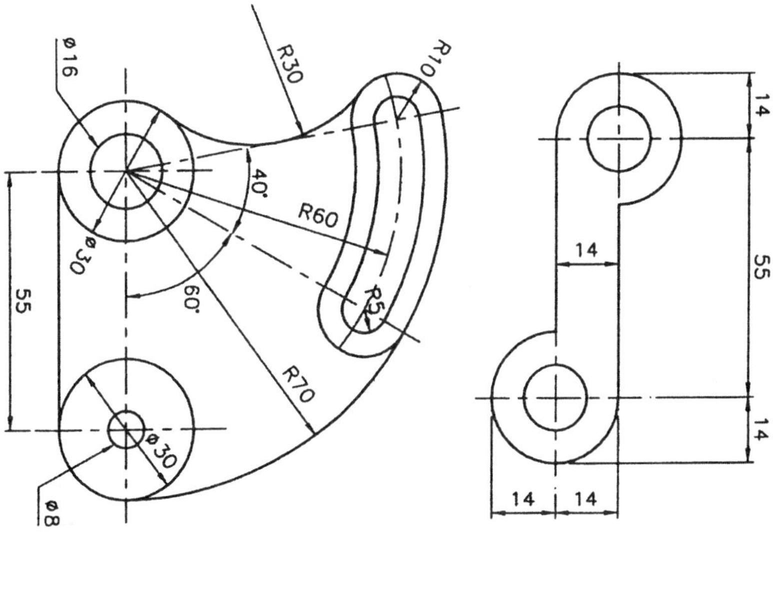

[2D-52] MIRROR, 수나사 제도

• C2란 – 모따기 가로, 세로 2mm로 45도의 경사선

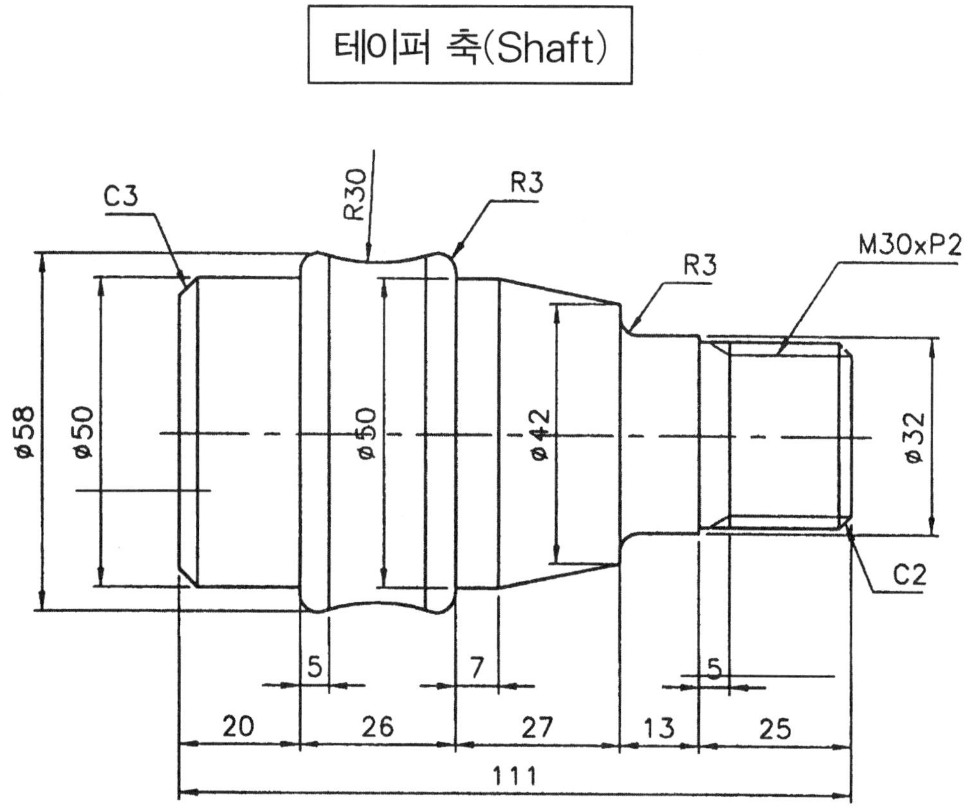

[2D/H-1] HATCH, BHATCH-해칭 단면하기

- MIRROR - 대칭복사
- FILLET - RADIUS(반지름) 지정
  라운드 모따기

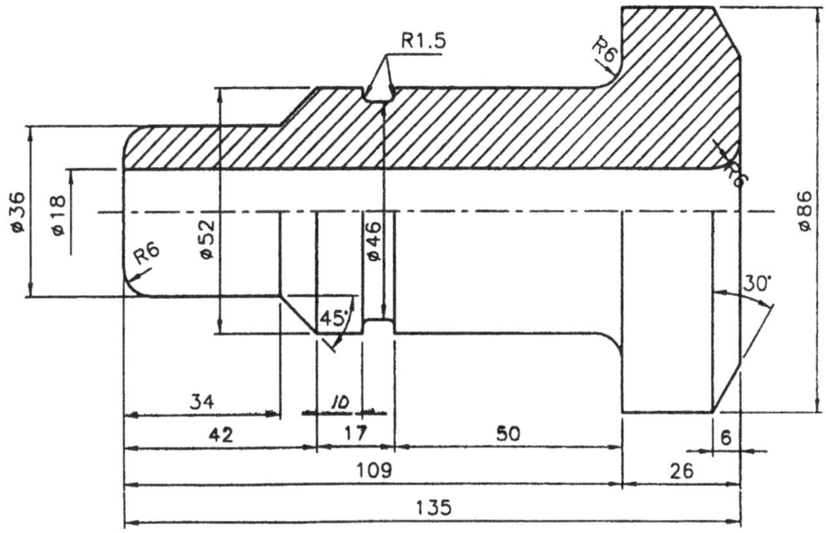

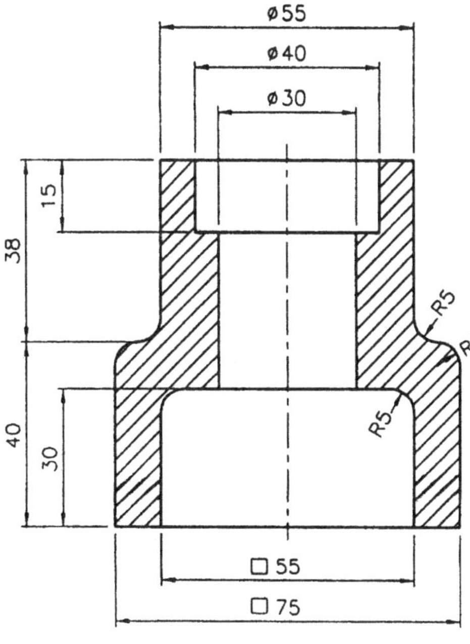

보올트 · 너트

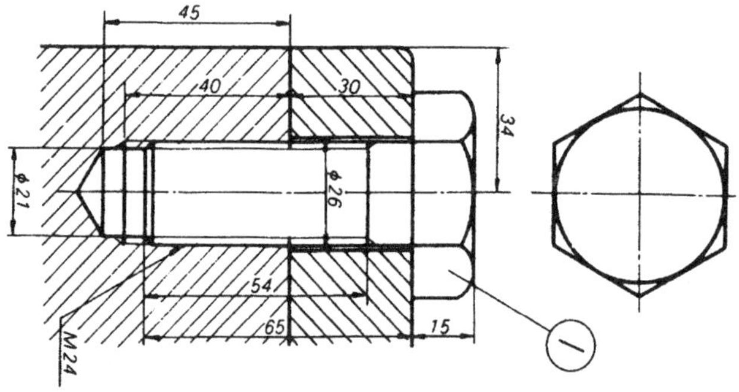

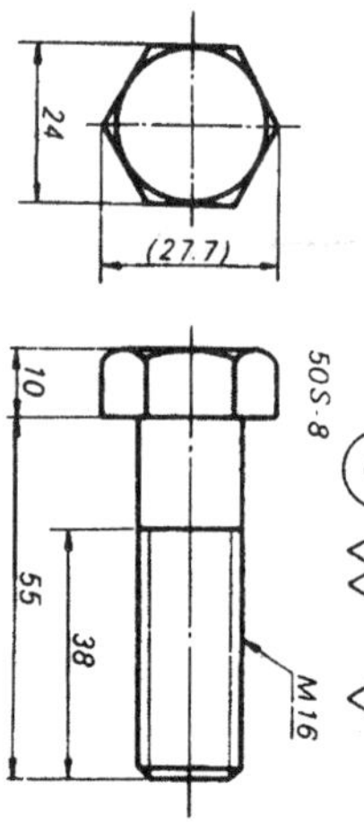

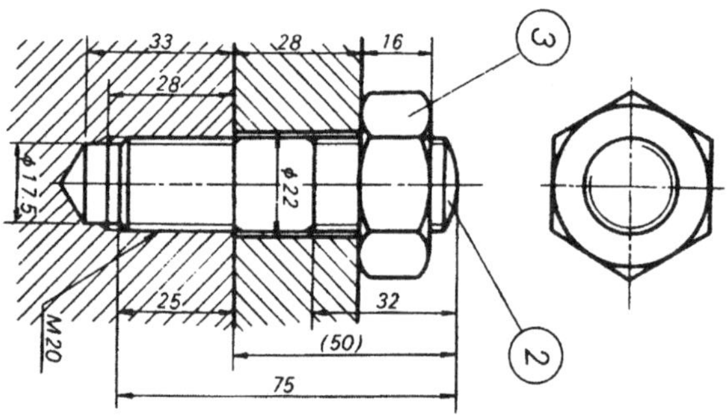

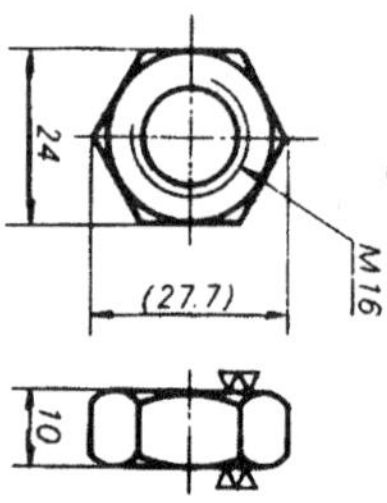

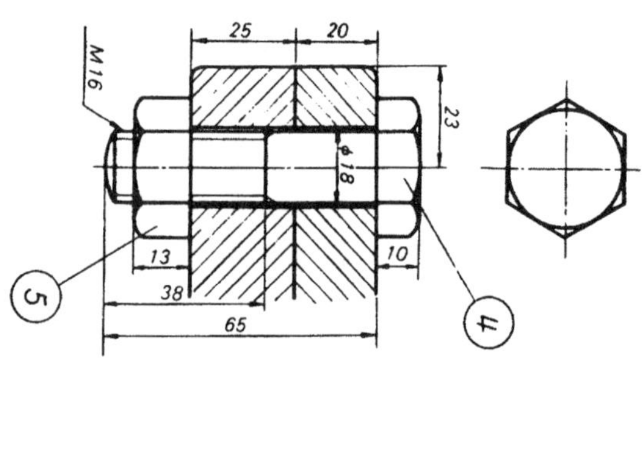

소형 잭

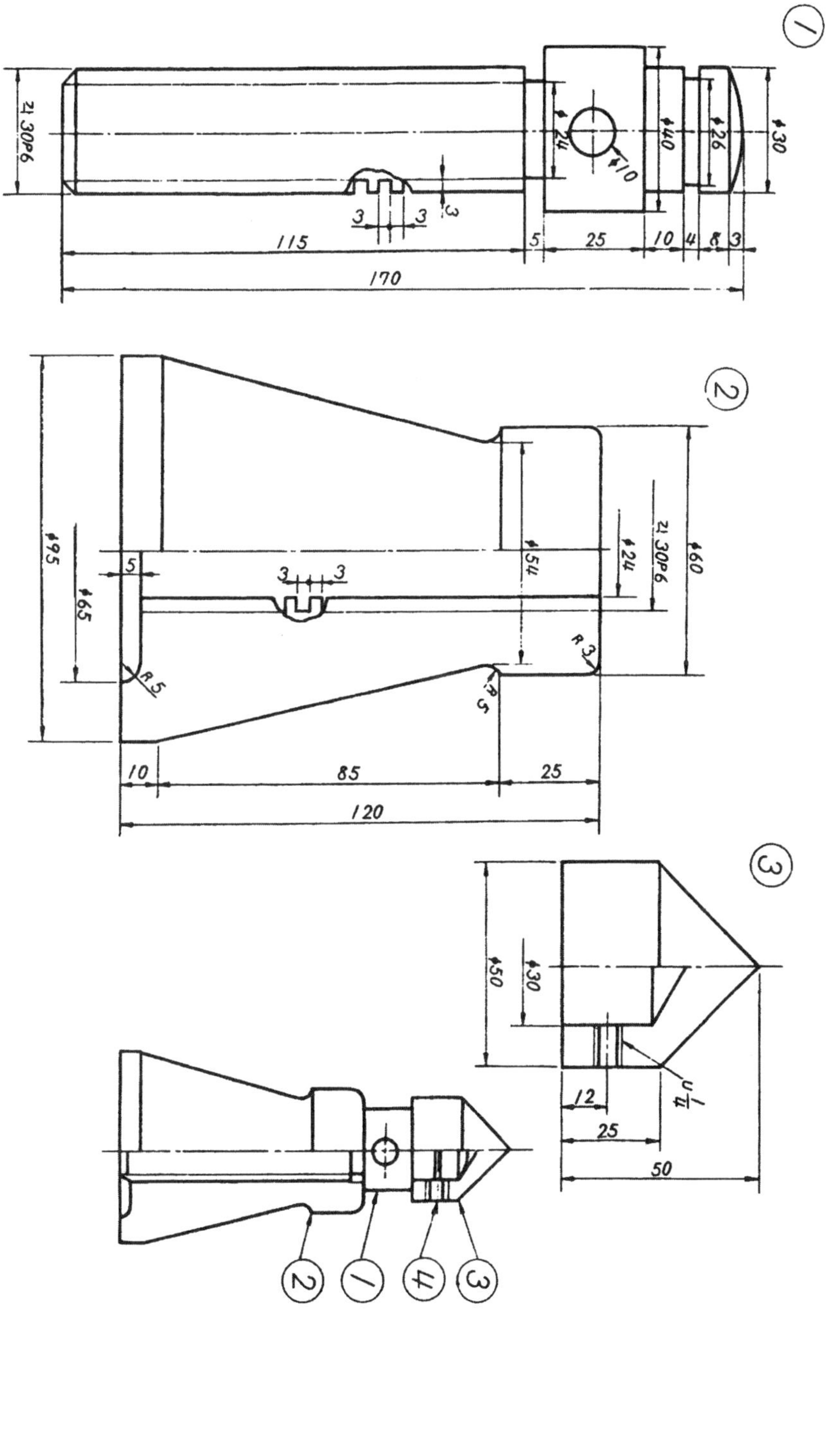

박스 스패터

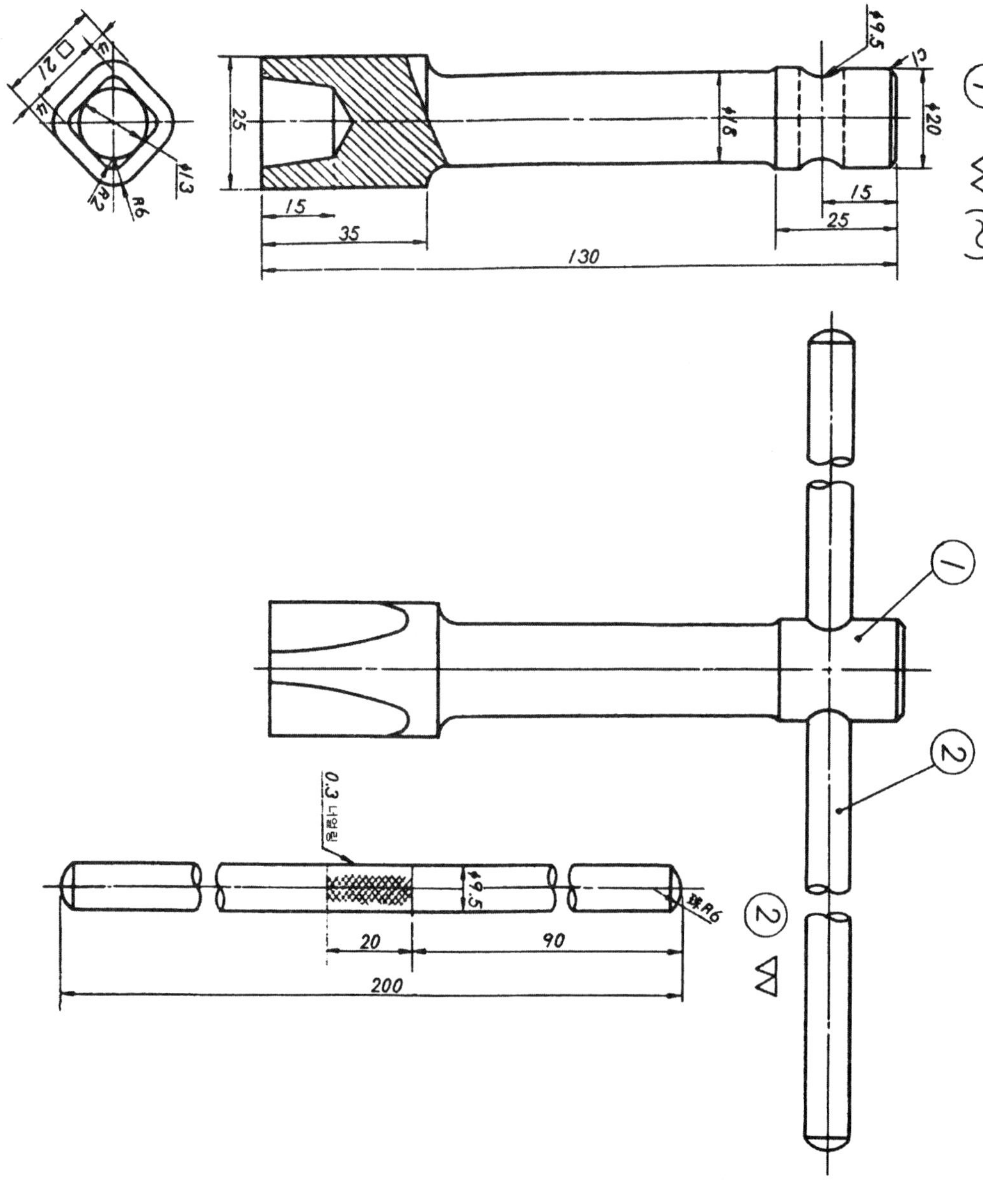

스패너

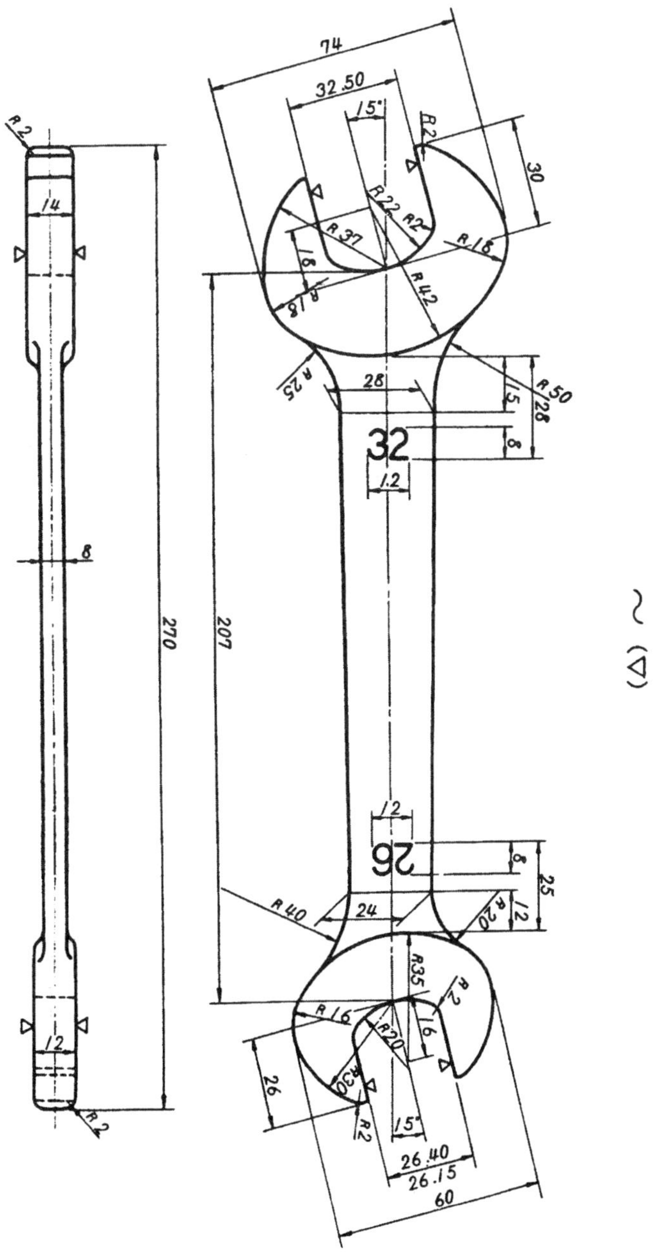
74
32.50
15°
R2
30
R22
R2
R37
R18
18
R42
R8
18
R25
28
15
R50
28
32
8
12
270
207
14
8
12
26
8
25
R40
24
R20
12
R35
R2
R16
R20
16
R30
26
R2
15°
26.40
26.15
60
12
R2
~ (▽)

훅

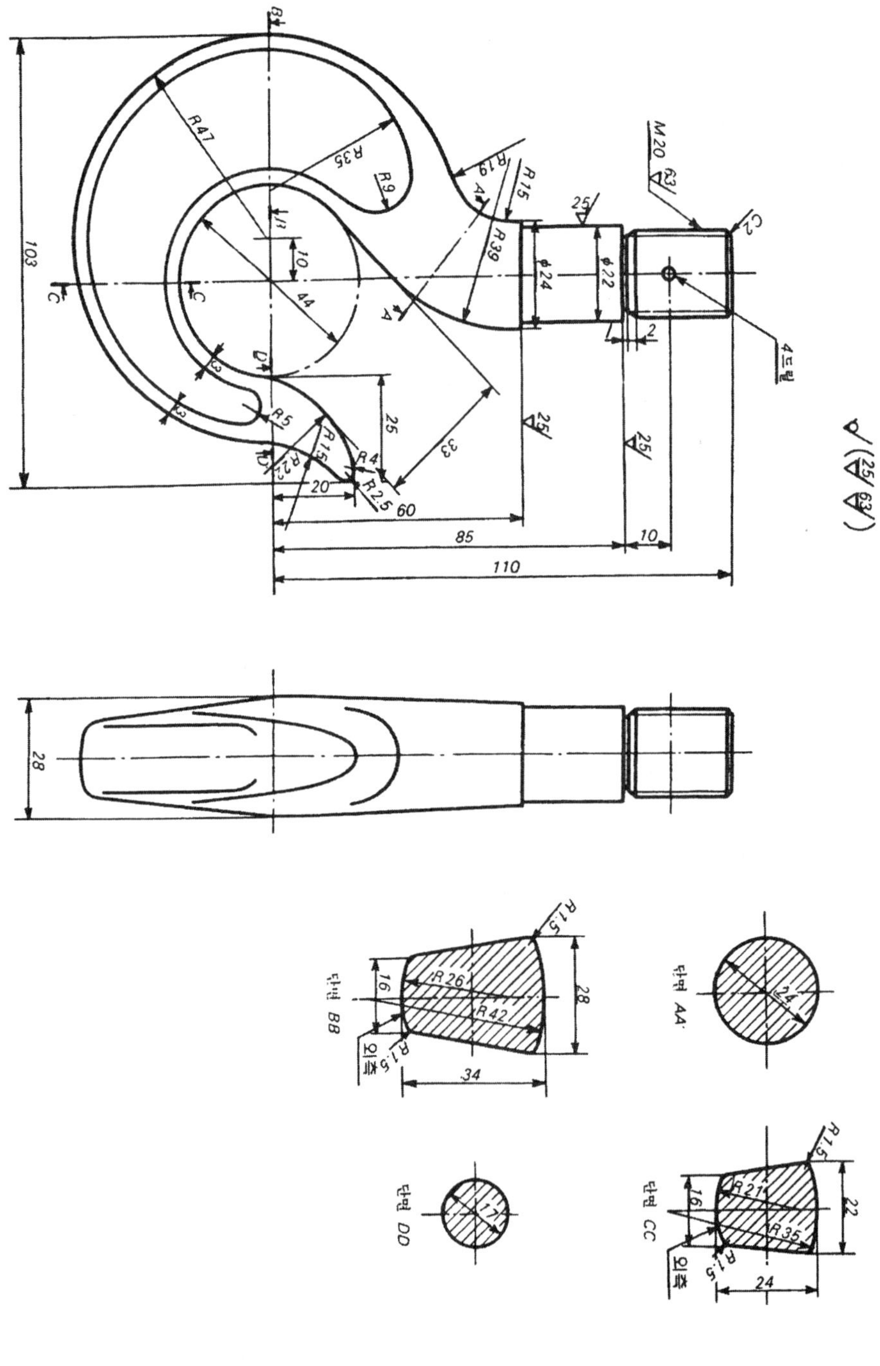
단면 AA
단면 BB
단면 CC
단면 DD
외측
M20
4드릴
R47
R35
R9
R19
R15
R39
φ24
φ22
103
28
85
110
60
33

핸들 휠

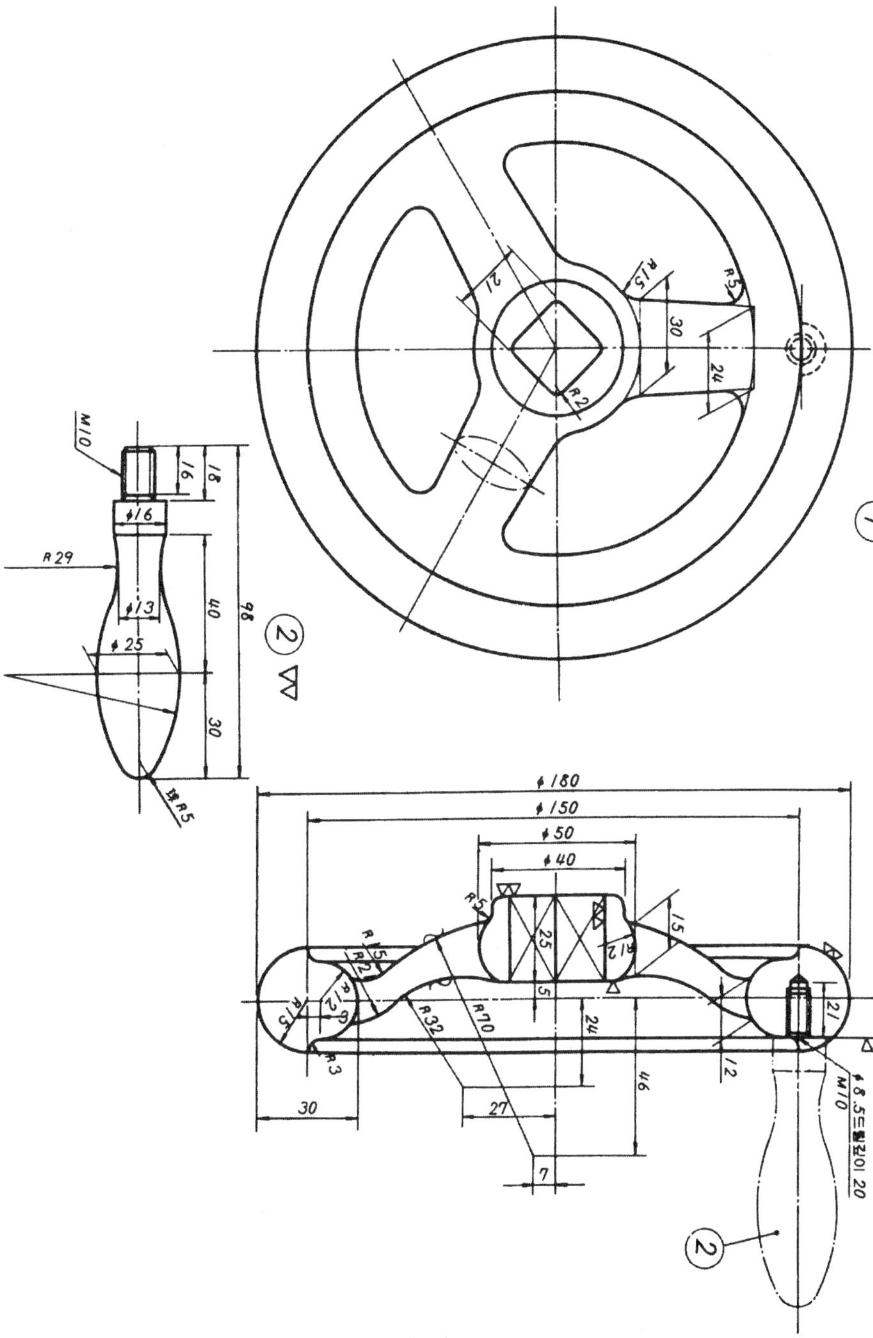

크랭크 축

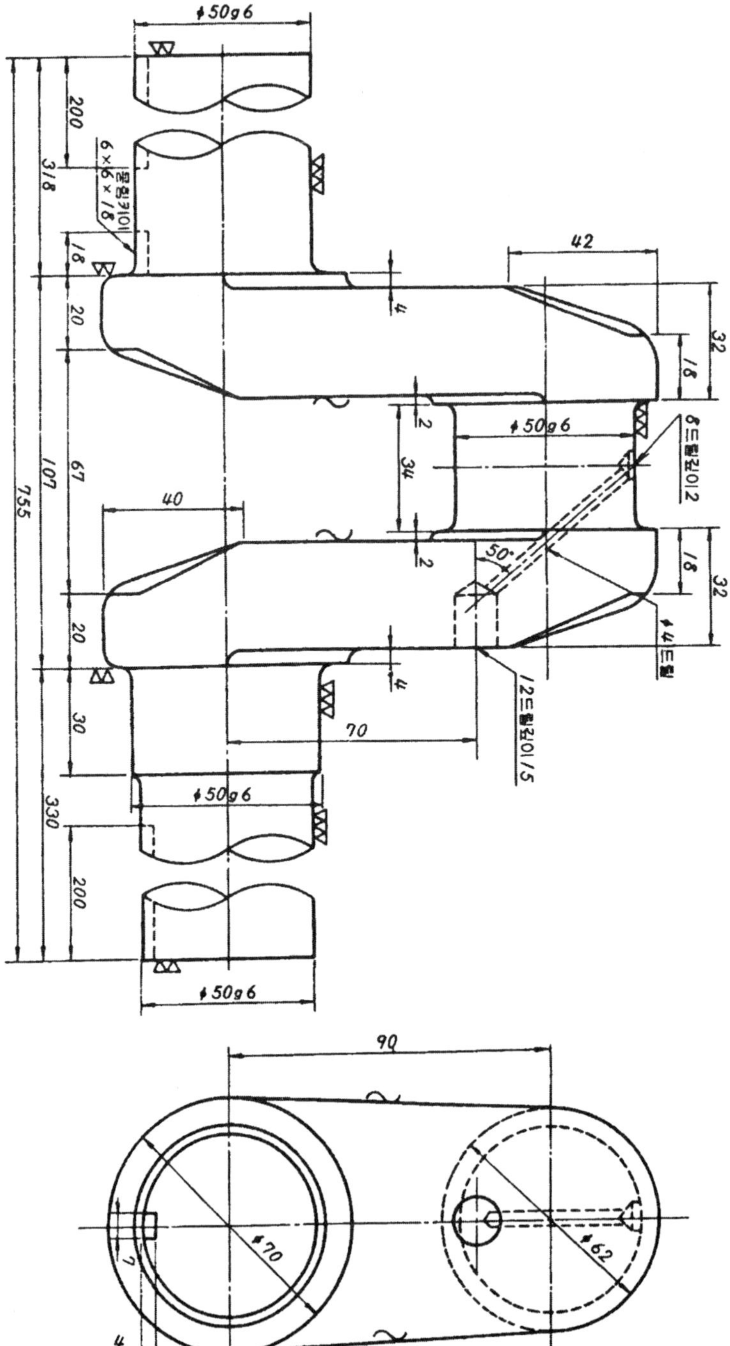
ϕ50g6
200
318
18
20
67
107
755
20
30
330
200
ϕ50g6
42
32
18
ϕ50g6
34
2
2
4
4
40
50°
18
32
70
90
ϕ70
ϕ62
7
4

[2D/H-4] BHATCH-해칭단면하기 기초 단면 이해하기

• 원은 원형으로 ARRAY(P형) 배열 사용

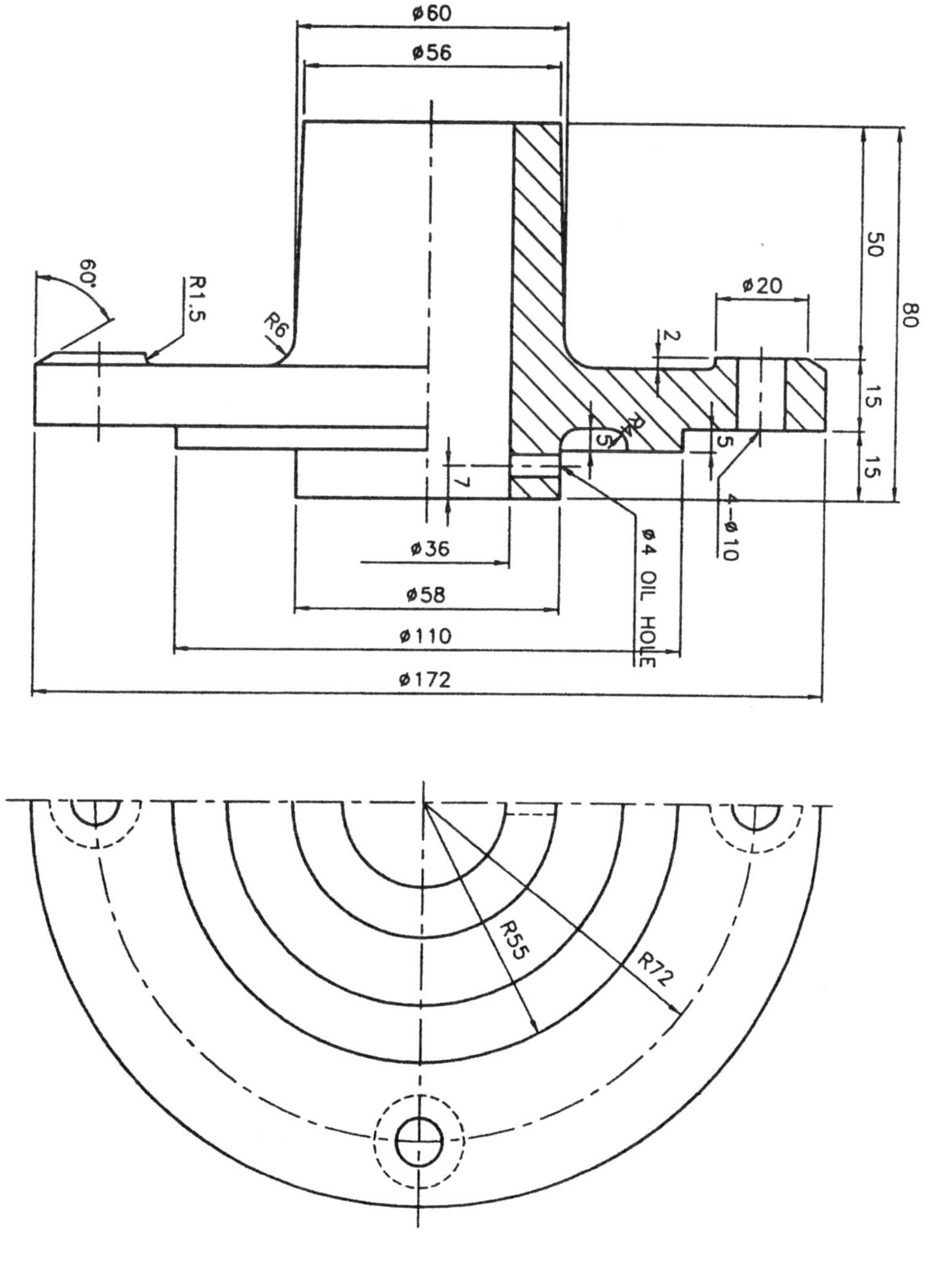

[2D/H-4] BHATCH의 응용

- BHATCH – 단면 해칭하기
- MIRROR – 대칭 복사하기
- PLINE – 두께를 가진 연결선 그리기
- PEDIT – PLINE 편집
  PEDIT/SPLINE – 파단선 그리기, 자유곡선 그리기

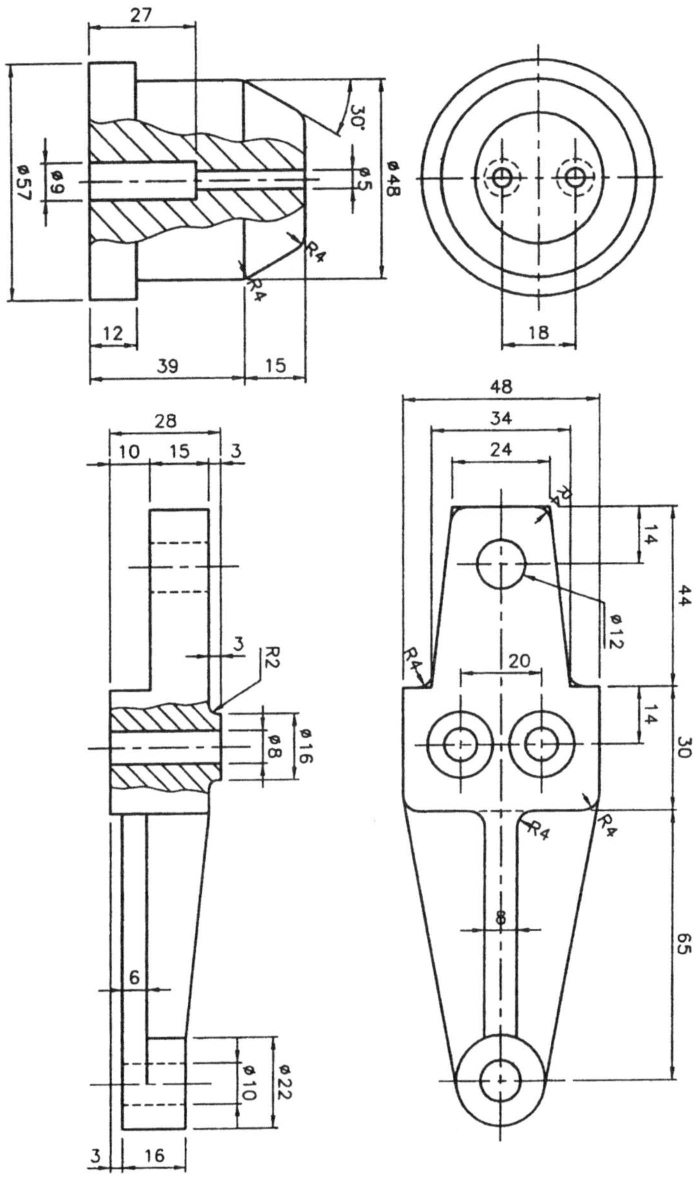

[2D/H-14] HATCH-해칭하기

• DTEXT – 문자쓰기(부품번호) • MIRROR – 대칭 복사하기

• COPY – 복사하기

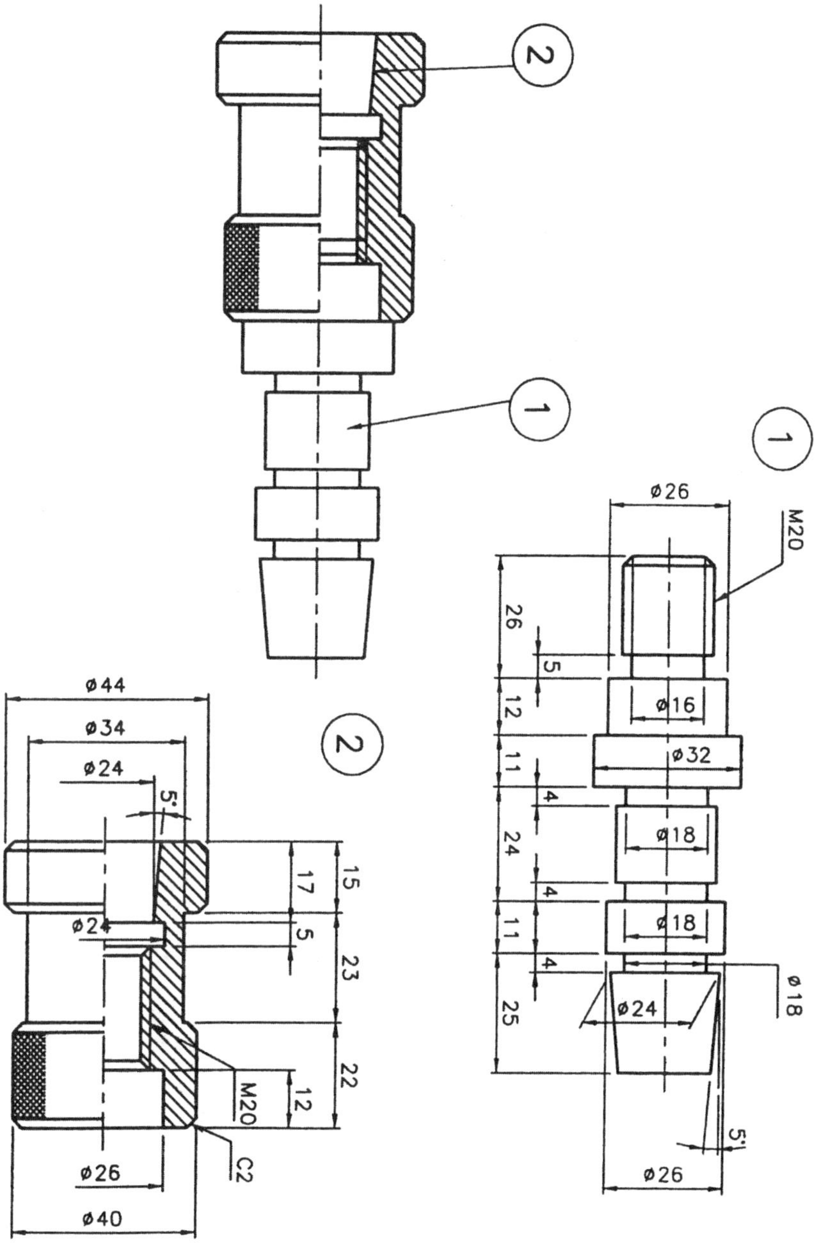

[2D/T-8] DTEXT 응용 3. 부품란 그리기

- DTEXT – 문자쓰기
- DDEDIT – 문자의 내용 편집
- STYLE – 문자의 종류 선택

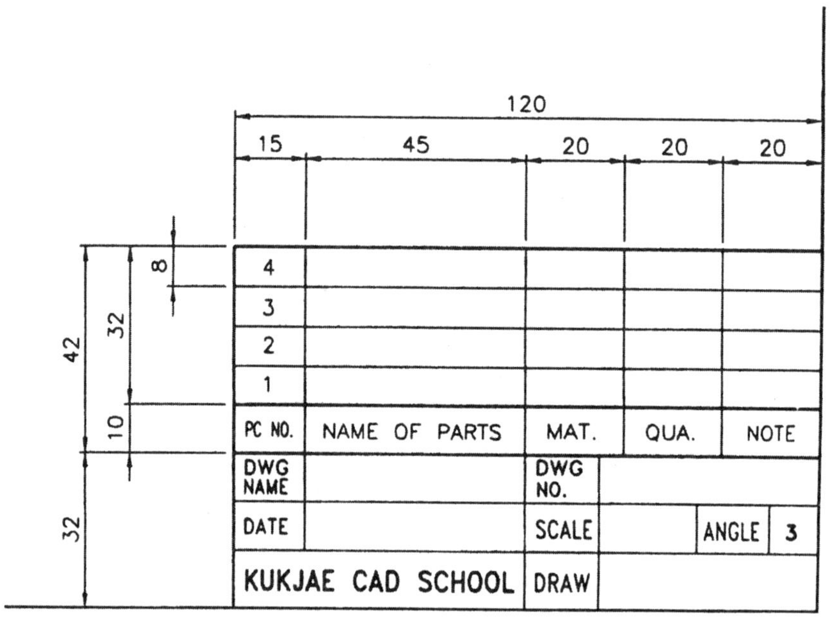

[2D/T-10] 벨트폴리 · 축 그리기

- MIRROR – 대칭 복사하기
- DTEXT, TEXT – 문자쓰기
- DDEDIT – 문자의 내용 편집
- STYLE – 문자의 종류 선택

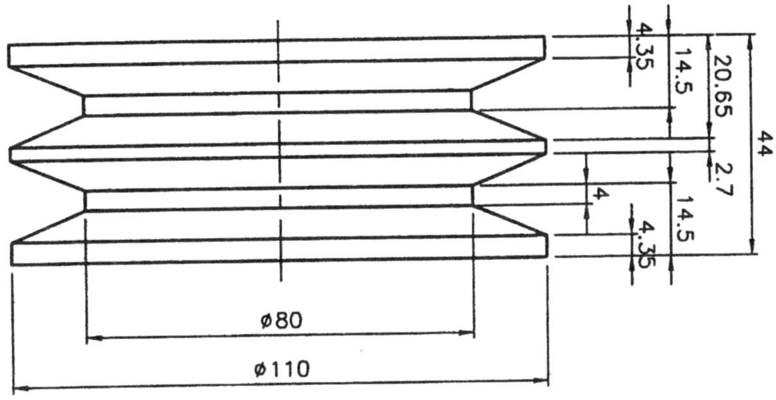

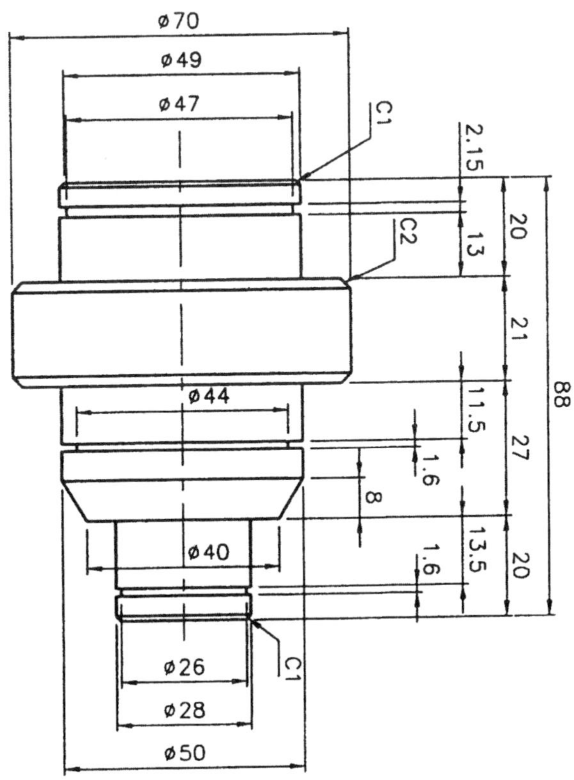

[2D/T-12] 암나사 그리기

- BHATCH – 단면 해칭하기
- ARRAY–(P)원형 배열 복사하기

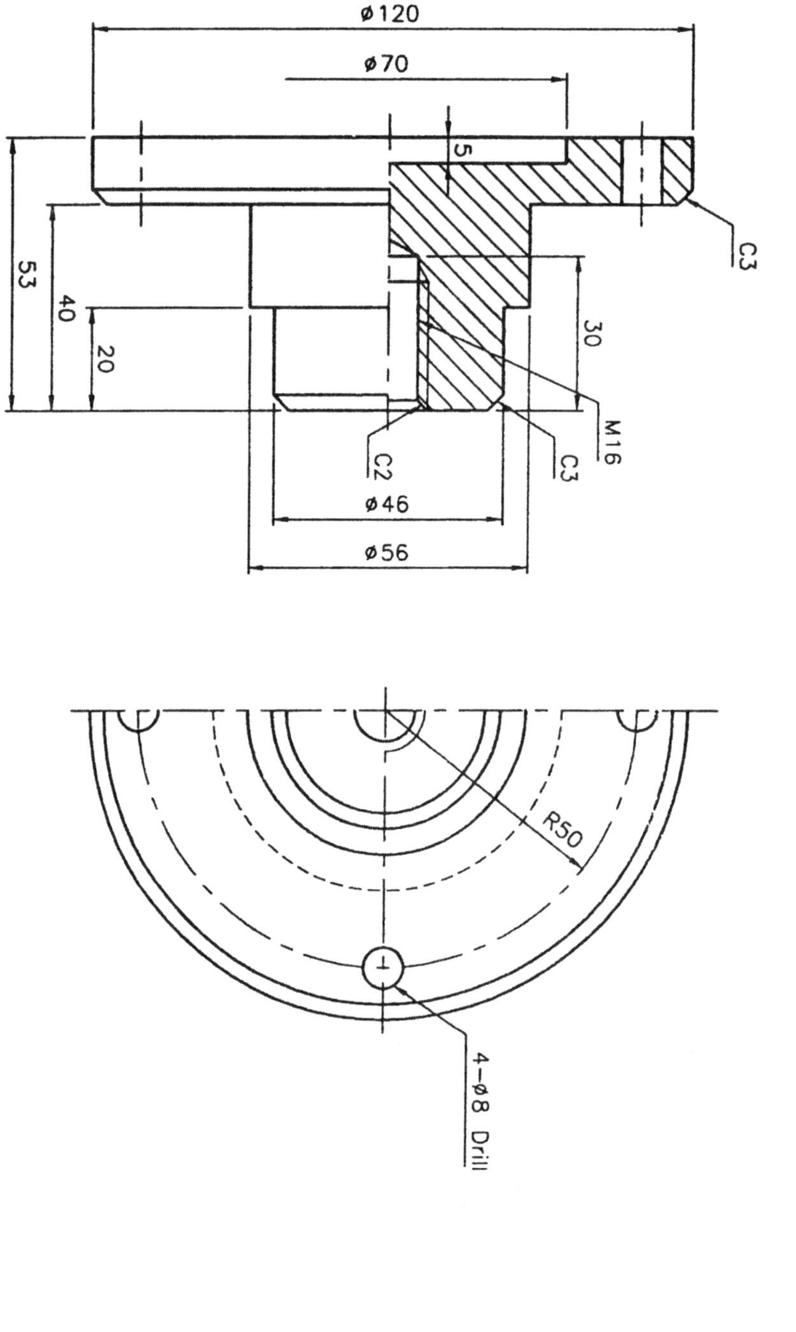

[2D/T-15] 한글 쓰기, 주서 쓰기, 다듬질 기호 그리기

- DTEXT - 문자쓰기
- STYLE - 문자종류 선택 지정

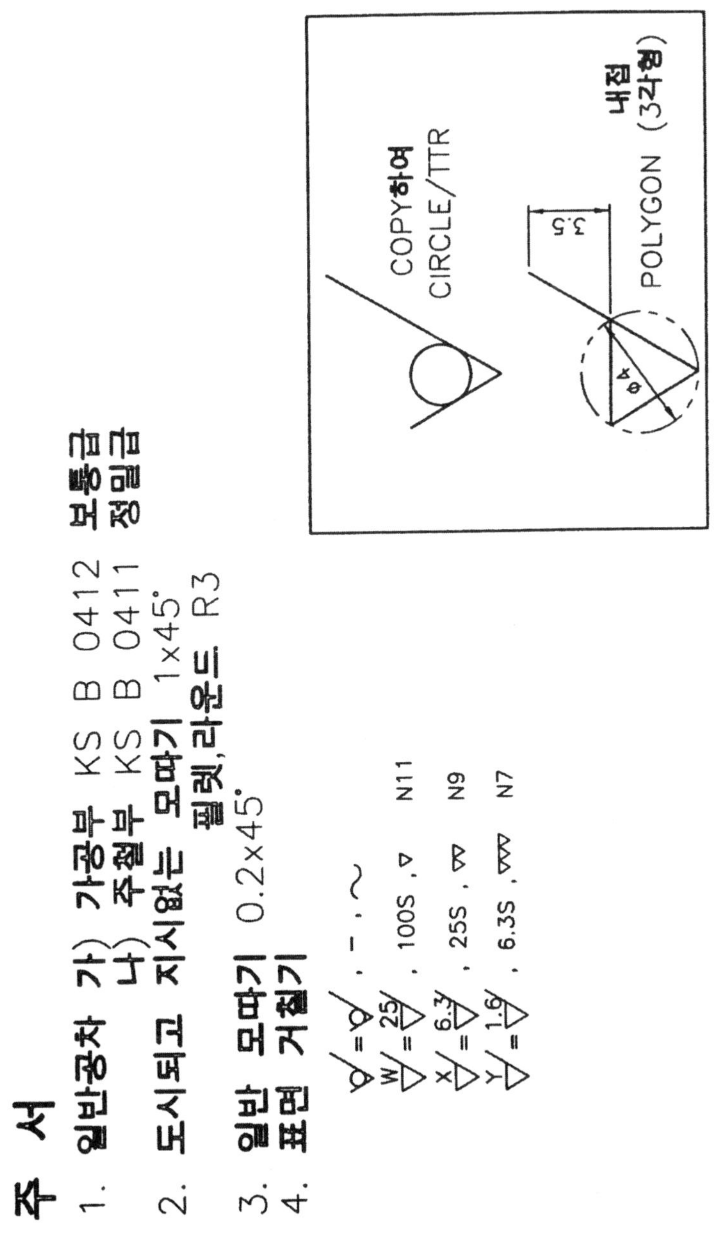

[2D/D-18] 치수기입, DIM-치수기입

• PEDIT - PLINE 편집

PEDIT/SPLINE - 파단선 그리기

자유곡선 그리기

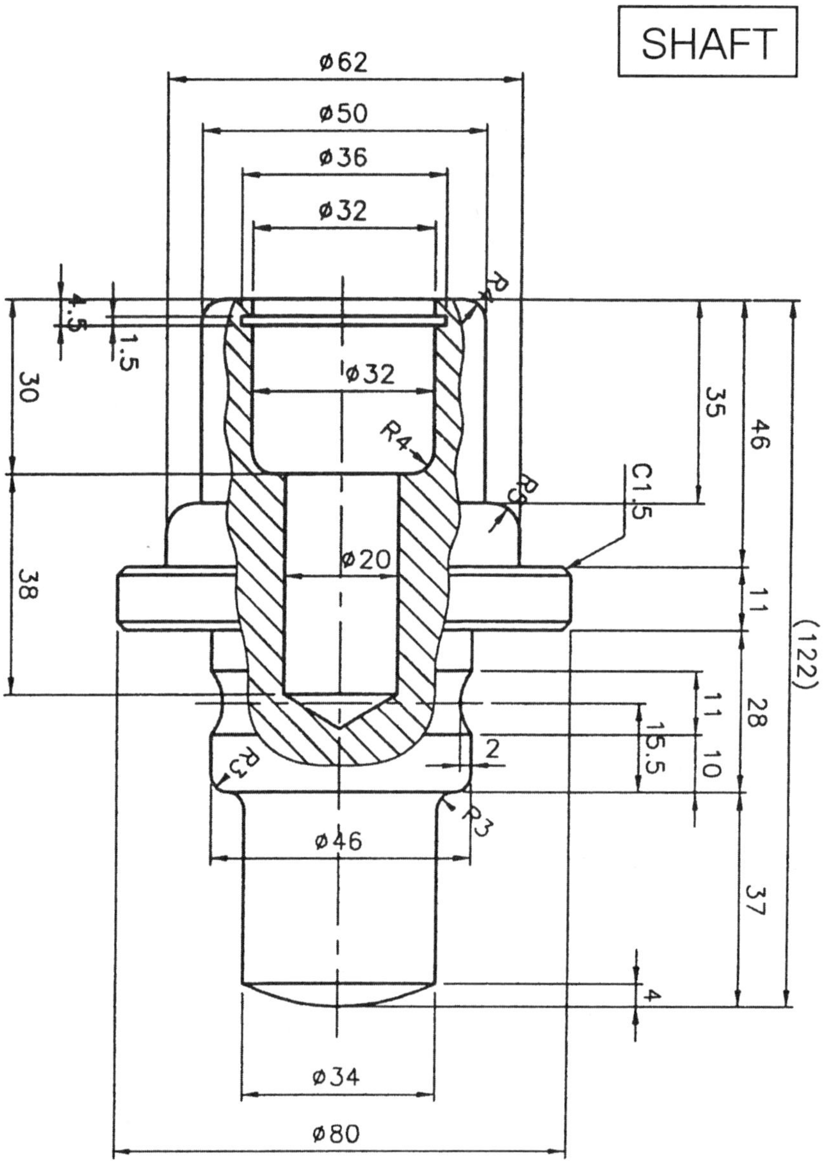

[2D/D-20] 치수기입, DIM-치수기입

Sleeve

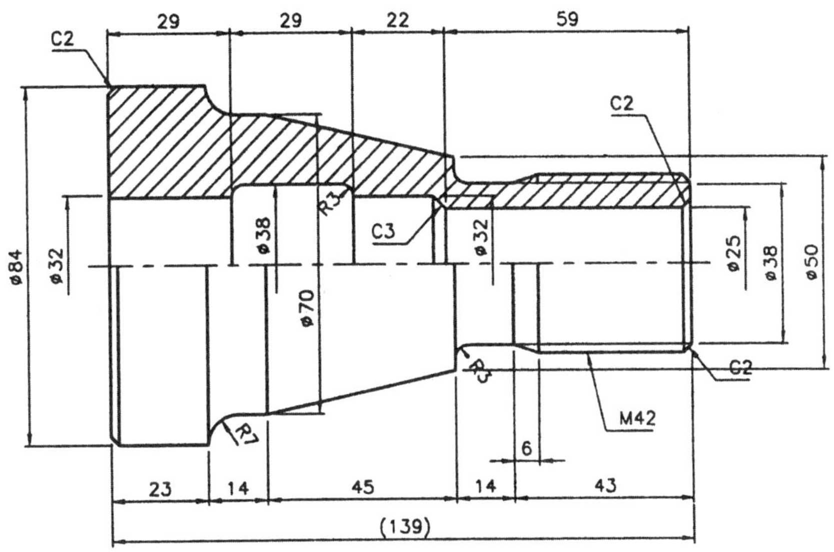

Bushing

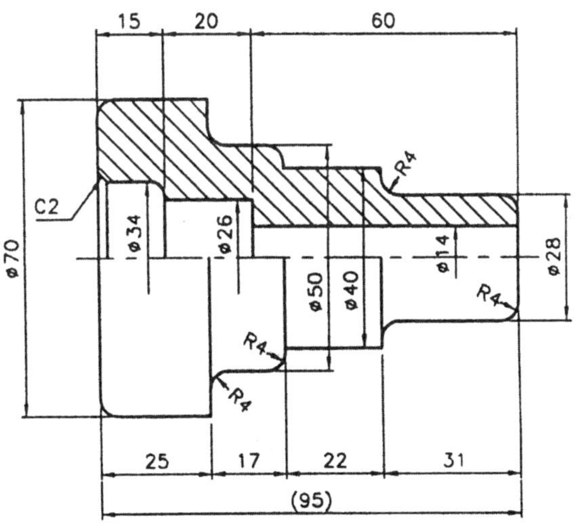

[2D/D-22] 치수기입

- SCALE - 요소의 확대, 축소
- DIM - 치수기입

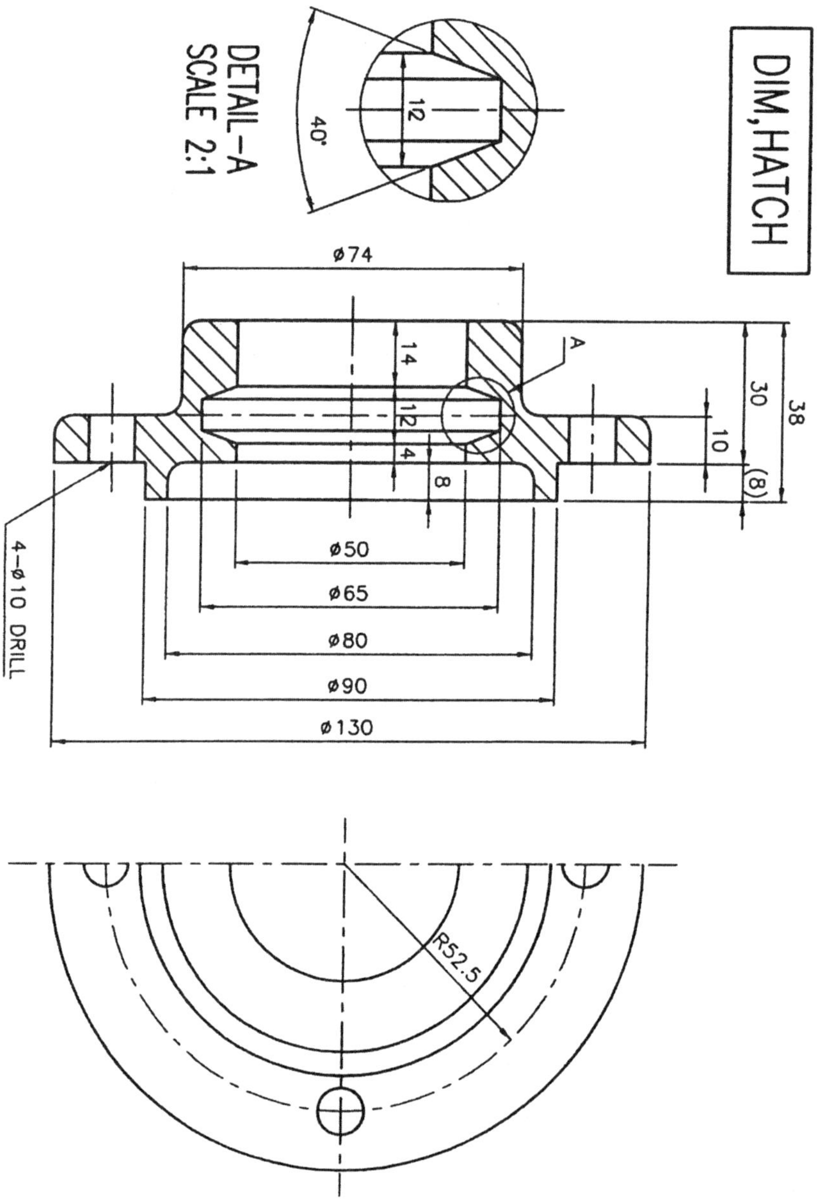

[2D/D-26] 치수기입

• DIM – 치수기입 • ARRAY – (P)원형 배열 복사하기

• PEDIT – PLINE 편집

PEDIT/SPLINE – 파단선 그리기, 자유곡선 그리기

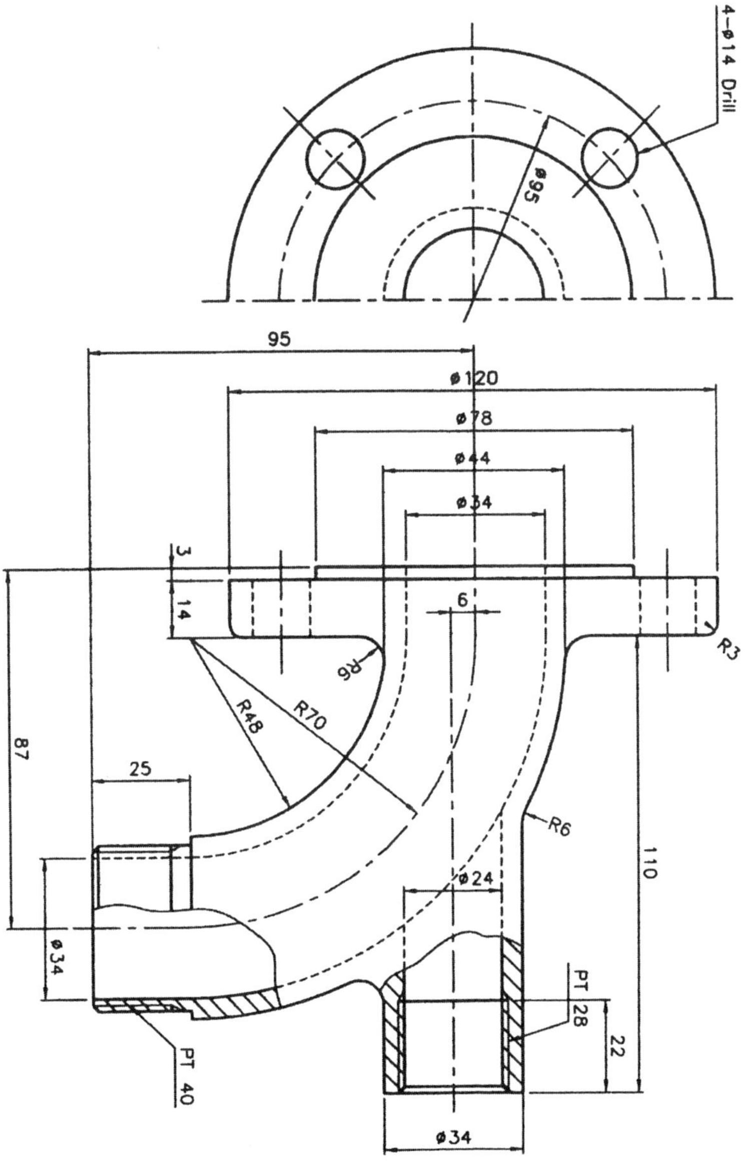

[2D/D-33] DIM-치수기입

• 기계 요소 도면 2.
(볼트 : 수나사, 너트 : 암나사)

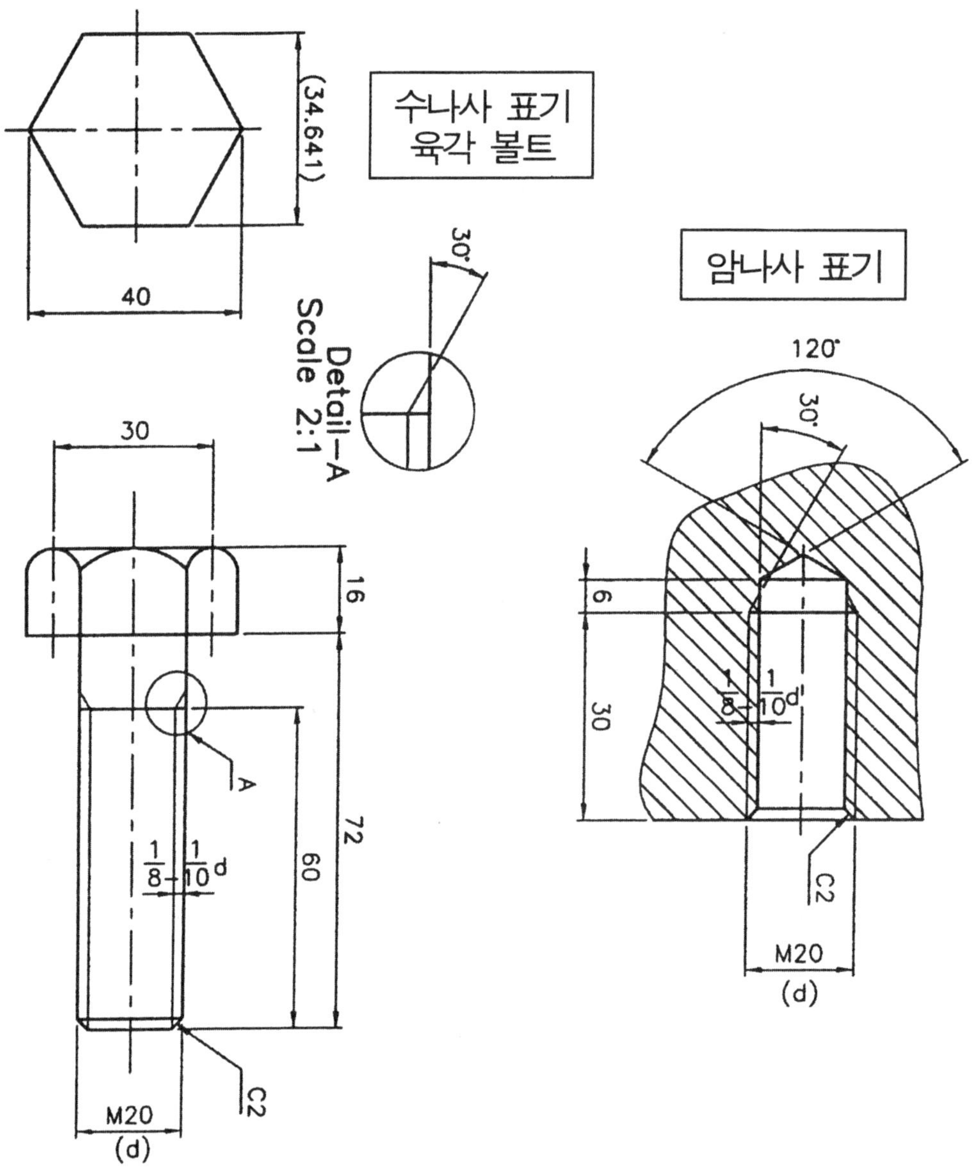

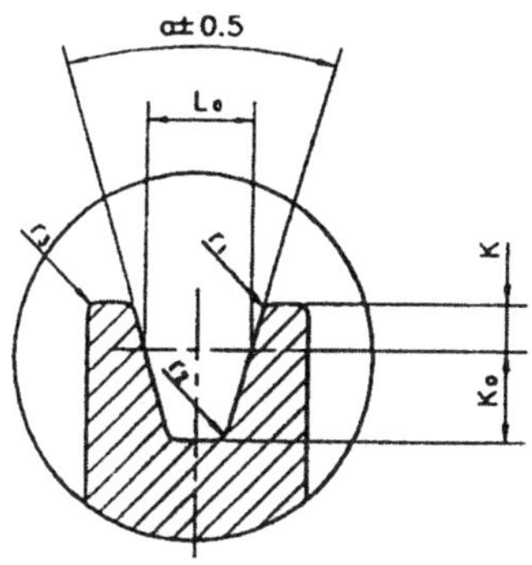

V-m 벨트 풀리

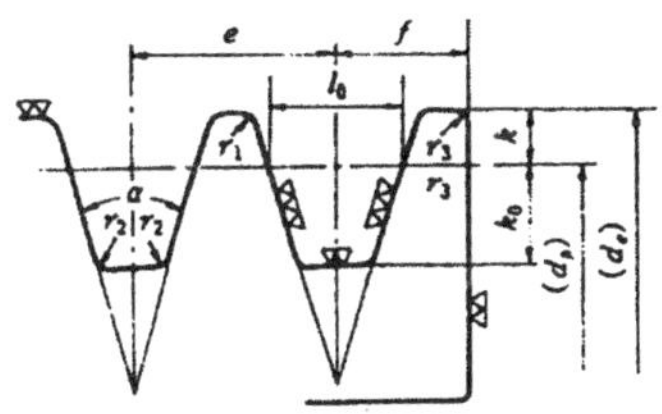

홈부의 치수허용차 KS B 1400

<table>
<tr><th>V벨트의 형별</th><th>α의 허용차(·)</th><th>k의 허용차</th><th>e의 허용차</th><th>f의 허용차</th></tr>
<tr><td>M</td><td rowspan="6">±0.5</td><td rowspan="3">+0.2
0</td><td>-</td><td rowspan="4">+2
−1</td></tr>
<tr><td>A</td><td rowspan="2">±0.4</td></tr>
<tr><td>B</td></tr>
<tr><td>C</td><td>+0.3
0</td><td rowspan="3">±0.5</td></tr>
<tr><td>D</td><td>+0.4
0</td><td>+3
−1</td></tr>
<tr><td>E</td><td>+0.5
0</td><td>+4
−1</td></tr>
</table>

주 : k의 허용차는 외경 d_e을 기준으로 하여 홈폭의 l_e가 되는 d_p의 위치의 허용차를 표시한다.

KS B 1400

형별	호칭경	α°	l_e	k	k_0	e	f	r_1	r_2	r_3	(참고) V벨트의 두께
M	50 이상 71 이하 71 이상 90 이하 90 이상인 것	34 36 38	8.0	2.7	6.3	-	9.5	0.2~0.5	0.5~1.0	1~2	5.5
A	71 이상 100 이하 100 이상 125 이하 125 이상인 것	34 36 38	9.2	4.5	8.0	15.0	10.0	0.2~0.5	0.5~1.0	1~2	9
B	125 이상 160 이하 160 이상 200 이하 200 이상인 것	34 36 38	12.5	5.5	9.5	19.0	12.5	0.2~0.5	0.5~1.0	1~2	11
C	200 이상 250 이하 250 이상 315 이하 315 이상인 것	34 36 38	16.9	7.0	12.0	25.5	17.0	0.2~0.5	1.0~1.6	2~3	14
D	355 이상 450 이하 450 이상인 것	36 38	24.6	9.5	15.5	37.0	24.0	0.2~0.5	1.6~2.0	3~4	19
E	500 이상 630 이하 630 이상인 것	36 38	28.7	12.7	19.3	44.5	29.0	0.2~0.5	1.6~2.0	4~5	25.5

V벨트 풀리 외경의 허용차

KS B 1400

호칭경	외경 d_e의 허용차
75 이상 118 이하 125 이상 300 이하	±0.5 ±0.8
315 이상 630 이하 710 이상 900 이하	±1.2 ±1.6

V벨트 풀리 외주 및 림 측면의 진동 허용차

KS B 1400

호칭경	외주의 흔들림 허용차	림측면 흔들림 허용차
75 이상 118 이하 125 이상 300 이하 315 이상 630 이하 710 이상 900 이하	0.3 0.4 0.6 0.8	0.3 0.4 0.6 0.8

V벨트의 형 선정의 일반기준

전달마력 HP	원주속도 m/sec		
	10 이하	10~17	17 이상
2 이하 2~5 5~10 10~25 25~50 50~100 100~150 150 이상	A B B 또는 C C C 또는 D D E F	A B B B 또는 C C C 또는 D D E	A A 또는 B B B 또는 C C C 또는 D D E

V벨트 1개당 전달 동력(kW)

V벨트의 모양별	V벨트의 속도(m/sec)			
	5	10	15	20
M A B	0.25 0.45 0.75	0.45 0.8 1.4	0.6 1.2 2.0	0.7 1.3 2.2
C D E	1.25 2.5 4.0	2.4 5.0 7.5	3.3 6.5 10.0	3.8 7.5 12.0

[2D/D−38] DIM−치수기입

• 기계 요소 도면 7.(V−BELT 폴리 그리기)

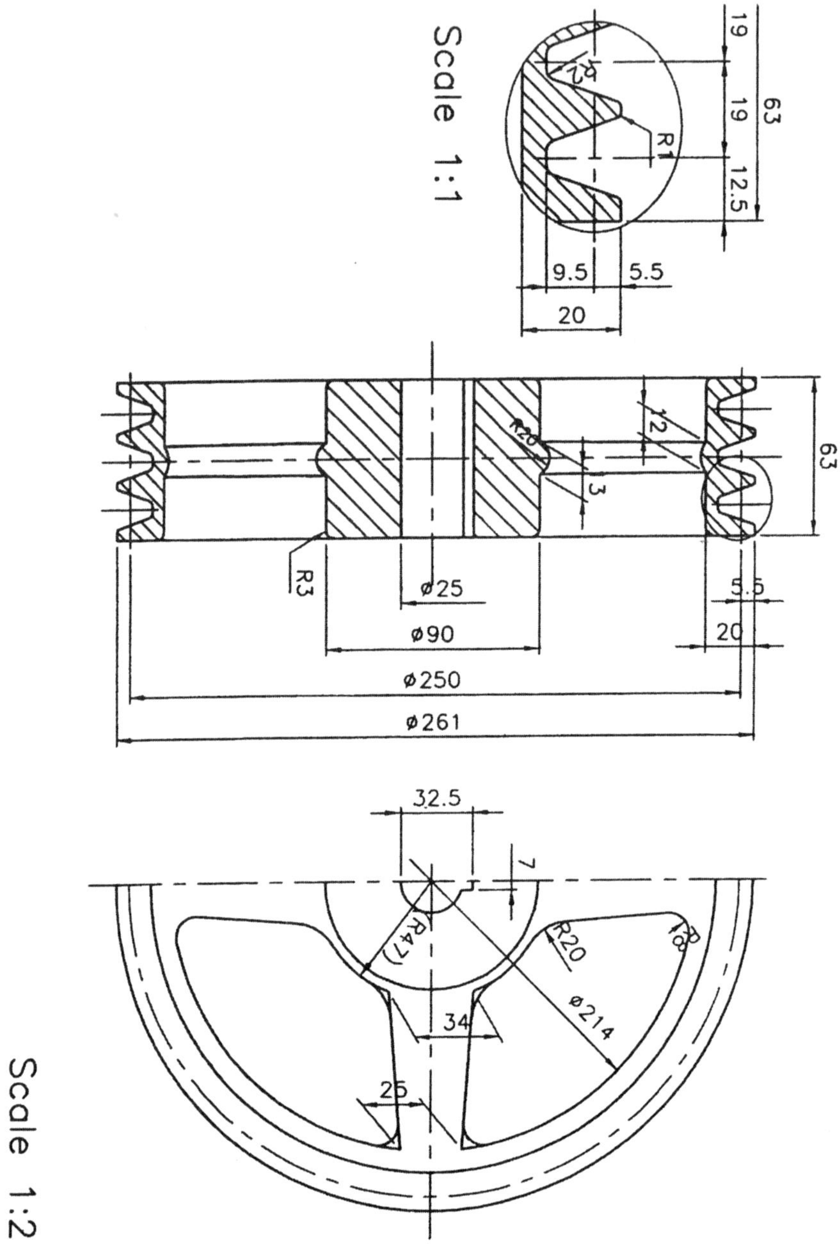

[2D/D-45] DIM-치수기입

• 기계 부품 제작도 그리기 1.

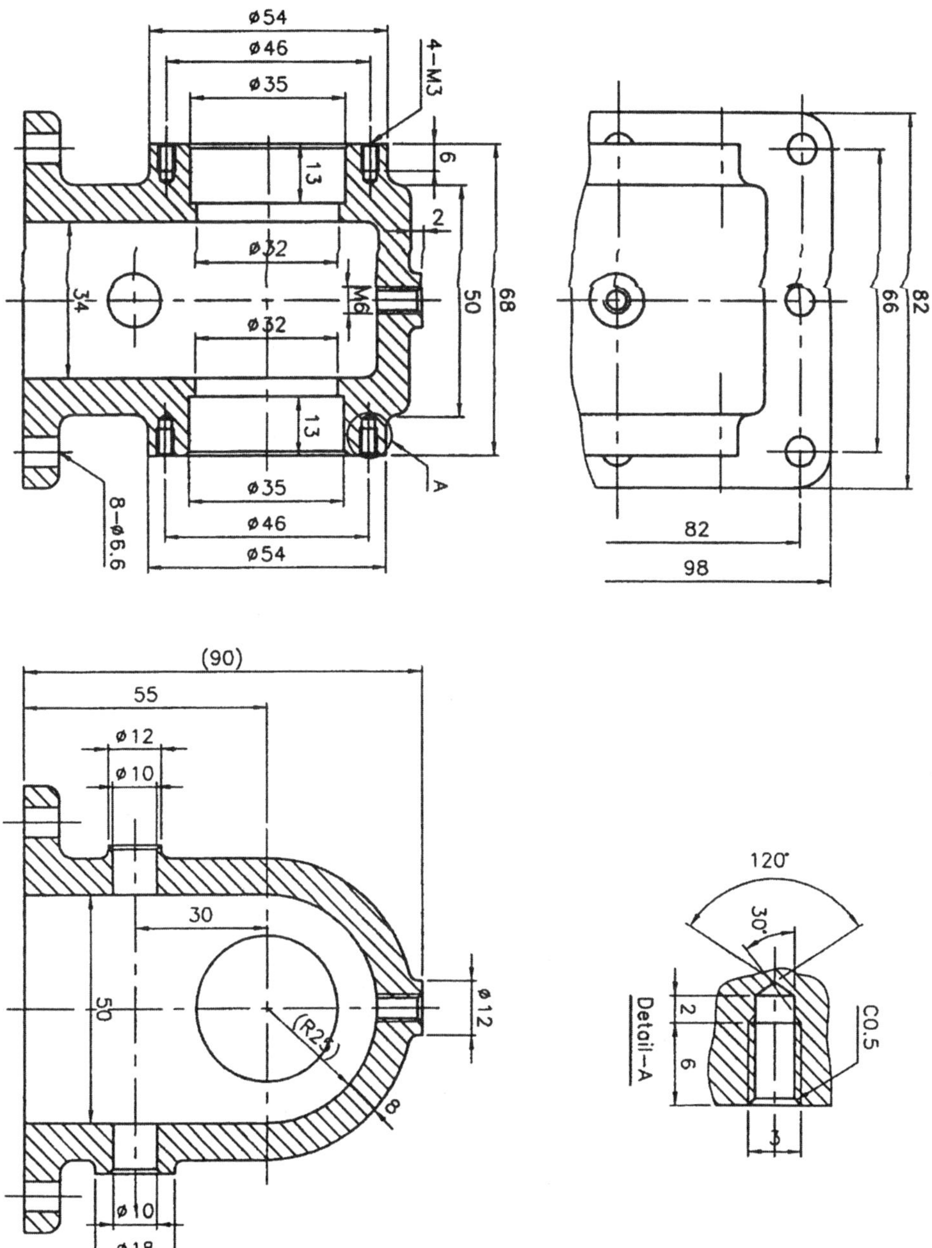

[2D/D-46] DIM-치수기입

• 기계 부품 제작도 그리기 2.

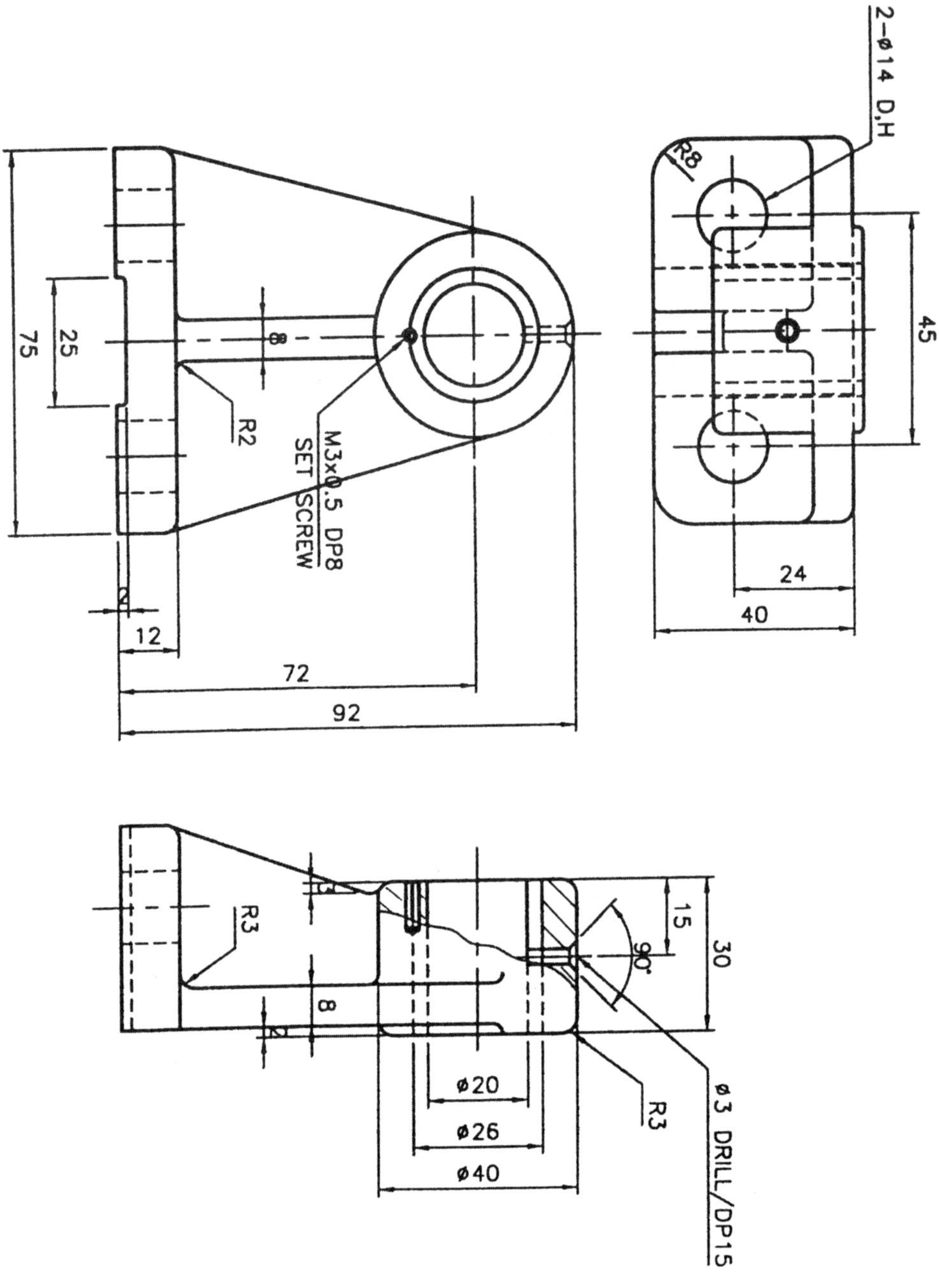

[2D/D-49] DIM-치수기입

• 기계 부품 제작도 그리기 5.

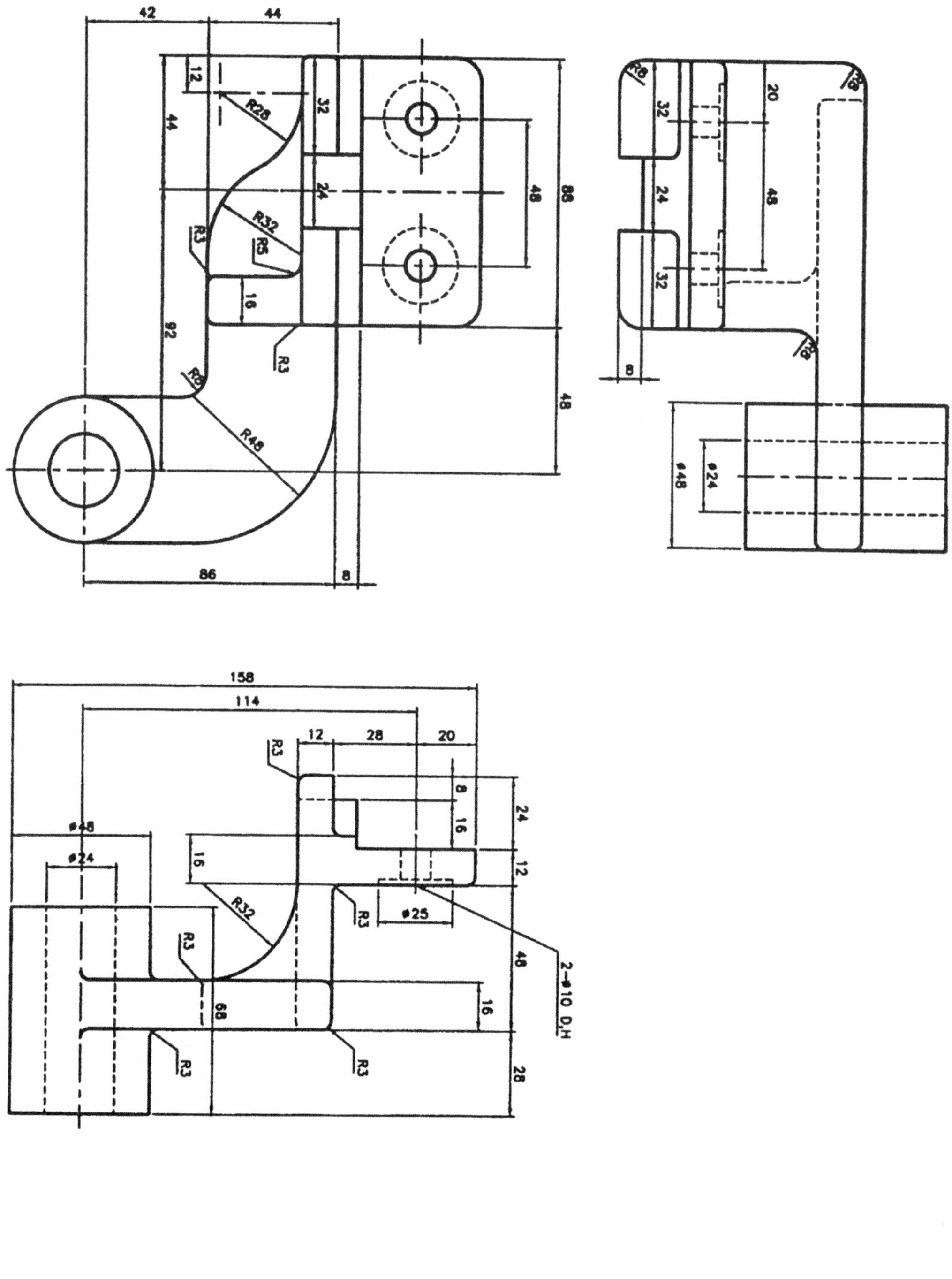

[2D/D-50] DIM-치수기입

- 기계 부품 제작도 그리기 6.
- SCALE - 도면 요소의 척도 변경 확대, 축소하기

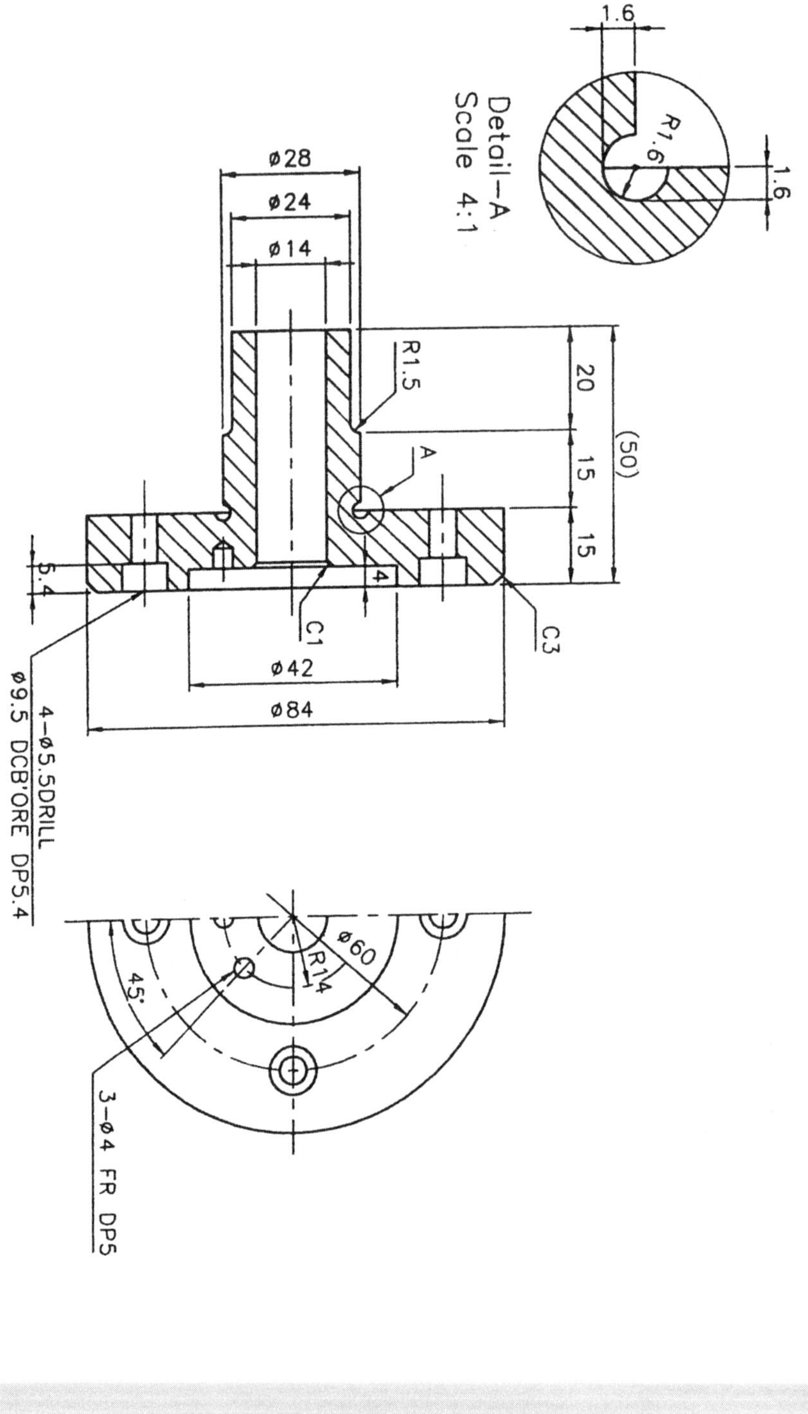

[2D/D-57] DIM-치수기입

- 기계 부품 제작도 그리기 13.
- MIRROR - 대칭 복사하기
- ARRAY-(P)원형 배열 복사하기

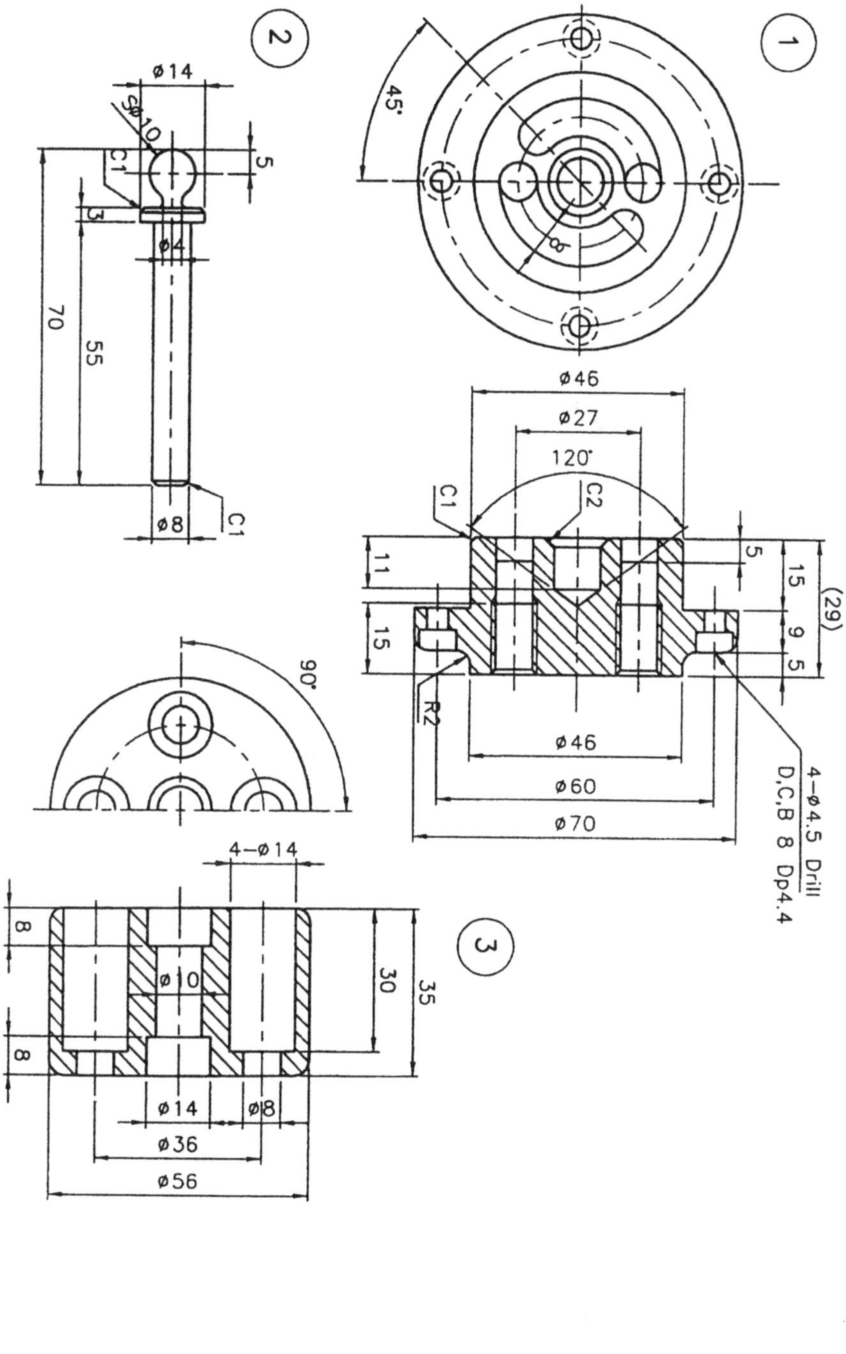

[2D/D-63] DIM-치수기입

• 기계 부품 제작도 그리기 19.

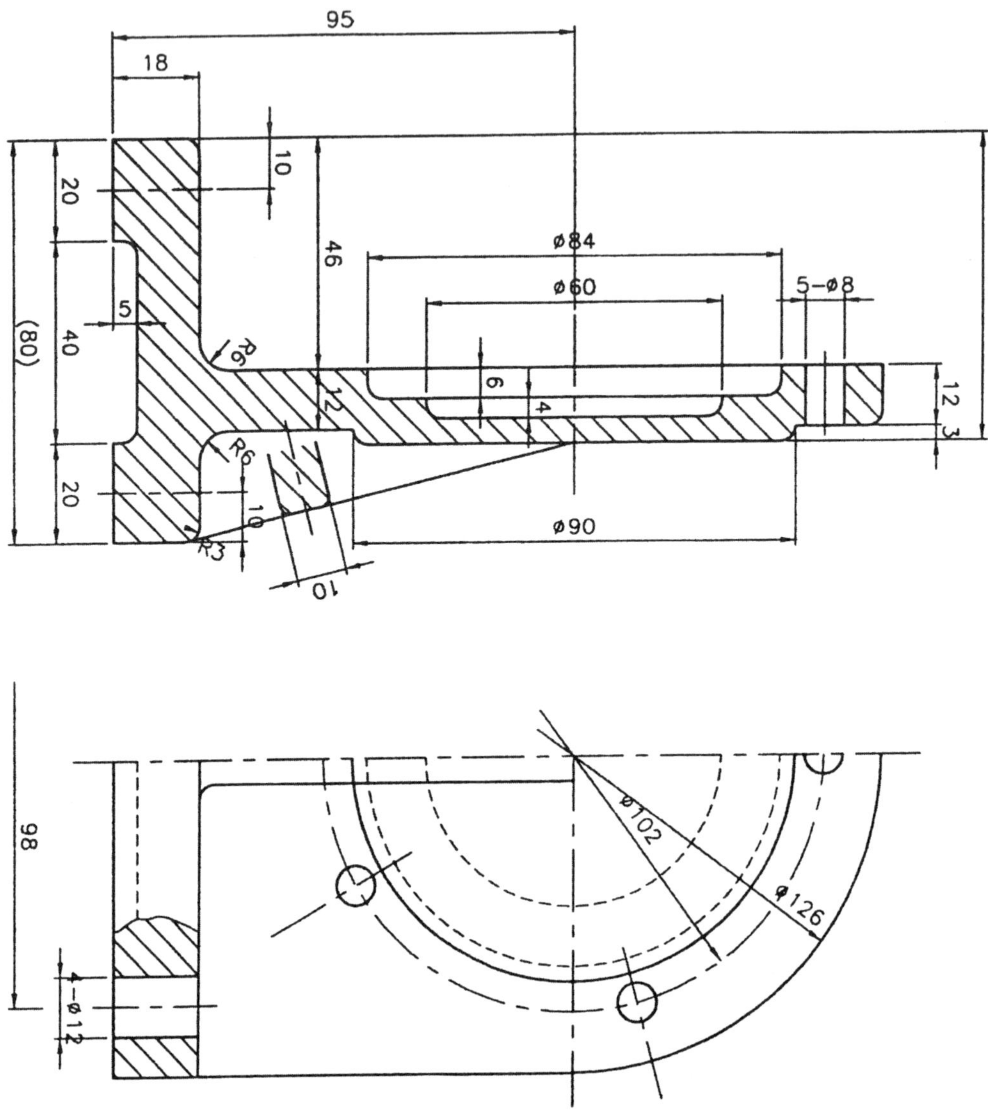

[2D/D-73] 크랭크 축과 V폴리, DIM-치수기입

• 기계 부품 제작 조립도 그리기 1.

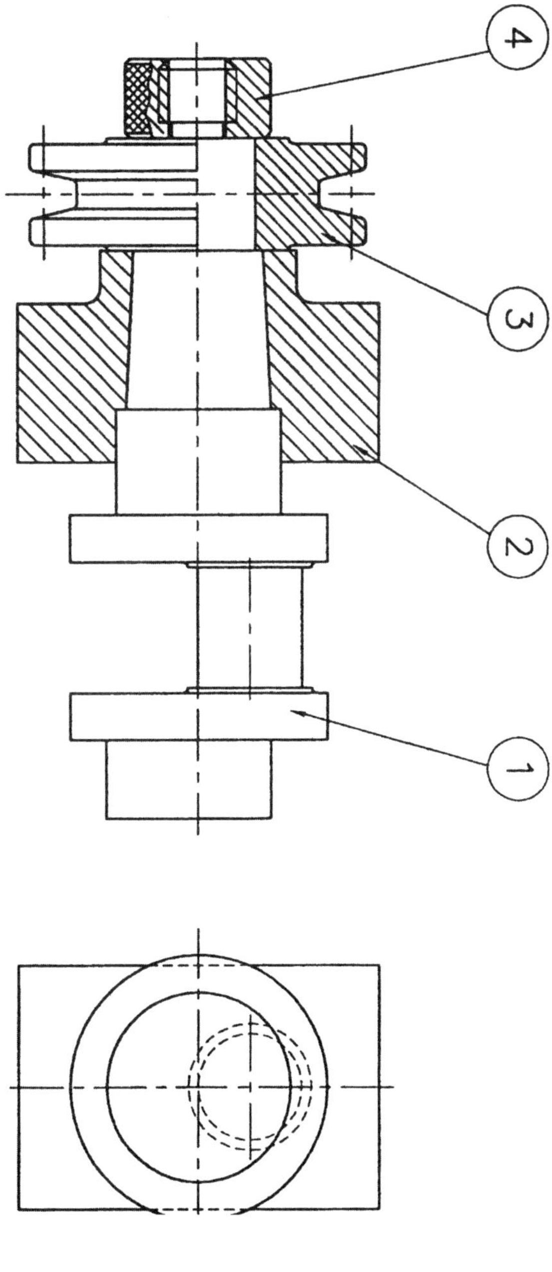

[2D/D-75] 사각 멈춤나사, DIM-치수기입

• 기계 부품 제작 조립도 그리기 3.

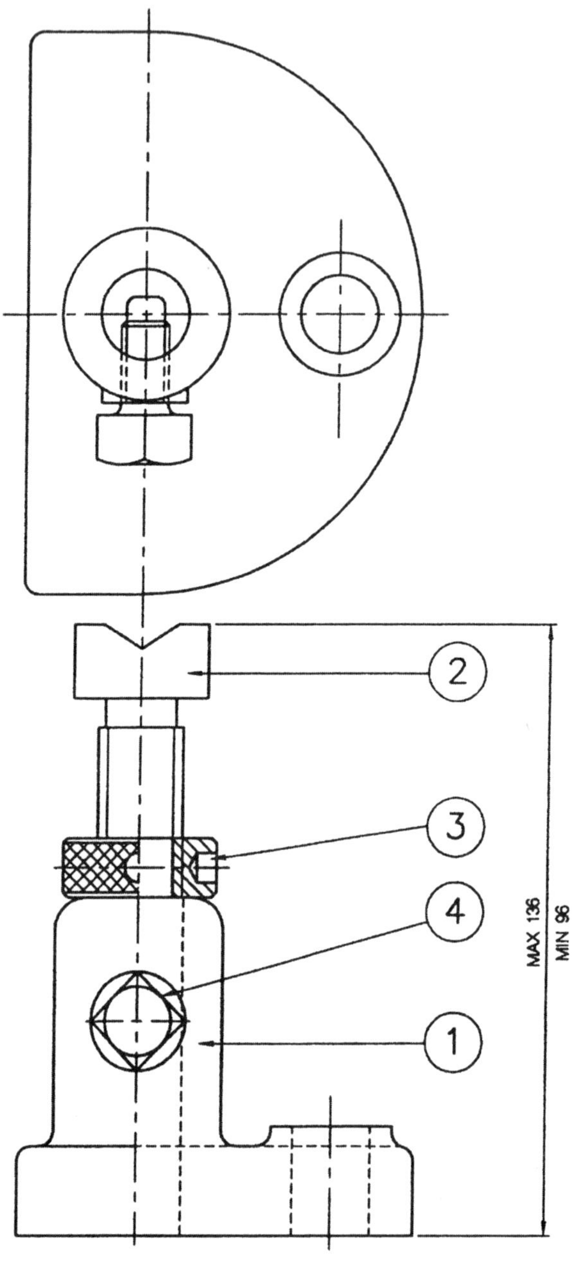

[2D/D-77] PULLY, DIM-치수기입

• 기계 부품 제작 조립도 그리기 5.

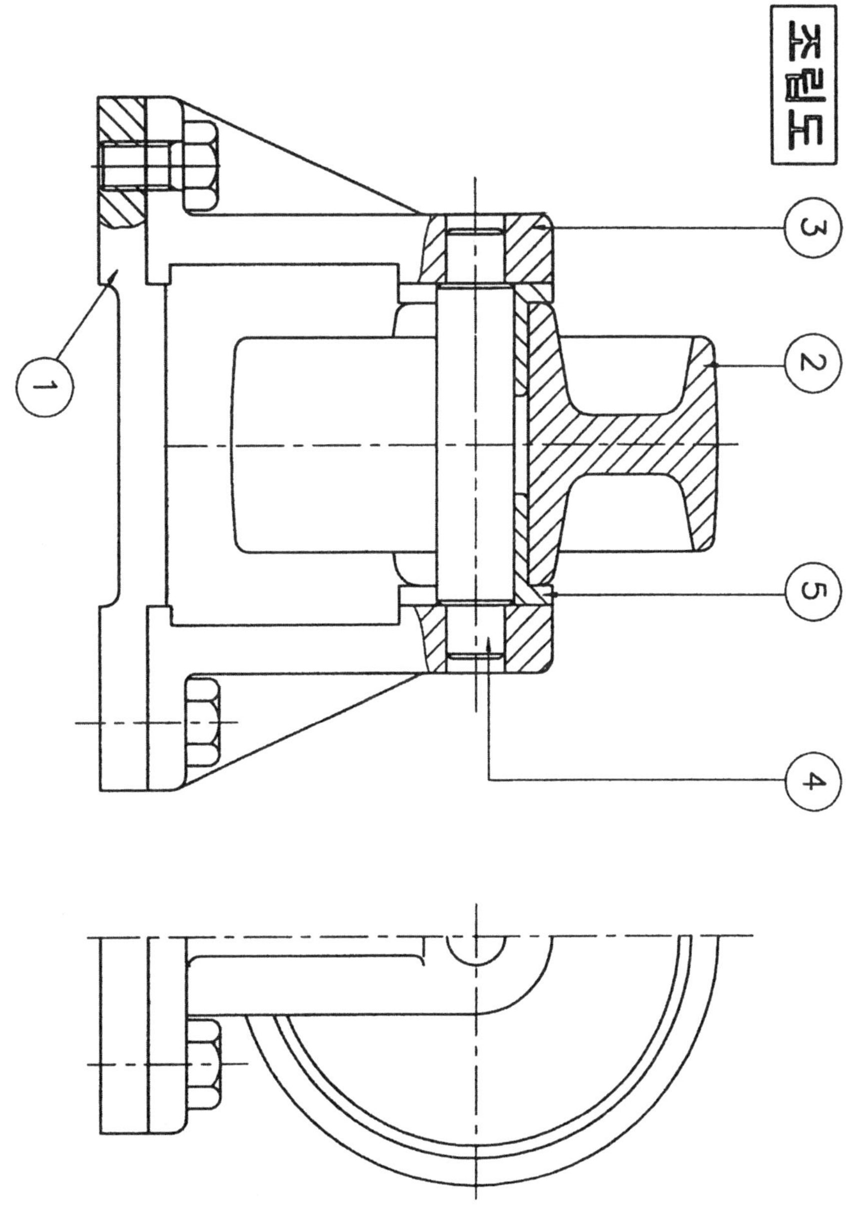

[AME-18] SLICE : 잘라내기

• EXTRUDE 사용하기.

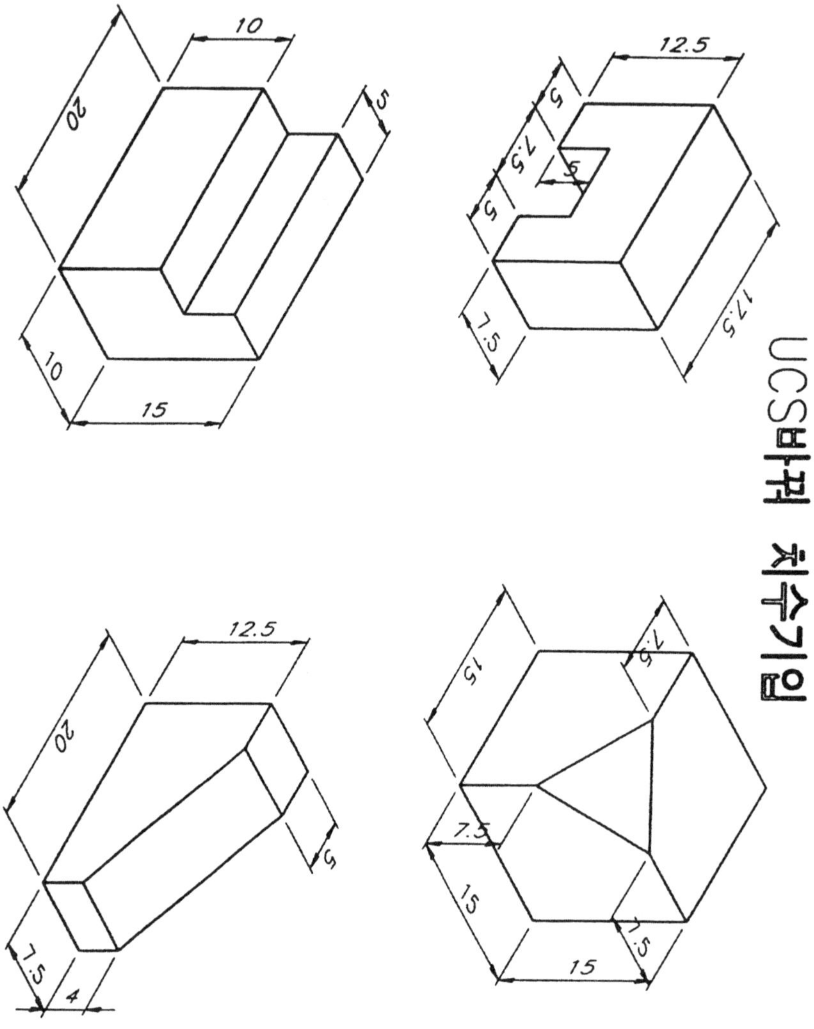

[AME-20] AME 명령어 사용

• UCS 바꿔 치수 기입하기.

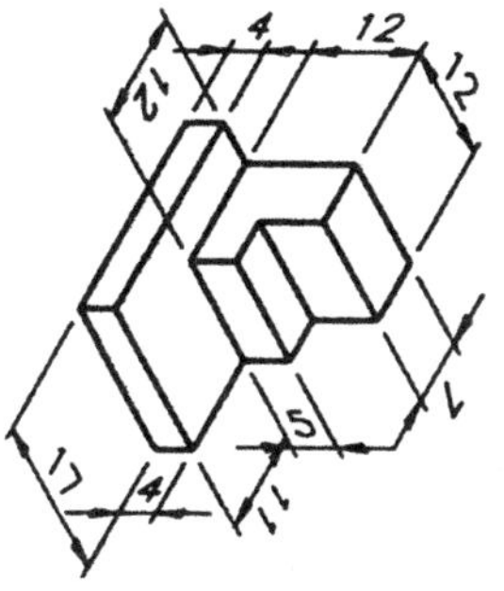

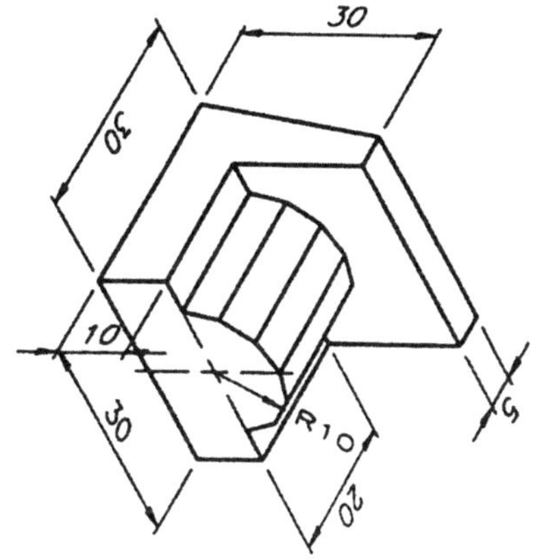

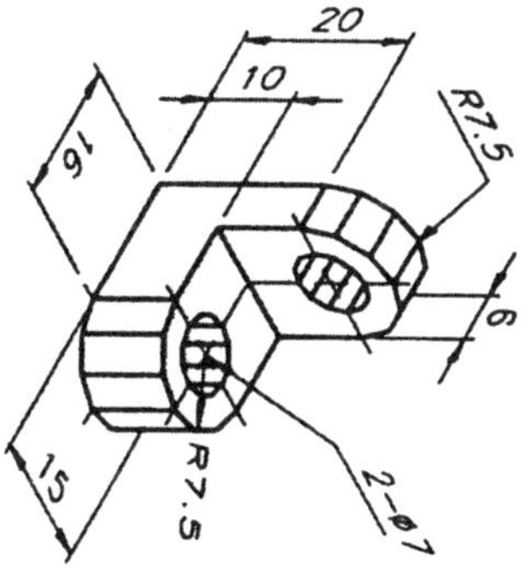

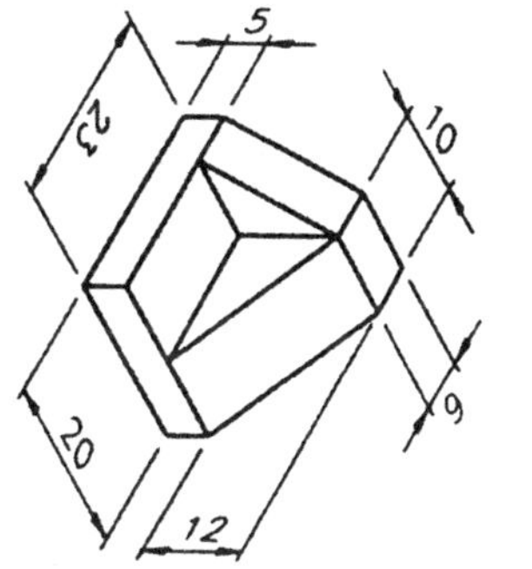

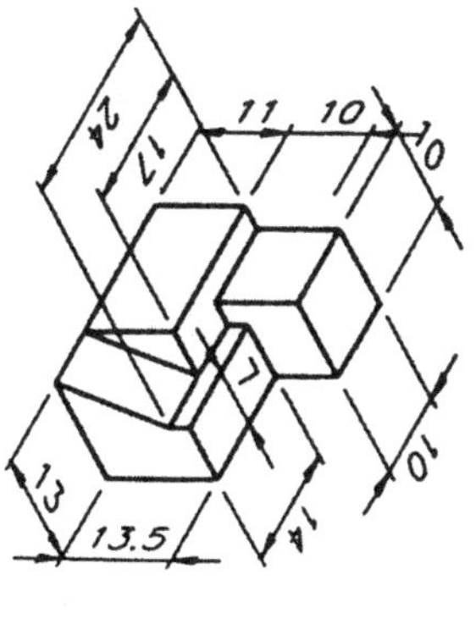

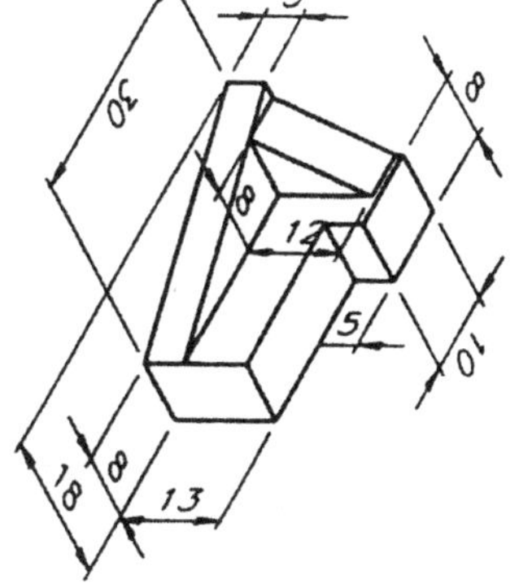

[3D-35] SURFACE 응용 7

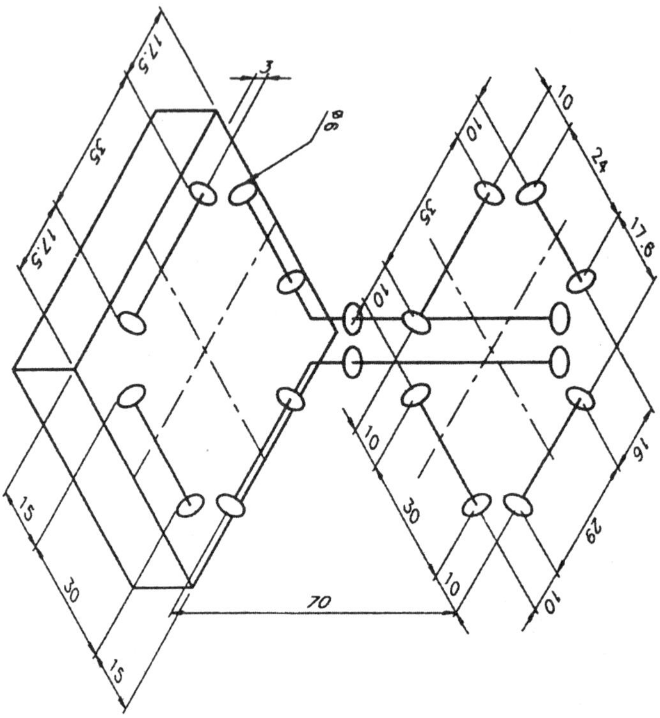

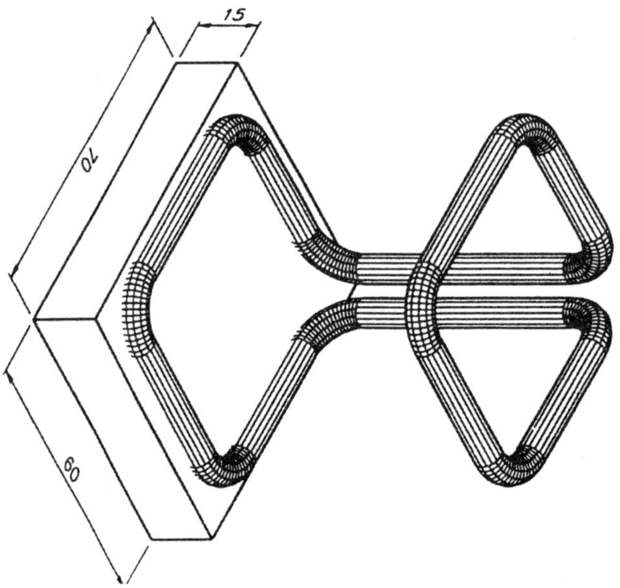

[AME-7] AME용 FILLET(R12 : SOLFILL)

• FILLET : 고체형태 라운드 모따기

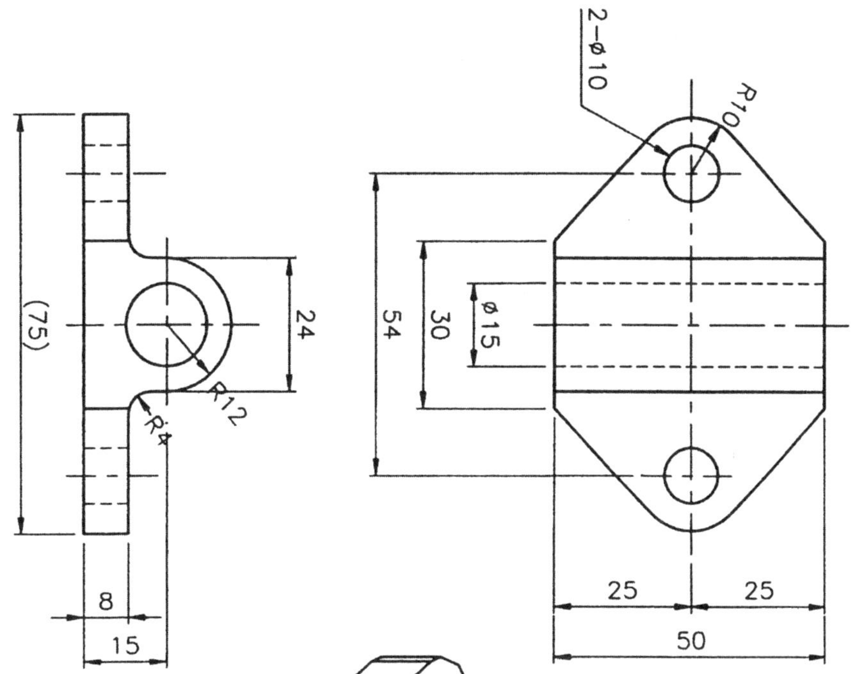

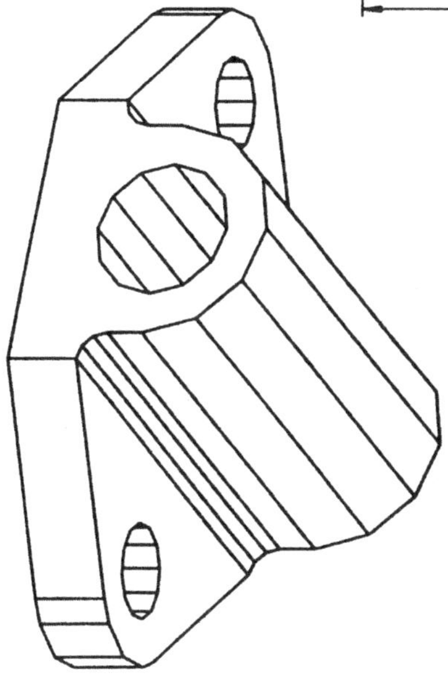

[AME−17] EXTRUDE REVOLVE

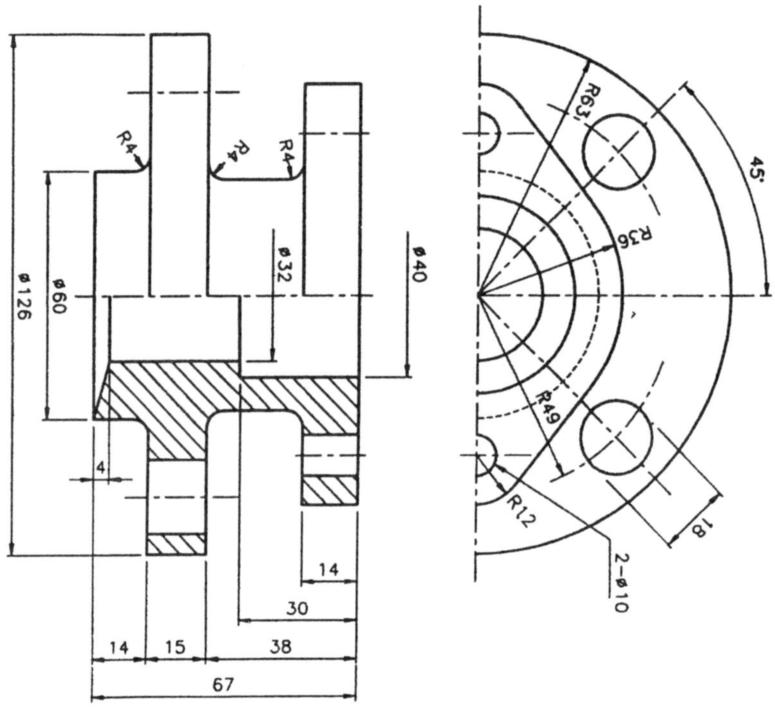

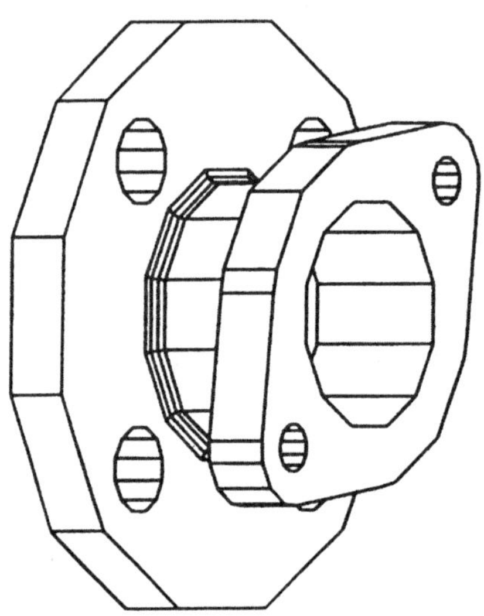

EXTRUDE
REVOLVE

[AME-86] AME+UCS 응용

• 2D(평면 : 투상+치수기입)+3D 도면완성

EXTRUDE,UNION,SUBTRACT

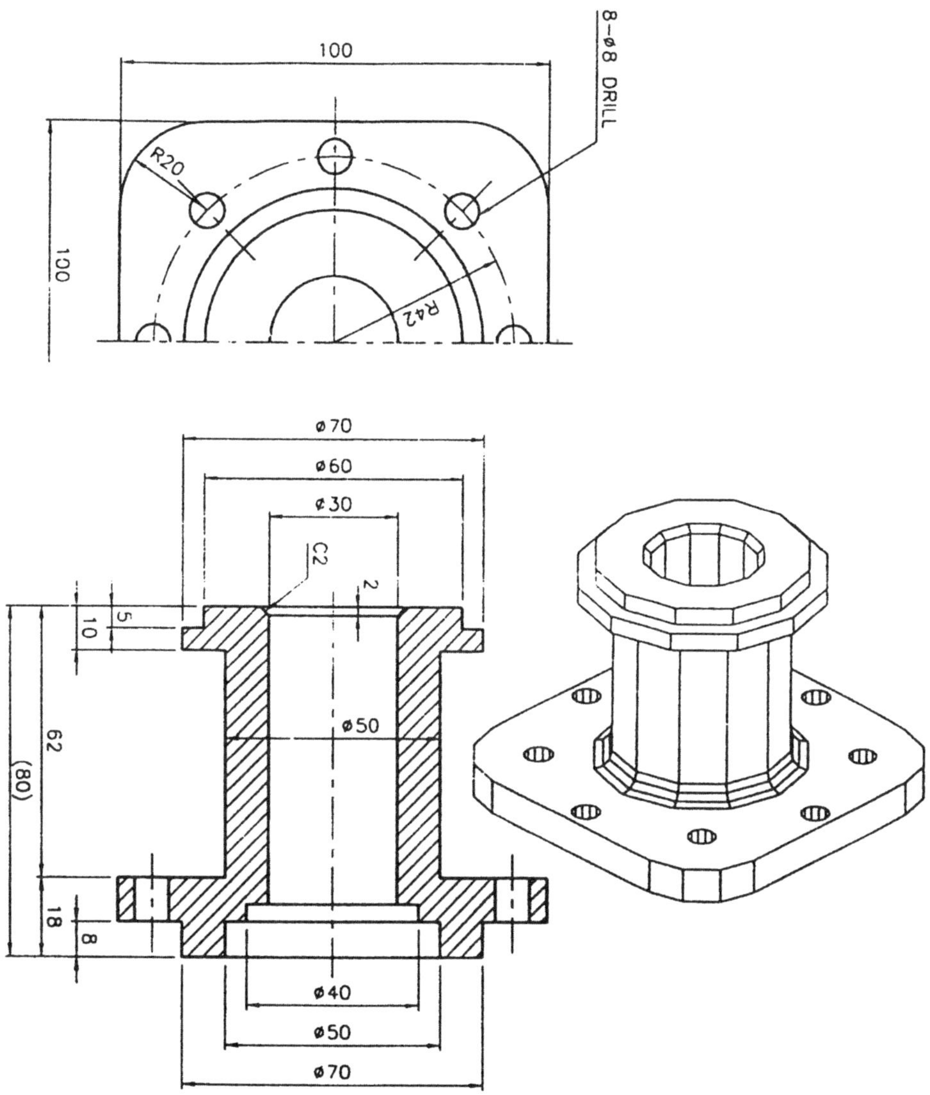

본 교재는 2007년 교육인적자원부 영역별 특성화 II 영역 지역산업 지향형 교육혁신 및 산학협력사업 「일반교재개발사업」의 지원에 의해 개발된 교재입니다.